PETER HÄRTLING   SCHUMANNS SCHATTEN

Peter Härtling

Schumanns Schatten

Variationen über mehrere Personen

ROMAN

Kiepenheuer & Witsch

2. Auflage 1996

© 1996 by Verlag Kiepenheuer & Witsch, Köln
Alle Rechte vorbehalten. Kein Teil des Werkes darf in irgendeiner
Form (durch Fotografie, Mikrofilm oder ein anderes Verfahren)
ohne schriftliche Genehmigung des Verlages reproduziert
oder unter Verwendung elektronischer Systeme verarbeitet,
vervielfältigt oder verbreitet werden.
Gesetzt aus der Berthold Garamont Amsterdam
bei Kalle Giese Grafik, Overath
Druck und Bindearbeiten:
Graphischer Großbetrieb Pößneck, Pößneck
ISBN 3-462-02557-0

Für Mechthild

Wer machte dich so krank?

Daß du so krank geworden,
Wer hat es denn gemacht? –
Kein kühler Hauch aus Norden,
Und keine Sternennacht.

Kein Schatten unter Bäumen,
Nicht Glut des Sonnenstrahls,
Kein Schlummer und kein Träumen
Im Blütenbett des Tals.

Kein Trunk vom Felsensteine,
Kein Wein aus vollem Glas,
Der Baumesfrüchte keine,
Nicht Blume und nicht Gras.

Daß ich trag' Todeswunden,
Das ist der Menschen Tun;
Natur ließ mich gesunden,
Sie lassen mich nicht ruhn.

Justinus Kerner
(Robert Schumann vertonte
die Strophen 1, 2 und 4 in opus 35)

1
Endenich, 4. 3. 1854

Er hört, wie sie über ihn reden, ihn redend drehen und wenden, hört, zufällig, was sie mit ihm vorhaben, was ihn ungefragt erwartet, er hört die beiden Ärzte, Doktor Richarz und Doktor Peters, ohne daß sie eine Ahnung davon haben, denn er drückt sich in eine Türnische; er sei kräftig und intelligent genug, hört er, daß man ihm diesen schwierigen Patienten anvertrauen könne, er habe sich bei dem schon arg renitenten Mockel bewährt, wobei sie lachen, und er darüber staunt, ihr Lachen nicht auseinanderhalten zu können, sie nennen den ihm noch unbekannten Patienten einen tragischen Fall – ein Genie wie er, hört er Doktor Richarz, eine beinahe leuchtende Erscheinung, doch nun keineswegs mehr anziehend, vor allem die letzten Jahre nicht mehr. Wie hat sich seine arme Frau mit ihm plagen müssen, hört er, alle diese Narreteien und die wachsende Unfähigkeit, sich zu konzentrieren. Sie hat ihm gar nicht mehr gewachsen sein können, hört er, hätten sie nicht gutmeinende Freunde unterstützt. Es fragt sich, hört er, ob sie es so lange mit ihm geschafft hätte, jetzt soll sie sich den Anblick seiner Verstörung ersparen, das habe ich ihr dringend geraten, hört er Doktor Richarz, und er hört Doktor Peters, der seinem Chef in Erinnerung ruft, daß Madame Bargiel sich für morgen angesagt habe, gewissermaßen in Stellvertretung von Frau Clara, hört er, wie überhaupt das Lauschen für ihn eine Vertraulichkeit in der Arbeit bedeutet, er ohne es nicht auskäme, und prompt nennt ihn Doktor Richarz beim Namen, hört er sich angesprochen: Ich bin sicher, wir treffen mit Klingelfeld die richtige Wahl, hört er

Doktor Richarz, und Doktor Peters fügt hinzu, was er beschämt und stolz zugleich hört: Es ist verblüffend, wie er sich trotz seiner Jugend auf Patienten einzustellen versteht. Außerdem liest er eine Menge, man kann ihn für gebildet halten, falls man nicht nachfragt, hört er Doktor Peters und stellt für sich fest, daß der doch einen Dünkel habe, den er ihm fälschlich immer wieder nachsieht, hört, etwas ärgerlich geworden, Doktor Peters fragen, ob Klingelfeld denn etwas von Musik verstehe, das sei doch wohl notwendig, und hört Doktor Richarz beruhigend antworten: Er hat unlängst im Garten ausgezeichnet Flöte gespielt, ich bin zufällig vorbeigekommen, und einige der Patienten vergnügten sich an seinem Spiel, worauf er Doktor Peters hört, doch nicht versteht, denn er schnarrt seinen Kommentar und wird unterbrochen von einem Lärm, der Klingelfeld durchaus bekannt ist: Schleifende Schritte, Jammer und kindlich-zornige Schreie, danach dieses Gelall, diese zungenbrecherische Wortlosigkeit, die er nur allzu gut kennt, er hört dies alles, ohne zu erschrecken, erwartet, gleich von Doktor Richarz gerufen zu werden, rückt in seinem Versteck etwas nach vorn, strafft sich, aber Doktor Richarz bemüht sich, die Person zu beruhigen: Mein Lieber, hört er, beruhigen Sie sich, ich bitte Sie, verehrter Herr Musikdirektor, Sie haben keinen Grund, sich zu alterieren, hört eine fistelnde, sich überschlagende Stimme: Musikdirektor, der bin ich gewesen, was sollen diese Titulierungen, ich möchte nichts als meine Ruhe, und vor allem vor Ihnen, und er hört ihn mit sich überschlagender Stimme befehlen: Für die nächsten Tage brauche ich ein Klavier! Was ihm Doktor Richarz unverzüglich zugesteht: Selbstverständlich, Herr Schumann. Schumann hört er, und er ist sicher, daß es sich nur um den Komponisten handeln kann, den »großen Schumann«, wie ihn Mockel zu bezeichnen pflegt und ebenso Fräulein von Reumont, die allerdings stets von Mendelssohn und Schumann spricht, als gebe es keinen für sich allein. Er hört eine Tür schlagen, zwei, drei Mal, hört Doktor Richarz beschwichtigend sagen: Aber sehen Sie sich Ihre beiden Zimmer doch erst einmal an, es sind Parkzimmer, über hellere und schönere verfügen wir nicht, und ich verspreche Ihnen, Herr Schumann, Fräulein von Reumont, unsere Hausdame, wird dafür sorgen, daß Sie schnell zu einem Klavier kommen, Sie kennen das Fräulein bereits, ich habe Sie Ihnen vorher, beim Empfang vorgestellt, aber er hört diese helle, beinahe quiekende Stimme fragen: Wer, ich bitte Sie, ist dieses Fräulein, das Sie mir ständig einreden wollen? Und er hört plötzlich Doktor Richarz rufen: Klingelfeld! Und er hört seinen Namen wie den eines andern, eben weil er vor lauter Horchen sich vergessen hat, und er rührt sich nicht vom Fleck, bis Doktor Richarz ungeduldig ein zweites Mal nach ihm ruft: Klingelfeld! Da tritt er aus der Nische in den Gang und wird für die Gruppe sichtbar: Ich habe schon mehrfach nach Ihnen gerufen, Klingelfeld! Er weiß es besser. Er sieht den schwarzen, ungefügen Mann mit dem aufgedunsenen, weißen Gesicht und den jagenden, wäßrigen Augen, die alles und nichts sehen, die bloß aus Angst sehen, und er hört Doktor Richarz: Mein lieber Klingelfeld, Sie werden sich um Herrn Musikdirektor Schumann kümmern, und ich bin mir gewiß, Sie kennen seine Bedeutung, worauf Doktor Peters zur Seite tritt, den Weg ins Zimmer frei gibt. Ich halte es für notwendig, hört er Doktor Richarz, daß Sie vorerst bei ihm wohnen, ohne ihn zu stören, was sich von selbst versteht, nicht wahr, Klingelfeld, sagt Doktor Richarz, und Klingelfeld und der Patient werden von den beiden Ärzten in das Zimmer geschoben, ins Wohnzimmer, wo auch schon sein Sofa steht, auf dem er die Nächte verbringen soll und, falls der Patient unruhig wird, natürlich wachen, und jetzt schiebt er Schumann, der schwer zu atmen beginnt, vor sich her, er lehnt sich etwas gegen dessen Rücken, worauf Schumann sich wehrt: Das nicht, so nicht! sagt er und wendet sich zu Klingelfeld um, starrt ihn mit aufgerissenen Augen an. Sie stehen, weil sie gleich groß sind, Gesicht gegen Gesicht, und Klingelfeld riecht den üblen Atem des Kranken, der noch einmal und sehr entschieden: Nein! sagt, nein, nein! und Klingelfeld antwortet ihm so freundlich und fest wie möglich: Ich bitte Sie, Herr Schumann, nehmen Sie doch erst einmal Platz, und schauen Sie sich in diesem schönen Zimmer um, doch der Patient wiederholt: Nein, nein! darauf geht er zu einem der großen Fenster, schaut hinaus in den Park und sagt zu Klingelfelds Überraschung: Das ist aber sehr hübsch hier, sagt: Es ist mir gleichgültig, Sie können bleiben, und er hört ihn fragen: Wie heißen Sie? Klingelfeld, antwortet er, Tobias Klingelfeld, und Schumann stellt für sich fest: Das läßt sich merken, ja, das läßt sich merken, was Klingelfeld rührt, und er verbeugt sich vor dem Patienten: Ich bin Ihr Diener für die nächste Zeit, Herr Musikdirektor. Worauf der so heftig reagiert, daß Klingelfeld zurückweicht: Der bin ich nicht mehr, hört er Schumann sagen, den können Sie vergessen, der ist schon vergessen.

2
Kinderszenen
(Schnell und spielend)

Bücher riechen. Sie riechen nach Leim, nach Holz, manchmal nach Asche oder nach Vanille, sie duften frisch oder alt, und wenn ein Buch schon lang im Regal steht, kein Mensch nach ihm gefragt hat, speit es Staub, sobald man in ihm blättert.

Bald kannst du alle diese Bücher lesen, Robert, hat Vater ihm versprochen, und mit einem Lächeln hinzugefügt: fast alle.

Er steht neben dem Schreibpult, an dem Vater arbeitet, wenn kein Kunde sich in der Buchhandlung aufhält, und hört ihn, wie oft, reden. Das tut er mit Vorliebe; auch ohne Zuhörer. Jetzt beugt er sich zu ihm hinunter, haucht ihm seinen von Tabak gesättigten Vateratem ins Gesicht, so daß er sich anstrengen muß, nicht zurückzuweichen: Du bist ausgezeichnet wie kein Kind sonst in unserem Zwickau, mein Junge. Alle großen Geister siehst du um dich versammelt, Schiller und Goethe, Shakespeare und Jean Paul, und wie sie sonst alle heißen. Er sagt das in solch beschwörendem Ton, daß Robert sich jedesmal umguckt und wenigstens einen Geist erwartet, der aus dem Regal quillt, so wie die Gespenster auf Abbildungen.

Mutter schätzt es nicht, wenn er sich stundenlang in der Buchhandlung aufhält. Die Kunden verwöhnten ihn, findet sie. Womit sie nicht unrecht hat. Häufig streichen ihm die Damen und manchmal sogar die Herren über den Kopf und meinen, er sei ein entzückender Junge. Für die Süßigkeiten, die sie ihm zustecken, hat er ein sicheres Versteck gefunden: hinter den

Büchern, die Vater Ladenhüter nennt und die es nicht einmal abzustauben lohnt. Zwar sind die Ladenhüter unterschiedlich hoch und dick, doch sie reichen als Tarnung aus.

Als Vater ihn zum ersten Mal auf sie hinwies, wurde Robert traurig und sagte: Manche Bücher dürfen wohl gar keine richtigen Bücher sein. Das gefiel Vater: Wie du nur auf solche Gedanken kommst, Robert.

Dabei gibt er sich gar keine Mühe, Gedanken zu haben. Sie sind einfach da.

Bei Tisch pflegt Vater dann zu erzählen, was Robert Erstaunliches von sich gegeben hat. Alle hören zu. Mutter, Carl, Eduard, Julius und Emilie.

Mutter ist allerdings der Meinung, Vater übertreibe und setze Robert nur Flausen in den Kopf.

Robert stellt sich die Flausen wie Federn vor, die seinen Kopf füllen.

Wenn er über Vaters Geschichten nachdenken muß, sie ihn durcheinander gebracht haben, zieht er sich in das Gärtchen hinterm Haus zurück. Von hier aus kann er Vater im Geschäft oder in seiner Studierstube hören. Er geht auf und ab, ehe er sich an den Schreibtisch setzt und an einem neuen Buch schreibt. Er hustet, schneuzt sich und redet manchmal so laut mit sich selber, daß Robert denkt, es müßten zwei sein.

Robert! ruft es aus dem Haus. Wo steckst du nur wieder? Es ist eine der Tanten, die keine richtigen Tanten sind, die extra für ihn bestellt wurden, damit sie ihn, weil Mutter sehr krank ist, hüten. Tante Luise hat ihm den ganzen »Robinson« vorgelesen und, da er nicht genug davon bekommen konnte, sogar noch die Abenteuer eines zweiten, anderen Robinson, die ihn jedoch bald langweilten, worauf die Tante es mit ihrem Lieblingsdichter versuchte, der freilich nichts für Kinder sei. Was für Robert nicht galt, denn ob er die Geschichten von Jean Paul begriff oder nicht, sie versetzten ihn in einen Rausch: alle diese Wörter, die sich glitzernd in seinem Kopf festsetzten, von denen er träumte, wie von einem großen, nächtlichen, buntbeleuchteten Garten. Liest Tante Luise nicht vor, geht er ihr aus dem Weg. Sie riecht ziemlich streng.

Patentante Johanna hingegen duftet nach Blumen. Nur läßt sie sich nicht dazu bewegen, ebenfalls vorzulesen. Damit vergeude man nur Zeit. Bei ihr lernt er häkeln. Mit den Brüdern spielt er nicht gerne. Sie weisen ihn ständig zurecht, halten ihn für verdreht und für vorlaut. Am besten kommt er noch mit Carl aus, doch der ist schon dreizehn, muß für die Schule lernen oder ist mit Freunden unterwegs, mit seinen Gassenfreunden, über die Mutter sich ärgert.

Carl spielt nicht mit ihm; er bringt ihm etwas bei und prüft ihn danach. Sie sitzen auf der Treppe zwischen Geschäft und Wohnung, und Carl fragt ihn ab. Er möchte wissen, welche Stadt Zwickau am nächsten liegt.

Robert weiß es, er hat es von Carl gelernt: Chemnitz; und Gera ebenso.

Carl nickt ihm zu: nicht übel. Wann bist du zur Welt gekommen? fragt er mit drohendem Unterton, was Robert nicht begreifen kann, denn schließlich hat er dieses Datum von Carl erfahren: Ich bin am 8. Juni 1810 in Zwickau geboren.

Es ärgert Carl, daß er Zwickau ebenfalls schon nennt. Das habe er noch nicht wissen wollen. Nach deinem Geburtsort habe ich dich noch nicht gefragt.

Also frag doch jetzt, sagt Robert.

Das geht Carl zu weit. Ich habe genug von dir. Er läßt ihn auf der Stiege sitzen.

So bringt Carl ihn dazu, sehr früh in seiner Zuneigung zu unterscheiden: Wäre Carl nicht so hochnäsig, könnte er ihn lieb haben wie einen großen Bruder. So hat er ihn eben nur gern, den Carl.

Ich schreibe von einem Kind, das zu Beginn des letzten Jahrhunderts aufwuchs, lese nach, was über den kleinen Robert erzählt wird, sehe Bilder an, gehe durch die Stadt, die seine Kinderstadt gewesen ist und die ihr wohl kaum mehr gleicht, simuliere Eindrücke und verleihe überlieferten Sätzen einen Tonfall, der meiner ist. Vielleicht gelingt es nur, Kinder zu beschreiben mit dem Umweg über die eigene Kindheit. Ich messe das Kind mit Kinderaugen und habe zugleich das Verlangen des alten Mannes, es klein zu halten, aufzuhalten im Schutz der väterlichen Buchhandlung, in diesem musizierenden Haus. Weil ich es von anderen weiß, schreibe ich dem kleinen Robert bereits die Lust zu, wenigstens in Gedanken aus- und aufzubrechen. Nur die Fluchten, zu denen ihm die Bücher verhelfen, machen ihn selbständig. Die Welt, die ihn erwartet und herausfordert, ist ihm nicht geheuer; damit er nicht ohne Gefährten ist, teilt er sich in seiner Phantasie. Er ist er selbst und zugleich ein anderer. Später wird er für diese Brudergeburt aus dem Geist der Phantasie Namen finden. Ich bin mir sicher, daß Eusebius und Florestan namenlos zu irgendeiner Stunde, in der Robert sich allein gelassen fühlte mit seinen Träumen vom späteren Ruhm, seinem Bubenkopf entsprangen.

Er probiert die weißen und schwarzen Tasten des Klaviers aus, manche Töne passen wunderbar zusammen, genauso, als ob Vater spielt.

Er ist vier. Vater lädt ihn ein, am Sonntag zuzuhören, wenn er mit seinen Freunden Quartett probt.

Er darf in einem der tiefen Sessel Platz nehmen, allerdings, ohne einen Laut von sich zu geben. Stören darfst du uns nicht, Robert. Das tut er nicht. In seinem Kopf sammeln sich lauter ungesungene Lieder. Ist er allein, summt er sie nach. Mutter hört ihn zufällig und findet, er habe ein gutes Gehör. Vater ermuntert ihn, weiter auf dem Klavier nach Tönen zu suchen, die zusammen gehören und ihm gefallen. Ich werde einen Lehrer für dich finden. Er kann dir Noten beibringen, die erklären, wohin deine Finger auf den Tasten sollen.

Vater hat kaum mehr Zeit für ihn. Entweder berät er in der Buchhandlung Kunden, oder er sitzt in seinem Arbeitszimmer am Schreibtisch und dichtet. Oder er schreibt an seiner Zeitung. Oder er übersetzt Bücher von Walter Scott ins Deutsche. Muß er abends noch einmal arbeiten, sagt er: Ich weiß nicht, wo mir der Kopf steht. Als Robert ihn das zum ersten Mal sagen hörte, stellte er sich einen umherspringenden Kopf auf ellenlangen Beinen vor, entfernt von Vaters Leib, der nun, ohne Kopf, nicht mehr wissen kann, wo ihm der Kopf steht. Sag das bitte nicht mehr, Vater.

Aber es ist doch so, Robert.

Bei solchen Wortwechseln hat Robert das Gefühl, viel älter zu sein, als er in Wirklichkeit ist.

Ehe er in die Privatschule von Prediger Döhner kommt, erschreckt er Tante Johanna und die Eltern durch einen unbegründeten Anfall, eine merkwürdige Attacke.

Tante Johanna sitzt in einem schönen, duftenden Kleid neben ihm auf der Bank im Garten. Sie häkelt. Er hat seine Nadel zur Seite gelegt und blinzelt in die Sonne.

Macht es dir keinen Spaß mehr, Robert? fragt sie.

Doch. Er steht auf, entfernt sich ein paar Schritte, als ob er eine bestimmte Distanz ausmessen wolle, dann dreht er sich zu Tante Johanna um und schaut sie an. So schön hat er sie noch nie gesehen. Eine unerklärliche Sehnsucht überkommt ihn. Er gibt ihr nach, starrt auf das gestreifte Kleid, das immer weiter und bauschiger zu werden scheint, ausladender und einladender – mit ein paar Sprüngen ist er bei der Frau, wirft sich auf sie, drängt sich zwischen ihre Beine, stößt mit dem Kopf gegen ihre Brust, und alles atmet, ist weich, schaukelt ihn, bis ihn zwei harte Hände packen und hochreißen, Tante Johanna ihn vor sich aufpflanzt, wütend den Kopf schüttelt: Was fällt dir ein, Robert, was ist in dich gefahren, so aus heiterem Himmel.

Sie erzählt Mutter, wie das Kind sich benommen habe, und schaut Robert dabei nicht an. Es ist mir unbegreiflich, betont sie. Ihm auch. Das Kleid und Tante Johanna haben sich wunderbar angefühlt. Wie eine duftende, federweiche Wolke.

In Wirklichkeit hieß Tante Johanna Frau Bürgermeisterin Ruppius, wenn sie auf der Straße gegrüßt wurde.

Er hat seine festen Wege durch die Stadt. Der eine führt zur Schule, der andere zur Stadtkirche. In der Kirche erwartet ihn an drei Nachmittagen in der Woche der Bakkalaureus Johann Gottfried Kuntsch zum Unterricht an der Orgel. In der Schule lehrt der Prediger Gotthilf Ferdinand Döhner nicht nur das Schreiben und Lesen, sondern er liest den Kindern, wenn sie folgsam und fleißig sind, zur Belohnung, schöne Gedichte und Geschichten vor.

Eines der Gedichte hat Robert allein durchs Zuhören auswendig gelernt, wenn auch nicht alle sieben Strophen, so doch die erste und die letzte: »Die Kartoffelernte« von Johann Heinrich Voss. Lehrer Döhner rezitiert das Gedicht mit Vorliebe. Um den Eltern seine schulischen Fortschritte zu demonstrieren, trägt Robert es vor dem Mittagessen bei Tisch vor. Vater applaudiert. Das sollte der große Voss hören, sagt er, und Robert erfährt, daß er mit dem Dichter Briefe wechsle, mit dem großen Voss. Danach fordert ihn Vater, ist er bei guter Laune, immer wieder einmal auf, die beiden Strophen vorzutragen. Und Robert findet im Wiederholen ständig neue Betonungen:

>Kindlein sammelt mit Gesang
Der Kartoffeln Überschwang.
Ob wir voll bis oben schütten
Alle Mulden, Körn und Bütten;
Noch ist immer kein Vergang.

. . .

Was ist nun für Sorge noch?
Klar im irdnen Napf und hoch
Dampft Kartoffelschmaus für alle.
Unsere Milchkuh auch im Stalle
Nimmt ihr Teil und brummt am Trog.«

Mit der Zeit kann er alle Strophen. Aber das Interesse der Familie an seinem Vortrag läßt nach, und bald wird nicht mehr nach ihm verlangt.

Es kann geschehen, daß er, den Kopf voller neuer, fremder, betörender Wörter, aus der Schule zu Bakkalaureus Kuntsch rennt, über den Hauptmarkt und den Domplatz, und ein

Stück auf der Orgel oder dem Klavier fordert, das zu den Wörtern paßt. Beispielsweise zu »verwegen« oder zu »Küraß« oder zu »Morgennebel« oder zu »Sommerfrische«.

Kuntsch erklärt sich außerstand, ihm diesen Wunsch zu erfüllen. Da müsse er komponieren. Robert geht es aber nicht um eine Komposition. Ihm schwebt eine Musik vor, die genauso neu klingt wie die Wörter und sich mit ihnen verbündet und in den Stimmungen wechselt.

Irgendwann wirst du es können. Kuntsch ist sich dessen sicher. Du mußt es nur lernen. Improvisiere und komponiere, beides, Robert.

So weit ist er noch nicht. Aber er weiß bereits, was er können wird.

Keiner hatte Geburtstag. Es wurde kein Fest gefeiert. Dennoch überraschte ihn Vater mit einem Geschenk, das, wie er ihn beschwor, seiner Zukunft wie seiner Ausbildung dienen solle: ein Flügel der Klavierfabrik Streicher.

Nein, das ist kein gewöhnliches Klavier.

Er nimmt sich Zeit, nähert sich ihm und entfernt sich wieder, hofft, daß das Instrument von alleine tönen werde.

Als er sich dann auf den Stuhl setzt, der ihm zu hoch ist, und die Tasten vorsichtig ausprobiert, kann er nicht mehr aufhören: Er bekommt Antwort, singend, dunkel und hell.

Von nun an ist es Brauch, daß Robert sich nach dem Mittagessen an den Flügel setzt, das bei Kuntsch Gelernte vorführt, vor allem aber, dem Vater zum Vergnügen, improvisiert. Und bei den musikalischen Abendunterhaltungen beteiligt er sich immer öfter: Jetzt brauchen wir dich, Robert.

Im Herbst 1819 nimmt ihn das Gymnasium auf. Er ist stolz und hat Angst. Plötzlich bekommen alle Spiele, die er sich zutraut und denen er sich aussetzt, ein Echo, anders als bisher.

Dieses Mal liest er den »Robinson« vor. Er wird ihm nicht mehr vorgelesen. Es bleibt auch nicht bei einem Freitag. Ohne Mühe gewinnt er Freunde. Mit jeder Robinsonade entfernen sich die Jungen weiter von der Stadt, er, die beiden Emils, Flechsig und Herzog, Eduard Rascher und ab und zu einer seiner Brüder. Den Anfang des Buches, die mahnende Rede des Vaters an den Sohn, lasen sie im Gärtchen hinter dem Haus, den Schiffbruch erlebten sie am Ufer der Mulde, und seine Freitage – da keiner der Freunde namenlos bleiben wollte – fand Robinson in Sanssouci, einer Höhle, die sie sich wohnlich eingerichtet hatten.

Robert trat ebenso gerne als Robinson wie als Freitag auf. Die Rolle des freien Wilden ergriff ihn jedes Mal von neuem.

Ich versuche, mir den spielenden, den lernenden Jungen, den Freund zu vergegenwärtigen. Auf dem frühesten Porträt, das von ihm bekannt ist und das ich, während ich schreibe, anschaue, ist er älter als der Bub in der Höhle, sechzehn Jahre, und er hat sich verwandelt, hat das neugierige, für alle Reize offene Kind in einem Sprung hinter sich gelassen.

Den Freunden erscheint er plötzlich wortkarger, in sich gekehrter, aber auch hochfahrender und unendlich viel anspruchsvoller. Nun gelten nur noch die Genies. Entrückt wie sie möchte er, ohne überhaupt ein Leben zu versuchen, enden. Wie der alte Beethoven, wie Byron in Griechenland, wie Jean Paul in Bayreuth, der kranke Hölderlin im Turm.

Weil er mich verblüfft, wird mir der Junge auf dem Bild vertraut. Damals, als die Öffentlichkeit kaum mehr Kenntnis von Hölderlin nahm, Gustav Schwab seine Gedichte noch nicht herausgegeben hatte, entdeckt ihn dieser dichtende und musizierende Schüler in Zwickau für sich, liest den »Hyperion«, zitiert ihn und führt, denke ich mir, in der Sprache Hölderlins wie in der Jean Pauls Selbstgespräche.

Merkwürdig: Indem ich seine Sympathien teile, höre ich sein sächsisches Gerede, spüre seine Nervosität – aber ihn zu fassen gelingt mir erst an dieser Grenze, an der Schrecken und Trauer ihn aus der Kindheit stoßen, an der er maßlos wird. Es sind lauter jähe Gestikulationen zwischen erstrebtem Aufbruch und die Worte erstickender Depression.

Er macht sich vor den Freunden groß, er erwirbt sich ihre Bewunderung, und er wird ihnen zugleich fremd.

Eduard, Kumpan der Robinsonaden, erinnert sich an den Freund: »Ob man gleich oft mit ihm zusammen gewesen ist, kann man doch eigentlich nicht viel von seinem inneren Wesen sagen, er war nicht so klar und offen, daß er sich ganz decouvriert hätte und durchsichtig geworden wäre.«

Eduard ist nur der erste, der von den Verschattungen spricht, der wortlosen Undurchschaubarkeit, der wissentlichen Maskerade. Viele werden ähnlich reagieren.

Emilie, die Schwester, springt aus dem Fenster in den Tod. Ein Jahr später, 1826, stirbt der Vater. Aber darauf ist Robert schon vorbereitet; er hat sich bereits vorher »vom gewöhnlichen Leben« abgesetzt.

Sein Vater hat ihn nach Karlsbad mitgenommen, auf eine kurze Reise. Er könne sich auf ein Konzert von Moscheles freuen.

Es ist eine zweite, von ihm erwartete Wirklichkeit, in die er an der Seite des Vaters hineinläuft. Dieser Prunk! Diese prächtigen, tönenden Räume, dieses immer zu üppige Licht. Und diese ständig festlich gestimmten Menschen. Er staunt.

Die Virtuosität von Moscheles überwältigt ihn. So hat er noch nie ein Klavier gehört. Die Aufmerksamkeit lähmt ihn geradezu, bis er sich, in einem Allegretto, löst und zu zappeln beginnt.

Halt still, Robert, flüstert der Vater ihm zu, freundlich, voller Verständnis für seine Erregung.

Siebzehn Jahre später beginnt er eine Kritik über Moscheles: »Das Alphabet des Tadels hat Millionen Buchstaben mehr als das des Lobs.« Ein lakonischer Einsatz, mit dem er vielleicht nachträglich den kindlichen Überschwang korrigiert, aus einer Erinnerung, die er aber auf keinen Fall verletzen möchte.

Dieser Rausch, die »krankhafte Sehnsucht nach der Musik«, steigert sich noch, als er 1818 in Leipzig die »Zauberflöte« erlebt. Was er sich vorher in der Phantasie aufbauen mußte, den klingenden Raum, die Welt, in der Menschen nur singend existieren können, weitet sich jetzt vor ihm aus. Er sieht eine Bühne – und es ist doch viel mehr!

Komm! ruft ihn der Vater in die Buchhandlung. Die Bücher schlagen sich wie von selber auf. Jean Pauls »Hesperus« kommt ihm in einem nicht enden wollenden Zauberspiel entgegen.

Laß dich nicht bitten! Wie immer wechselt er vom Mittagstisch an den Flügel, phantasiert, erheitert die Eltern und Geschwister, indem er seine Freunde klavieristisch charakterisiert. Sie werden in Tönen sichtbar.

Das kann nur Röller sein. Mutter ist bei seinen Scharaden die schnellste. Sie hört genau.

Und der?

Flechsig – unverkennbar. Sie lacht. Er hat seine Mutter spielend zum Lachen gebracht.

So angespornt, wagt er sich an ein Vorbild, gegen das sich seine musikalische Erfindungsgabe sträubt.

Wer ist das? fragt er.

Wer schon? Mutter lächelt. Das ist Vater.

Der ärgert sich ein wenig, nicht selbst darauf gekommen zu sein. Im Grunde hätte ich mein Thema erkennen müssen.

»Ich genoß die sorgfältigste und liebevollste Erziehung.« Das schreibt Schumann 1840 in einem Lebenslauf. Erinnernd wird dieser Anfang noch heller und der Kinderboden fester. Es sind die ersten vierzehn Jahre.

Alle die Bedrohungen, die Schattenwürfe nimmt das Kind kaum zur Kenntnis. Der Vater nimmt sich seiner hingebungsvoll an. Wie soll er dessen Müdigkeit, dessen Erschöpfung wahrnehmen können.

Die nervöse Krankheit der Mutter verschafft dem Vierjährigen eine neue Spielgefährtin, Tante Luise, die Vorleserin. Was kümmert ihn die Melancholie Emilies. Sie lebt vierzehn Jahre entfernt von ihm in ihrem abgedunkelten Zimmer.

Er wird als Prinz gehätschelt, ist Mutters »Goldjunge«.

Eine sorgfältige und liebevolle Erziehung.

Beide, Vater und Mutter, ließen sich 1810 von Leberecht Gläser porträtieren. Vermutlich hat ihn August Schumann gebeten, ins Haus zu kommen und die ersten Skizzen außerhalb des Ateliers zu machen. Ihm mangle es an Zeit. Und stillehalten könne er nur, wenn er nachdenke und schreibe.

Schließlich haben sich beide doch fein gemacht für drei oder vier Sitzungen. Es hätte ein Doppelbildnis werden können, doch Gläser hat vermutlich Wert darauf gelegt, sie einzeln zu sehen. Seine Kunstfertigkeit hält seinem Ehrgeiz allerdings nicht stand.

Es ist ohnehin sonderbar, daß die Schumanns den Maler gerade in diesem Jahr beauftragen: 1810 bringt Christiane den Spätling zur Welt, Robert, und die Schwangerschaft setzt ihr zu; sie ist dreiundvierzig.

Gläser hat, unter ihrem beobachtenden Blick, sie etwas geschont. Unter dem makellos gelockten, die hohe Stirn frei lassenden Haar wirkt das Gesicht marmorn, streng. Der hohe Hals unterstreicht das Statuarische. Aber von den leise geschürzten Lippen springt ein Lächeln unter die hellen, wachen Augen. Da ist es Gläser gelungen, ein Echo ihres Lachens mitzumalen. Sie hat, ich bin mir sicher, nicht aus voller Kehle, sondern moduliert und kontrolliert gelacht, jedes Lachen zu seiner Zeit. Je älter sie wurde, um so gefährlicher und flackernder wurde ihr Lachen.

Christiane Schumann stammte aus Zeitz. Ihr Vater war dort als Stadtchirurg tätig. Die Familie Schnabel genoß Ansehen. Es kann sein, ihr Herkommen hat August zu seiner Karriere angespornt. Denn er kam aus einer armen Ecke. Sein Vater, Pfarrer, konnte ihm mit Geld nicht helfen. Also begann August eine kaufmännische Lehre, las und bildete sich in jeder freien Minute, kränkelte, hustete sich schier die Seele aus dem Leib, immer überanstrengt, immer müd, und in einem Anlauf von Größenwahn schrieb er sich an der Leipziger Universität ein, hörte Literaturwissenschaft und Philosophie, mußte aber bald aufstecken, da das Geld nicht reichte.

Drei Jahre vor Roberts Geburt, nachdem er als Buchhändler sich bereits einen Namen gemacht hatte, ebenso als Schriftsteller und Herausgeber geschichtskundlicher Werke, gründet er mit seinem Bruder die Verlagsbuchhandlung *Gebrüder*

Schumann in Zwickau. Er rackert, schafft es, setzt sich durch. Seine Romane werden gelesen. Seine »Bildnisse der berühmtesten Menschen aller Völker und Zeiten« gelten als populäres Nachschlagewerk. Der Hungerhusten freilich verfolgt ihn in den Wohlstand.

»Ich habe ihn nie anders als arbeitend gesehen«, erinnert sich Flechsig.

So sieht ihn Leberecht Gläser vor sich. Die Unruhe kann er nur schwer bändigen, dieser »vornehme Bürger und Buchhändler«. Müdigkeit und Anstrengung zeichnen das ebenmäßige, noch junge Gesicht. Es ist ein Gesicht der Zeit. So gaben sich die Bürger im Empire, die sich gegen Napoleon in Hochgefühlen oder in Haß verzehrten. Der Kragen und das Plastron stützen den Kopf, rahmen ihn ein. Das Haar ist à la mode strähnig in die Stirn gekämmt. Das alles ist austauschbar. Die Augen aber sprechen für sich. Dieser Blick entfaltet eine besondere Macht. Er nimmt in Anspruch und weicht zugleich aus. Er verrät Tiefe und verschleiert, was er offenbart. Er blitzt vor Neugier und ist beseelt von Wissen. Die Heiterkeit, die diesen Blick wärmt, ist deutlich einer tiefen Melancholie abgetrotzt.

Robert hat das Porträt seines Vaters ins Studium mitgenommen, und auch später zählte es zu »seinen« Bildern.

»Ich genoß die sorgfältigste und liebevollste Erziehung.«

Den frischen Gymnasiasten feiert die Familie. Noch ist sie vollständig. Vater hält eine Rede, in der er ausdrücklich von Robert geliebte Poeten zitiert, natürlich Jean Paul, und Byron in eigener Übersetzung. Danach schenkt er, zur Feier des Tages, »unserem Robert« ein Glas Wein ein, und rund um den Tisch prosten sie ihm zu: Vater, Mutter, Carl, Eduard, Julius und Emilie, die ihm, wie stets ein wenig entrückt, alles Glück für die Zukunft wünscht und erstaunt feststellt, daß der kleine Bruder noch nicht einmal zehne sei und sich mit dem Vater wie ein Großer über Dichter und Komponisten, über Philosophen und griechische Götter unterhalte.

Er hat gleich Erfolg und fällt auf. Bei Schülern und Lehrern weckt er Erwartungen. So gefällt es ihm. Trotzdem fürchtet er sich manchmal vor sich selber, weil ihm die Gedanken wegrennen, die Sätze im Kopf schnell und unverständlich werden und die Musik, die er liebt und die er für sein Leben erobern will, sich ihm widersetzt.

Keineswegs immer. Mit dem Schulorchester probt er, begleitet von Ratschlägen Kuntschs, »Das Weltgericht«, ein Oratorium von Friedrich Schneider. Er kostet es aus, die Instrumente des Orchesters und die Stimmen des Chors zu führen, zu bündeln, und gerät in eine Euphorie, die ihn stottern macht. Fuchtelnd gibt er Zeichen, hüpft, reißt den Mund auf – ein aus der Fasson geratener Kapellmeister, den die Jungen im Orchester nachäffen: der Robert, der irre Robert!

Vor der ersten Aufführung in der Aula flüchtet er sich zu seinem Vater, setzt sich neben ihn. Er ist dabei, die große Biographiensammlung mit neuen Lebensläufen zu ergänzen.

Kann ich dir helfen?

Deine Ruhe möchte ich haben, Robert. Er merkt nicht, wie der Junge sich nur mit größter Mühe still hält, vor Angst und Erwartung zu zerspringen droht.

Dann mußt du dich aber umziehen gehen und dich deinen Musikern widmen. Ich komme mit Mutter nach.

Er rennt, reißt den Frack über die Schulter, daß die Nähte nur so krachen, hört in seinem Kopf, was er gleich dirigieren wird, nicht vom Pult, sondern vom Klavier aus, hetzt durch den

Saal, schaut nicht nach rechts, nicht nach links, hört: Da ist er ja, der Schumann, der Robert, verschwindet im Übungsraum, wo sie ihn erwarten, läßt sich auf die Schultern klopfen, berühren, bringt, wieder einmal, kein Wort heraus, aber es bleibt ihm auch keine Zeit dazu.

Michaelis, der Stadtmusikdirektor – warum er und nicht Kuntsch oder der Direx –, reißt die Tür auf: Ihr werdet erwartet! Den begrüßenden Beifall nimmt er nicht wahr.

Jetzt, sagt er sich, und seine Spannung springt auf die anderen über. Nichts kann mehr passieren. Er lacht den Musikern, seinen Freunden, zu. Nun könnte er reden, sie würden ihn nicht hören.

Am Schluß endet der Applaus nicht.

Bravo, Schumann.

Bravo, Robert.

Nicht ohne Hochmut hat er die Komposition Schneiders erkundet, sich und den Musikern erklärt. Ein berühmtes, vielgespieltes Stück. Doch sobald er selber zu komponieren beginnt, verläßt ihn der Mut. Es kommt ihm vor, als wäre sein inneres Ohr taub. Diese Verstocktheit will er nun überlisten und hat sich einen Text vorgenommen, den er auswendig kann, in dem Musik schon vorhanden ist, eine einzige aufbrausende, jubelnde Melodie. Wie von Ferne hört er zwei Stimmen, einen Sopran, einen Alt:

»Halleluja! Lobet den Herrn in seinem Heiligtum./ Lobet ihn in der Feste seiner Macht!/ Lobet ihn in seinen Taten./ Lobet ihn in seiner Herrlichkeit./ Lobet ihn mit Posaunen!/ Lobet ihn mit Psalter und Harfen./ Lobet ihn mit Pauken und Reigen./ Lobet ihn mit Saiten und Pfeifen./ Lobet ihn mit hellen Zymbeln./ Lobet ihn mit wohlklingenden Zymbeln./ Alles was Atem hat, lobe den Herrn. Halleluja.«

Während er die Verse für sich aufsagt, in immer anderem Tonfall, beginnt er Noten zu schreiben, erst zaghaft, dann zügiger. Er muß noch lernen. Aber immerhin hat er begonnen, und sein Stolz springt über den Zweifel.

Auf das Deckblatt schreibt er: »La psaume cent cinquantième./ Oratorium...par Robert Schumann./ Leipzig/ chez Breitkopf und Härtel/ 1822.«

Wenn schon, dann die erste Adresse unter den Musikverlagen. Er läuft zum Vater, um ihm die Arbeit zu zeigen, die erste gelungene Komposition.

Mit zwölf, stellt der respektvoll fest und mißt seinen Sohn an denen, an denen er sich messen wird, indem er seine Unterschrift mit den ihren spielerisch vermengt: Beethoven, Mozart, Weber, Haydn, Cherubini und Buonaparte.

Versuch es weiter, Robert, ermuntert ihn der Vater, doch der Sohn hat sich schon anders besonnen: Weil ihm das Schreiben leichter fällt als das Komponieren, möchte er doch fürs erste Schriftsteller werden. Er schiebt die Komposition unter einen Bücherstapel, nimmt Platz neben dem Vater und bittet ihn, ihm bei seinem Personenbuch helfen zu dürfen.

Nun umgeben ihn wieder die Bücher, ihr Geruch, ihre ungeweckten Stimmen. Er sitzt hinterm Pult, nahe dem Vater, lauscht den Federn, die übers Papier kratzen, der des Vaters, seiner. Sie wetteifern miteinander.

Er wird, nimmt er sich vor, unter Pseudonymen veröffentlichen: Robert an der Mulde, Fust, Skülander. Er ist ja nicht nur einer.

Am nächsten Tag jedoch widerruft er, sitzt wieder am Klavier, versichert sich in Improvisationen, variiert Themen von Beethoven, von Mozart, so daß Vater, bestärkt durch solche Kunststücke, ihn danach zu sich bittet und ihm feierlich erklärt, er werde sich unverzüglich mit Carl Maria von Weber in Verbindung setzen und ihn fragen, ob er ihm nicht Unterricht erteilen könne.

Wirklich? Das willst du, Vater?

Ja, Robert. Noch heute werde ich ihm schreiben.

Er hat sich an Weber gewendet, doch anstelle einer Antwort erfährt er, daß Weber überraschend, »allzu früh«, gestorben sei.

Das Haus verliert seine Zuversicht; geplant wird nicht mehr. Emilie, die immer fahler und dünner geworden ist, gibt auf und stürzt sich aus dem Fenster im ersten Stock auf den Gartenweg. Sie wird von Julius tot gefunden.

Es heißt zuerst, sie habe sich das Leben genommen.

Sofort darauf spricht der ältere Bruder davon, daß sie überraschend gestorben sei.

Sie sei schon immer krank gewesen.

Robert verdrückt sich in die Buchhandlung.

Dort tuscheln die Kunden.

Viel zu früh, summen die Stimmen, viel zu früh. Was hat sie nur dazu gebracht?

Was?

Die Familie erzählt das Sterben und den Tod der älteren Schwester von Mal zu Mal neu und anders.

Schon damit der Anstand gewahrt bleibe.

Sie ist an Typhus gestorben.

An einer allgemeinen und wachsenden Schwäche.

Vielleicht doch auch an der Melancholie.

Von Kind auf sei sie schwach gewesen.

Robert weiß es besser. Sie ist kopfüber aus dem Fenster gesprungen und liegt nun, eingefaßt von Blüten, wie eine aus dem Märchen gefallene Prinzessin, die Hände über der Brust gefaltet, das Gesicht puderweiß, die Lippen blau und über die Stirn ein Tuch wie ein Kronenreif.

Übertreib nicht, Robert, du machst mich krank. Mutter weist ihn zurecht, versucht ihm seine »absonderliche« Trauer auszureden.

Absonderlich, sagt sie.

Du kannst an Trauer ersticken, Robert, sagt sie. Ich weiß es.

Er würde sie gerne fragen, woher sie das weiß, doch das traut er sich nicht.

An dem Begräbnis von Emilie nimmt die halbe Stadt teil. Robert denkt sich, während er zwischen den Brüdern hinterm Sarg hergeht, den Anfang eines Requiems aus, so, wie es Mozart und Haydn geschrieben haben. In der Nacht zuvor hat er den lateinischen Text durchgelesen: »Requiem aeternam dona eis, Domine, et lux perpetua luceat eis.« Aber die tausendfach gesungenen Formeln regten ihn nicht an. Der Text schien ihm von ungezählten Stimmen ausgehöhlt und zerfressen. Er hörte keine Musik, nur die schleifenden Schritte. Er dachte nicht mehr an Emilie, bloß noch an sich. Die Trauer verlor allmählich ihren Grund.

Um ihn an dieser Grenze verstehen zu können, lese ich voraus: die ersten Seiten seines Tagebuchs, das er zwei Jahre nach dem Tod Emilies beginnt. Schon hier bringt er alles durcheinander, mit Vorsatz auch sich selbst. Gläubigkeit und Leere, Liebe und Laster, Aufbruch und Stillstand, Depression und Überschwang sind ihm gleich. Er spielt sich Rollen vor, aus denen er ständig fällt, aber nicht aus Not oder zufällig – er will es. Er sieht sich zu, und wie von selbst vervielfältigen sich seine Emotionen.

Mein Zauberlehrling.

Das Requiem, an das ich ihn als trauernden Bruder denken lasse, komponiert er fast dreißig Jahre später, kurz bevor er nach Endenich gebracht wird. »Dona requiem eis, requiem.«

Noch spielt er mit seinen Gefühlen, probiert sie aus.

Den Vater hingegen frißt die Trauer um Emilie auf. Er besteht darauf, daß ihr Platz am Mittagstisch leer bleibe. Mutter rebelliert dagegen. Er gibt erst nach, als er einen großen Teil seiner Kraft an die Trauer verloren hat.

Robert sieht dem Schwinden des Vaters entsetzt zu. Er wird kleiner, dünner, krümmt sich hustend und verschränkt schützend die Arme vor der Brust.

Obwohl ihn längere Spaziergänge anstrengen, lädt er Robert öfter ein, ihn zu begleiten, zur Mulde oder über die Bierbrücke auf den Brückenberg.

Geradezu panisch redet er von sich, von früher: Ich habe gehungert, Robert, das kannst du dir nicht vorstellen, und damit mir der Mund nicht austrocknete, habe ich auf Stoffresten gekaut. Das hat mir mein Lehrherr beigebracht, als die napoleonischen Soldaten ins Land einfielen und nichts übrig ließen, nichts. Dieser Krieg, sagt er und schüttelt über das einst erlebte Elend staunend den Kopf – viele Köpfe hat er verwüstet, andere zum Denken, zum Handeln angeregt. Ich bin einer von denen gewesen, die zu denken anfingen. Aus Notwehr habe ich gelesen, wahllos und gierig. Ich wollte herausbekommen, wie Menschen Geschichte machen, was Größe bedeutet. Nur wenn du aus der Menge ragst, Robert, erkennst du die Gefahren und wirst erkannt.

Lieber Vater, sagt er in dessen Rede hinein.

Der erzählt, in seine Erinnerungen verloren, wie er die Mutter kennenlernte. Das ist eine Ewigkeit her. Ich bin nach Zeitz gegangen. Mein erstes Buch, »Die Familie Talheim«, ist furchtbar verrissen worden, und die Zukunft, die ich mir vom Schreiben versprach, war erst einmal hin. Ich wechselte Briefe mit dem Buchhändler Heinse, der ebenfalls wenig von meinen Schreibereien hielt. Er bot mir jedoch eine Stellung in seiner Buchhandlung an. Logis fand ich im Haus des Stadtchirurgen Schnabel. Die Tochter des Hauses, Christiane, die häddsch vom Flägg wägg häiraden gönn'n. Nur erlaubte es mir ihr Herr Papa nicht.

Vater hatte, das erzählte ihm Mutter später, nach dessen Tod, wie ein Berserker schuften müssen, um sie zu gewinnen. Denn ihr Papa habe Wert darauf gelegt, daß der künftige Schwiegersohn nicht ohne Vermögen sei. Dein Vater hat die Stelle in der Buchhandlung wieder aufgegeben, mir schweren Herzens Adieu gesagt, ist nach Hause gegangen, in die Armseligkeit des väterlichen Pfarrhauses, und hat dort ein Buch nach dem andern geschrieben, darunter ein vierbändiges Handbuch für Kaufleute. Mit tausend Talern in der Tasche kehrte er zurück und hielt um mich an. Ja, sagte sie, und das Handbuch wird bis heute in der Buchhandlung verlangt. Robert weiß es.

Am 10. August 1826 stirbt August Schumann. Der Sommer hat ihm nicht gut getan, den Husten, der ihn plagte, nicht gelindert. Er hatte die Schwindsucht.

In Nachrufen wird er gerühmt als angesehener Bürger Zwickaus, als scharfsinniger, vielseitiger Schriftsteller, als gelehrter, erfolgreicher Geschäftsmann und liebevoller Familienvater.

Robert steht neben dem aufgebahrten Vater, lange, ohne sich zu rühren, läuft später, beim Leichenschmaus, dem Geschwätz davon und zieht sich in die Bubenhöhle zurück, wo er Flechsig trifft. Er führt die Grabredner vor, äfft ihre Redeweisen nach, ihre schmierige Gestikulation und jagt dem Freund Angst ein: Laß es bleiben, Robert. Du bist doch außer dir.

Vor Wut, sagt er, nicht von Trauer.

Nach einigen Wochen, die Bäume haben ihr Laub längst verloren und der erste Schnee ist gefallen, bittet ihn die Mutter zu sich, für ein längeres und vertrauliches Gespräch. Sie erklärt ihm, sein Anteil am Erbe betrage 10323 Taler. Bis er darüber verfügen könne, wird es von dem eben ernannten Vormund, dem Kaufmann Rudel, verwaltet. Dieses Vermögen habe er dem Fleiß seines Vaters zu verdanken. Da sie aber jetzt für seine Zukunft die Verantwortung trage – da ich aber die Verantwortung für dich trage, Robert, muß ich dich bitten – und ich rechne mit deinem Verständnis –, den Plan, Klavier zu studieren oder Komposition, aufzugeben und anstelle dessen dich in Jura einzuschreiben. Ich habe mir das reiflich überlegt. Das Geld reicht nicht ewig. Du brauchst einen Brotberuf. Selbstverständlich sollst du dich zu jeder freien Stunde der Musik widmen. Du bist ja begabt, sehr begabt. Und ich habe mich mit deinem Vater über alle deine Fortschritte von Herzen gefreut.

Sie redet ohne Pause, läßt ihn nicht zu Wort kommen.

Er schaut auf ihre Hände. Sie liegen wie aus Holz in ihrem Schoß.

Gut, sagt er schließlich.

Du hast mich also verstanden, Robert? fragt sie nach.

Er nickt, verschwindet lautlos und rasch aus dem Zimmer.

Er scheint sich zu fügen und entzieht sich mehr und mehr dem familiären Zugriff. Wissentlich läuft er von zu Hause weg und, wie er annimmt, ins Leben hinein. Da er dem Vater nicht mehr auf dem Klavier vorspielen kann, nimmt er jede Gelegenheit wahr, es anderswo zu tun – in der Schule, bei Freunden, in Gesellschaften.

Bewunderung und Neid umgeben ihn als eine belebende Aura.

Er zieht Mädchen an und entdeckt sie als Spiegel. Sie nehmen seine Gedanken in Beschlag, fordern seine Eitelkeit heraus, steigern aber auch seine Ängste, stehlen sich in seine Tagträume und beherrschen seine Nachtphantasien.

Gegen all das verschanzt er sich hinter seiner Trauer, die ausfranst und nicht mehr hält. Er kommt sich nicht geheuer vor:

»Es ist bestimmt wahr, wo das Gefühl am lautesten spricht, wo das Herz ueberströmender wahrer Träume voll ist, da kann die kalte Hand nicht die Feder berühren, um jene glücklichen Stunden, wo man wahrträumt, aufzuzeichnen – ich meine, in ein kaltes, geistloses Tagebuch einzutragen. Ich habe die Erfahrung an mir selber gemacht – aber wie? ist es nicht schöner, das Uebermaaß der schönen Stunden imer zu empfinden, imer an solche zu denken, als Tag vor Tag aufzuzeichnen? ›heute sah sie mich an, aber dennoch schien sie unfreundlich zu seyn‹ und so einer unfreundlichen Erinerung gedenken zu müssen? schöne Zeiten vergisst man nimer, sie schaukeln uns imer in sel’gen Träumen ihre holden Bilder auf: schmerzvolle Stunden aber vertilgen das Andenken an schönre Zeiten – sie werden vergessen: wie nun wäre es gut, in solchen Zeiten ein fades, plattes Buch der Tage niederzuschreiben?«

Der Siebzehnjährige blickt auf die unseligen Seligkeiten des Sechzehnjährigen zurück, noch immer beunruhigt und angespannt, denn die Abenteuer, die Erfahrungen mit der Lust und Unrast haben noch längst kein Ende.

Hin und wieder begleitete er seine Mutter auf den Friedhof zu den Gräbern der Schwester und des Vaters. Ihre wortlose Geschäftigkeit zog ihn an und die Ruhe des Ortes. Während sie Blumen goß, Laub aus den Beeten pflückte, den Kiessaum um die Gräber harkte, saß er auf einer Bank und befand sich in Gedanken weit weg, dichtete Verse für ein Coriolan-Drama oder dachte sich einen Brief an eine unbekannte, doch erwartete Geliebte aus. Die Trauer, in die er sich eingeübt und die einen hellen Rand bekommen hatte, entfesselte in ihm unheimliche Gefühle. Sie wurde körperlich. Er begann sich nach Berührungen zu sehnen. Abends, bevor er einschlief, dachte er an nackte Frauen, die er in den Traum mitnehmen wollte, was ihm nicht immer gelang. Folgten sie ihm, gab er ihnen Namen, die er gelesen hatte: Stella, Cordelia, Ottilie.

Im Keller unter der Buchhandlung, zwischen Regalen mit verrottenden Büchern und Broschüren, befriedigte er sich zum ersten Mal selbst.

Im späten Sommer, in der Robinson-Höhle, zog er Flechsig ins Vertrauen. Er überwand seine Scham, kleidete sich vor dem Freund aus und tat es ihm vor. Worauf Flechsig ihn umarmte und es nicht zuließ, daß er sich weiterbewegte. Das, was er da treibe, sei schädlich, sagte er. Er wisse es von seinem Cousin. Man könne blöd davon werden.

Robert befreite sich aus dem fesselnden Griff. Dann wolle er eben blöd werden. Er musterte Flechsig abschätzig. Das ist doch Quatsch, Emil. Zieh dich aus, das mußt du mal spüren.

Flechsig rannte davon.

Ein paar Tage später erschien er im Sanssouci, ohne daß sie

sich verabredet hatten. Sie beobachteten sich, unsicher, ob sie lachen oder ernst bleiben sollten, zogen sich dann hastig aus, fielen sich in die Arme, stürzten miteinander ins Gras, legten die Gesichter aneinander, horchten auf ihren immer heftiger werdenden Atem, bis es einem nach dem andern kam. Sie warfen sich auf den Rücken, lagen, ohne zu reden, nebeneinander. Nach einer Weile zogen sie sich wortlos an und gingen in sich gekehrt über die Wiesen, an der Mulde entlang, zurück in die Stadt.

Jetzt muß sie auftreten.
Noch hat sie in seinen Träumen viele Gesichter und wechselnde Namen.
Jetzt wird sie sich zu erkennen geben.
Sie tut's, ihrer Rolle sicher.
Er probt mit dem Orchester, im Saal des Däumelschen Hauses. Wie immer gibt es Zaungäste. Das ungeladene Publikum in seinem Rücken bestärkt ihn.
Flieg nicht aus den Stiefeln, Robert! warnt ihn im Spaß sein Musiklehrer, der ihn aus der ersten Reihe beobachtet und korrigiert.
Nach der Probe ist er in Gedanken versunken zum Ausgang gelaufen, hätte sie beinahe umgerannt, sie ist zur Seite gesprungen, kichernd, worauf er aufgeschaut hat, ihr in die Augen.
Er kennt sie seit Jahren. Jetzt erkennt er sie.
Sie stützt sich, als sei sie auf die Szene vorbereitet, graziös auf einer Stuhllehne ab.
Er steht wie angewurzelt, starrt sie an und bringt kein Wort über die Lippen. In solchen Situationen überkommt ihn das Gefühl, seine Haut werde dunkel.
Nu? fragt sie.

39

Verzeihung, sagt er.

Ich habe zugehört, sagt sie und wechselt das Standbein.

Er steht im Gang, zwischen den Stuhlreihen, und der Boden scheint unter ihm fortzugleiten.

Sie sieht ihn an.

Ich sehe ihn an. Ich sehe ihn auf Bildern. Ich sehe ihn alt und jung. Als Schüler, als Künstler, als Ehemann und Vater. Gezeichnet, gemalt und fotografiert.

Er ist größer und gedrungener, als ich ihn mir vorstellte. Die Bilder widersprechen meinem Kreisler-Bild. Nichts von asthenischer Dämonie, dafür oft ein großflächiges Gesicht, mit dem ein wenig stieren Lauschen eines Stummen. Dieses Gesicht ist nicht sonderlich fein gezeichnet. Eher grob, aber die Schläfen und Wangen werden lebendig durch Schatten. Auch die hellen Augen unter der ebenmäßigen Stirn wirken verschleiert. Die fleischige Nase weist gerade auf den Mund, der dem bisherigen Eindruck von hochempfindlicher Maskenhaftigkeit widerspricht: ein lüsternes Mündchen, Ober- wie Unterlippe gleich geschürzt über einem trotzig vorspringenden Kinn, das von einem Grübchen geteilt wird und sich im Ansatz eines zweiten Kinns bettet. Das sehr feine Haar schmeichelt Stirn und Schläfen.

Seine Augen werden von Freunden als blau, seine Haare als blond beschrieben.

In meinem Porträt geraten die Lebensalter durcheinander.

Er ist vierzehn.

Sie heißt Nanni Petsch.

»Es war meine erste feurige Liebe und ich Glücklicher – ich war wiedergeliebt.«

Sie heißt Liddy Hempel.

»Nichts kann mir gefallen, nichts kann mich befriedigen, nur sie, nur sie.«

Ich habe dir zugehört, sagt sie.

Ja? fragt er nach einem langen Zögern.

Schon öfter, sagt sie.

Sagt Nanni. Sagt Liddy.

Er geht mit ihnen tanzen. Er möchte sie umarmen, küssen, und er schämt sich zugleich, denn er möchte Madonnen verehren, nicht Liddy, nicht Nanni.

Sie trauen ihm mehr zu als er sich selbst. Sie spielen mit ihm, und er gibt nur allzugern nach. Sie springen mit seinen Gefühlen nur so um, aber dann kann er es auch selber. Er genießt ihre kätzische Unverfrorenheit und wirft sich seine Begierden vor.

Du machst es dir schwer, Robert, klagt Nanni, klagt Liddy.

1827 besteht er das Abitur.

Nichts bleibt so, wie er es in seiner Erinnerung aufheben möchte.

Julius und Eduard führen nun Vaters Buchhandlung weiter.

Carl ist nach Schneeberg gezogen, wo er eine Druckerei gekauft hat. In Rosalie, Carls Frau, hat Robert sich heimlich verliebt.

Anders als in Nanni oder Liddy.

Sie verehrt er, so wie er Agnes Carus verehrt, die Frau eines Colditzer Arztes.

Kommst du mit ins Kasino tanzen? fragt Nanni, fragt Liddy.

Er hat eine Ausrede. Ich bin eingeladen, von Herrn Doktor Carus und seiner Frau.

Du Langweiler!

Sie können ihn nicht begreifen. Der olle Carus. Über dessen

Frau verlieren sie kein Wort. Sie ahnen, daß sie damit Robert herausfordern würden.

Er findet Agnes Carus nicht nur schön und für seine Verehrung wunderbar entrückt. Sie ist auch gescheit und spielt vorzüglich Klavier.

Kennen Sie das, Robert? fragt sie und spielt einen Walzer, der ihn nicht nur entzückt, der seine Phantasie in Besitz nimmt, melancholisch leise und aufsässig.

Durch Agnes Carus lernt er Schubert kennen.

Kennen Sie das, Friedolin? wird sie ihn irgendwann fragen und ihn, wie ein begehrliches Kind, freundlich auf Distanz rücken.

Er nimmt Abschied. Er schreibt kein Adieu, komponiert kein Valet. Noch einmal ruft er die Freunde zusammen, zu einem Klopstockischen Abendspaziergang, besucht alleine Sanssouci, weicht der Mutter aus, die entweder fordert oder weint, redet länger und ausführlicher als je mit den Brüdern, stattet dem Vormund Rudel einen Besuch ab, steht vor Liddys Fenster, vor Nannis Tür, spielt Schubert nach und sehnt sich nach der liebevollen Lässigkeit von Agnes Carus.

Unterwegs, zwischen Robinson-Höhle und Elternhaus, spricht er, wie oft, mit sich selber, teilt sich, redet auf sich ein und bleibt an einem Satz hängen, den er zwanghaft wiederholt: Die Todesfälle werden sich mehren, die Todesfälle werden sich mehren.

Nach Leipzig, wo er, so wünschen es Mutter und Vormund Rudel, das Jura-Studium aufnehmen soll, ist es nicht weit. Aber vorher, erklärt er und läßt es sich nicht ausreden, wolle er reisen, zum Beispiel Jean Paul entgegen, und auch einer Welt, die ihn erwartet:

»Genug von diesen Tagen – ich werde mich lange ihrer erinnern.«

3

Klingelfeld, sagt Schumann, es ist sein fünfundfünfzigster Tag in Endenich, Klingelfeld, sagt er, ich bitte Sie, teilen Sie der oberen Behörde mit, ich hätte keine Zeit für sie.

Er kniet mitten im Zimmer. Der Speichel rinnt ihm übers Kinn. Er hat Klingelfeld geweckt.

Guten Morgen. Seit wann wachen Sie?

Schumann könnte, wie so oft, auf ihn losgehen und ihn schlagen, weil er ihn für einen anderen hält, für einen Boten oder für einen Orchesterdiener.

Seit wann wachen Sie?

Schumann richtet sich in einer langsamen Spiralbewegung auf.

Klingelfeld, bestellen Sie dem Fräulein von Reumont, ich hätte für die nächsten Tage keine Zeit für ihre diversen Ansinnen. Wirklich nicht.

Schumann will hinaus in den Garten. Klingelfeld stellt sich ihm in den Weg.

Zuerst müssen wir Toilette machen, Herr Schumann.

Zuerst müssen wir Toilette machen, Klingelfeld.

So ist es, Herr Schumann.

So ist es, Klingelfeld.

Er faßt Klingelfeld am Arm. Warum wiederholen Sie mich? Sie wissen doch, daß ich ein Echo im Ohr habe und einen summenden Ton dazu. Ich sage Ihnen, es ist die Hölle. Und die Pillen, die Doktor Peters mir dazu verabreicht, sind das wahre Gift.

Vorsichtig widerspricht ihm Klingelfeld: Sie können aber nicht behaupten, daß Ihnen die Tabletten schaden.

Schaden nicht, schaden nicht. Nein.

Er grimassiert. Klingelfeld hat sich daran gewöhnt. Manchmal bleibt das Gesicht verzerrt, wie eine Maske, bizarr und wüst.

Wir sollten nun doch mit der Toilette beginnen, Herr Schumann.

Fangen Sie damit an, Klingelfeld. Es ärgert mich, daß Sie nicht mehr jede Nacht bei mir schlafen.

Herr Doktor Richarz hält das nicht für nötig.

Nicht für nötig, nicht für nötig. Wie gedankenlos.

Er führt Schumann am Arm zum Waschtisch, gießt Wasser ins Lavoir. Jedesmal fürchtet er sich, dem Kranken das Hemd über den Kopf zu ziehen, denn dann beginnt er verzweifelt um sich zu schlagen, wahrscheinlich, weil ihn die Haltung an die Zwangsjacke erinnert.

Ich bitte Sie, helfen Sie mir doch etwas, Herr Schumann.

Er tut's. Dieses Mal ohne Widerstand.

Klingelfeld wäscht ihm Gesicht und Oberkörper.

Am Abend vorher hat der Kranke sich vor Ängsten gekrümmt, bei der Visite der beiden Ärzte einen Zipfel der Decke in den Mund gestopft, auf Doktor Richarz nicht reagiert, das Fräulein von Reumont wütend angestiert und sich plötzlich an Klingelfeld gewendet: Sie schlafen heute wieder bei mir. Ich will nicht alleine angesteckt werden.

Das ist neu. Von einer Ansteckung hat er bisher nicht gesprochen.

Bloß heute nicht! sagt er.

Was nicht? fragt Klingelfeld.

Mich ans Bett binden wie eine wilde Sau.

Da waren Sie selbst daran schuld, Herr Schumann.

Sagen Sie das nicht, Herr Tobias Klingelfeld, sonst muß ich Sie entlassen. Sagen Sie mir das nicht noch einmal.

Bestimmt nicht, Herr Schumann.

Klingelfeld hört auf dem Gang vorm Zimmer die beiden Ärzte sich mit Fräulein von Reumont und einem Patienten unterhalten.

Wir sollten uns ein wenig beeilen. Er trocknet Schumann ab, der sich mit einer heftigen, wegtauchenden Bewegung von ihm absetzt, aufs Bett springt, sich hinkniet und mit grämlicher Miene auf die Tür starrt, die, wie er es erwartet, aufgeht: Das Fräulein von Reumont! Er verbeugt sich aus der Hüfte, droht nach vorn zu fallen, hält sich gerade noch im Gleichgewicht. Ich habe Sie heute morgen nicht erwartet.

Die beiden Ärzte begrüßt er nicht. Sie reden mit Klingelfeld über Schumanns Kopf hinweg. Wie das Klistier gestern abend ausgefallen sei, fragt Doktor Peters.

Gesund knollig. Ich habe es schon notiert. Herr Schumann hat auch ruhig geschlafen.

Schumann richtet sich etwas auf: Klingelfeld lügt. Ich habe überhaupt nicht geschlafen. Ich habe wie gelähmt wach gelegen. Jetzt ist mir mein Kopf wie Wasser. Und oft genug kommen mir wüste Gedanken.

Während Elvire von Reumont im Zimmer Ordnung schafft, Kleider in den Schrank hängt, den Waschlappen auswringt, das volle Lavoir vor die Tür stellt, haben sich die beiden Ärzte blitzschnell Schumanns bemächtigt, ihn mit Hilfe von Klingelfeld hochgerissen, vom Bett hinunter und auf die Beine gestellt. Worauf er die Augen verdreht, empört grunzt, die Hände vors Gesicht schlägt.

Setzen Sie sich doch, lieber Herr Schumann.

Doktor Richarz versucht ihn auf den Bettrand zu drücken.

Er wird von Fräulein von Reumont unterstützt: Bitte, Herr Schumann.

Er setzt sich, zieht langsam die Hände vom Gesicht und lächelt.

Ich möchte, sagt er, heute nach dem Essen ausgiebig am Klavier üben. Nach dem Mittagessen, betont er.

Da Sie jetzt wieder im Haupthaus wohnen, lieber Herr Schumann, ist der Weg zum Musikzimmer ja nicht weit.

Überraschend für alle springt Schumann auf, drückt Richarz und Peters zur Seite, doch Fräulein von Reumont stellt sich ihm schon in den Weg, bevor Klingelfeld bei ihm ist.

Schumann wischt sich das nasse Kinn mit dem Ärmel, zwinkert Klingelfeld zu: Mein Schatten, murmelt er.

Dann sagt er zu den beiden Ärzten: Können Sie nicht auf den Einlauf verzichten? Ich bitte Sie.

Das ist unmöglich. Doktor Richarz spricht ruhig und sehr betont. Das Klistier dient, Sie wissen es, der Diagnose ebenso wie der Therapie.

Schumanns Schultern beginnen zu zucken. Er gibt stoßweise Töne von sich: Ja ja ja. Und darauf fällt er in eine Art Singsang: Unser tägliches Klistier gib uns heute.

Klingelfeld, der mit Mühe das Lachen verbeißt, schaut zu Doktor Richarz. Der reagiert ohne jeden Humor. Da ist nichts zu ändern, Herr Schumann. Klingelfeld wird wie immer dafür sorgen. Nicht wahr?

Jawohl, Herr Professor.

Als Klingelfelds Echo antwortet auch Schumann: Jawohl, Herr Professor.

Einmal läuft er Klingelfeld davon, ist schon auf dem Weg nach Bonn. Klingelfeld holt ihn rechtzeitig ein.

Heute geht es nicht zum Beethoven, mein lieber Klingelfeld, heute will ich nur ein wenig promenieren.

Ein paar Tage darauf kann er Schumann kaum mehr bändigen. Die wüstesten Bilder peinigen den Kranken.

Schumann packt ihn, zieht Klingelfelds Gesicht an seines. Die Augen hat er aufgerissen, sie sind blind zugleich. Ich weiß es. Wissen Sie das Neueste, das Entsetzlichste, Klingelfeld? Düsseldorf ist untergegangen. Eben habe ich es erfahren. Meine arme Frau, meine armen Kinder. Er rutscht Klingelfeld zwischen den Armen durch, sinkt auf dem Boden zusammen, wird von einem wilden Schluchzen geschüttelt: wie niederträchtig, wie niederträchtig! stammelt er.

Klingelfeld weiß sich nicht anders zu helfen, als Doktor Peters zu rufen. Der kommt, redet auf Schumann ein, versichert ihm, schwört ihm, daß in Düsseldorf noch Stein auf Stein stehe und keinem Menschen etwas passiert sei. Schumann hört nicht auf ihn. Verschwinden Sie, Doktor Peters, was mischen Sie sich in meine Angelegenheiten.

Klingelfeld versucht, ihn hochzuziehen, packt ihn unter den Schultern. Er ist schwer wie ein Sack voller Blei.

Bitte, Herr Schumann.

Gehen Sie, gehen Sie beide. Sie haben keine Ahnung. Düsseldorf ist ausgelöscht, vom Erdboden verschwunden. Das ist wahr.

Er erhebt sich von allein, stellt sich ans Fenster, noch immer schluchzend. Lassen Sie mich endlich in Frieden.

Doktor Peters telegrafiert Clara, sie solle unbedingt ihrem Mann schreiben, daß sie und die Familie wohlauf seien.

Clara beeilt sich. Peters überreicht ihm den Brief. Von Ihrer Frau, Herr Schumann.

Ungläubig dreht und wendet er den Umschlag, liest Absender und Anschrift.

Klingelfeld, ruft er, schauen Sie sich diesen Brief doch bitte auch an. Aber genau. Von wem ist er?

Klingelfeld tut, wie ihm geheißen, prüft ausgiebig und erklärt schließlich: Er ist ganz sicher von Ihrer Frau. Sehen Sie hier den Poststempel. Der Brief ist am 10. September, also vorgestern, in Düsseldorf aufgegeben worden.

Vorgestern, Klingelfeld?

Klingelfeld hält ihm den Brief vor die Nase. Hier, Sie können sich überzeugen.

Worauf ihn Schumann um sein Lorgnon bittet. Und nun lassen Sie mich allein.

Am 12. September schreibt er zurück. Doktor Richarz trägt, in Gegenwart von Klingelfeld, in sein Tagebuch ein: »Verfaßte einen Brief an seine Frau, worin er sich in ganz passender Art über das Befinden seiner Familie erkundigt, auch über Manches andere Nachricht zu erhalten wünscht.«

Klingelfeld, der Schumanns Brief gelesen hat, wundert sich, wie karg der Professor über die liebevollen Äußerungen urteilt. »Wie freute ich mich, geliebte Clara, Deine Schriftzüge zu erkennen; habe Dank, daß Du gerade an solchen Tagen schriebst und Du und die lieben Kinder sich meiner noch in alter Liebe erinnern. Grüße und küsse die Kleinen. O könnt' ich Euch einmal sehen und sprechen; aber der Weg ist doch zu weit. So viel möcht ich von Dir erfahren, wie Dein Leben überhaupt ist, wo ihr wohnt und ob Du so herrlich spielst, wie sonst, ob Marie und Elise immer vorschreiten, ob noch auch singen – ob Du noch den Klemms'schen Flügel hast – wo meine Partiturensammlung (die gedruckten) und die Manuskripte (wie das Requiem, des Sängers Fluch) hingekommen sind, wo unser Album, das Autographen von Goethe, Jean Paul, Mozart, Beethoven, Weber und viele an Dich und mich gerichtete Briefe enthielt, wo die Neue Zeitschrift für Musik und meine Korrespondenz? Hast Du noch alle an Dich von mir geschriebenen Briefe und die Liebeszeilen, die

48

ich Dir von Wien nach Paris schickte? Könntest Du mir vielleicht etwas Interessantes schicken. ... Dann fehlt es mir sehr an Notenpapier, da ich manchmal etwas an Musik aufschreiben möchte. Mein Leben ist sehr einfach, und ich erfreue mich nur immer an der schönen Aussicht nach Bonn und wenn ich da bin, an dem Siebengebirge und an Godesberg, an das Du Dich auch noch erinnern wirst...«

Wenige Stunden, nachdem er den Brief abgefaßt hat, tobt er so sehr, daß er ans Bett gebunden werden muß. Er kann nicht reden, die Augen treten ihm vor Anstrengung aus den Höhlen. Wieder einmal weiß Klingelfeld nicht, wie grob er mit ihm umgehen darf.

Vom zerstörten Düsseldorf ist nicht mehr die Rede. Nach einem langen, einer Ohnmacht ähnlichen Schlaf, weckt ihn Klingelfeld, wäscht ihn im Bett, gibt ihm zum Frühstück warme Milch, danach sechs Eßlöffel kaltes Wasser und vier Eßlöffel Sherry. Wie es ihm Doktor Richarz aufgetragen hat.

Seit Wochen kann Schumann unermüdlich Domino spielen.

Klingelfeld achtet darauf, nicht zu gewinnen.

Sie mogeln, Klingelfeld.

Ach, Herr Schumann, da geht es manchmal mit mir durch.

Schumann sieht ihm mit Augen ins Gesicht, die nichts wahrnehmen wollen.

Wenn Sie wüßten, wie gemein meine Gedanken sind, wie gemein, Klingelfeld.

Er schlägt die Stirn auf den Tisch und wirft alle Dominosteine um.

Vorsichtig legt Klingelfeld seine Hand auf den Kopf Schumanns.

4
Dichterliebe
(Sehr rasch)

Unterwegs notierte er seine Ausgaben bis zur Stelle hinterm Komma: 28 Kreuzer für Zigarren in Augsburg. Oder er vermerkte genauestens die Entfernungen zwischen den Poststationen: Von München nach Ulm 18 einhalb Meilen.

Er wollte sparen und gab eine Menge aus.

Er wollte entdecken und übersah unendlich viel.

In seinem Tagebuch schlägt sich, was er erfährt, in atemlosen Wörtern und Satzpartikeln zwischen Gedankenstrichen nieder.

Vielleicht war ihm die Fremde von vornherein vertraut. Er reiste nicht, um irgendwo anzukommen und nach Hause zurückzukehren; er fuhr hinaus, um zu finden, wonach er ohnehin schon gesucht hatte, um sich im Unterwegs zu bestätigen.

Ein Siebzehnjähriger in der Postkutsche. Manchmal ohne Begleitung, manchmal mit.

Er hat den Anfang eines Liedes im Kopf, das er sich nicht zu vollenden traut, denn er ist die Person, von der gesungen wird. Dreizehn Jahre später – und magischen Zahlen ist zu trauen – werden die Lieder über ihn herfallen, und er wird alle Phantasie brauchen, um sie einzufangen: »Aus der Heimat hinter den Blitzen rot.«

Sagen Sie, junger Mann, sind Sie allein unterwegs, und wohin führt die Reise? fragte ein älterer Herr, der sich ihm als Geheimer Sekretär Rothe aus Berlin vorstellte, und anstelle von Schumann antwortete Willibald von Alexis: Wir reisen miteinander.

Was den Herrn Rothe nicht davon abbrachte, sich ausschließlich an Robert zu wenden, ihm von Berlin zu erzählen, vor allem aber von seiner wunderschönen Gemahlin, auf die er zu jeder Gelegenheit ein Gedicht verfasse, so inbrünstig liebe er sie. Und Sie, mein junger Herr? Studieren Sie? Wieder antwortete an Roberts Stelle Willibald von Alexis: Er wird damit beginnen, noch in diesem Jahr. Jurisprudenz.

Worauf Herr Rothe ein langes, durchaus kundiges Lob auf das Studium der Rechte anstimmte und auf alle, die es absolviert haben.

Er hörte zu und doch nicht. Rothes Wortschwall verlor seinen Sinn, aber die einzelnen Wörter kamen ihm vor wie kleine Wellen mit Schaumkrönchen.

Hübsch, hübsch, sagte er, und der Zufall wollte es, an der richtigen Stelle. Das schmeichelte Herrn Rothe.

Das Bruchstück einer weiteren Strophe schenkte ihm Madame Grevenich, in der Kutsche von Hof nach Bayreuth.

Selbstverständlich mußte sie beginnen wie Herr Rothe: Sagen Sie, junger Herr, sind Sie allein unterwegs, und wohin führt die Reise?

Dieses Mal fehlten ihm Rosen oder Alexis, die Reisegefährten, und er mußte selber antworten. Daß er Robert Schumann heiße, aus Zwickau komme, unlängst seine Schulzeit mit dem Abitur abgeschlossen habe und nach Bayreuth reise, auf den Spuren seines Lieblingsdichters Jean Paul.

Worauf ihn Madame Grevenich damit überraschte, den Dichter sehr gut gekannt zu haben. Ach, ihn! rief sie aus und klatschte in ihre runden, dicken Hände: Wie viele Male haben er, seine liebste Frau und ich zusammengesessen und den guten

Geistern wie den bösen Nachbarn ein Ohr abgeschwätzt. Er war schon ein großer und sonderbarer Philosoph.

Erzählen Sie. Mehr brachte er nicht über die Lippen.

Madame Grevenich vergaß, daß sie beide nicht allein in der Kutsche saßen: Es war ihm gleich, wie über ihn geredet und geschrieben wurde. Glauben Sie mir, Herr Schumann, er schrieb wie ein Gärtner, freilich einer, der darauf sah, daß es in den Ecken seines großen Gartens recht wucherte.

Ob sie zu seiner Frau weiter Verbindung habe?

Aber ja. Morgen gehe ich sie besuchen.

Dürfte ich –?

Sie ließ ihn gar nicht ausreden. Begleiten Sie mich. Madame Richter wird ein Vergnügen haben an einem solch charmanten Liebhaber der Poesie.

Das genügte ihm. Von nun an hörte er Madame Grevenichs Geschwätz wie Gezwitscher.

Sie verabredeten sich. Da sie beide im »Goldenen Anker« abgestiegen waren, war's auch, wie Madame versicherte, kein weiter Weg zum Haus des Dichters. Vorher könnte er ihr beim Frühstück Gesellschaft leisten.

Vielleicht ist Madame auch eine Erfindung, gibt es sie nur ein paar Sätze lang, und er hat am Hause Jean Pauls ohne Hilfe angeklopft, wie bei Heine in München.

Doch Madame Grevenich gehörte nun schon in eine Jean Paul gewidmete Strophe. Und so machte sie in Begleitung eines jungen Fremden ihrer Freundin die Aufwartung.

Nichts entspricht dem, wie er sich Jean Pauls Arbeitsplatz, sein Haus, vorgestellt hatte. Die Räume sind weiter und heller; nichts ist eng und übermäßig gemütlich.

Wenn er in Ruhe schreiben wollte, erklärte Frau Richter, zog er sich zurück in die Rollwenzelei.

Mit den Händen fuhr er über die Möbel. Er durfte Bücher aus dem Schrank ziehen, sich an den Schreibtisch setzen. Die Augen geschlossen, lauschte er. Die beiden Frauen entfernten sich ins Nebenzimmer. Ihre Stimmen verloren sich. Eine Feder schabte übers Papier, wie die des Vaters. Noch nicht einmal vor zwei Jahren sind sie gestorben. Der Vater und Jean Paul, sein Dichter.

Zum Abschied schenkte ihm Madame Richter einen schönen Porträtstich Jean Pauls, so, wie Mutter ihm das Porträt des Vaters mitgegeben hat.

Nachdem er Madame Grevenich ins Hotel begleitet hatte, ging er zum Friedhof, suchte ziemlich lange nach Jean Pauls Grab, fand es endlich durch den Hinweis eines mürrischen Totengräbers, redete mit dem poetischen Geist, dessen Nähe er zu spüren glaubte, sagte ihm unter Tränen Sätze auf, die er mittlerweile auswendig kannte und die er später in sein Tagebuch eintrug: »Zuweilen wurde mitten am Tage der Morgen- und Abendstern gesehen, neben der Sonne, wenn – diese verfinstert war. Schönes Sinnbild! wenn sich uns das Leben verfinstert durch zu große Schmerzen, so erscheint uns recht deutlich Jugend und Sterben, Morgen- und Abendstern.«

Ohne der Rollwenzelei, der wahren Arbeitsstätte Jean Pauls, einen Besuch abzustatten, konnte er die Stadt nicht verlassen. Er erwartete eine trübe Spelunke und wurde empfangen von einer Person, die geradenwegs aus einem der Romane des Meisters entsprungen sein konnte, noch atemlos von einem langen Lauf durch verschlungene Sätze, klein, in festem Fett und mit von Erinnerung blitzenden Augen.

Sein Besuch sei ihr angesagt worden. Sie packte ihn vertraulich am Arm, führte ihn durch die enge und verrauchte Gaststube, über eine schmale Stiege hinauf in den ersten Stock, öffnete eine niedrige Tür: Das ist die Stube, sagte sie und zog Schumann noch etwas mehr an sich. Hier hat er zwanzig Jahre fast täglich geschrieben, an diesem Tisch, und gearbeitet hat er, sag ich Ihnen, junger Herr, wie besessen, er hat gar nicht aufhören können, bis ihm die Augen groß und rot aus dem Kopf heraus standen.

Das war nicht gerade das Bild, das er sich von dem Genius machte, doch dieser kleinen Frau schenkte er Glauben. Auch daß er nicht unmäßig getrunken habe, glaubte er ihr. Den Tag über ein Fläschchen Roussillon, am Abend ein, zwei Bier, mehr nicht, höchstens die Freunde animierten ihn.

Er bat sie, ihn einen Augenblick in dem Zimmerchen alleine zu lassen. Sie zögerte, musterte ihn noch einmal von der Seite, nicht ohne Mißtrauen, und gab schließlich nach. Nicht lang! Sie drückte die Türe zu, er schloß die Augen, atmete tief ein, eine besondere Luft, in der sich wunderbare Gedanken mit dem Geist französischen Weins mischten.

Doch schon gab die Rollwenzelin hinter seinem Rücken kund, daß dieser andächtige Moment genüge, und verabschiedete ihn vor dem unscheinbaren Häuschen an der Allee zur Eremitage.

Ist Ihnen die Stub für den großen Dichter zu klein vorgekommen, junger Herr? Wissen Sie, was Ihnen der Selige gesagt hätte: Ei was, Nazareth war auch klein.

Sie löste sich vor seinen Blicken auf, ein bunter Kreisel, den es ins Wirtshaus hinein trieb.

Ein paar Tage zuvor hatte er in Teplitz seine Mutter getroffen, in Begleitung von Fräulein Mauderode, einer neuen Zwickauer Freundin. Sie lud ihn ein, die Reise zu unterbrechen und ihnen Gesellschaft zu leisten. Er gab erst nach, als er hörte, daß auch Hempels erwartet würden, und mit ihnen Liddy.

So begann von neuem ein Lied, das er nicht mehr hatte hören wollen. Es würde, er wußte es voraus, ein Tanzliedchen sein.

Der warme Tag macht träge, und erst am lauen Abend beginnen sich die Kurgäste zu regen, sich in Gasthäusern oder beim Tanz zu treffen. Die tagsüber aufgestauten Emotionen entfesseln sich in lauter Ausgelassenheit.

Du hier?

Ich hier!

Sie tritt stürmisch auf, eben angekommen, schon unternehmungslustig, nur mit ihm hat sie nicht gerechnet.

Ich hier.

Sie muß ihre Freude nicht heucheln. Ob er sie und ihre Eltern später in den Kursaal begleiten wolle, zum Tanz?

Er ist sich nicht schlüssig.

Sie drängt: Laß dich nicht bitten, Robert.

Aber er muß sich bitten lassen, da seine Gedanken wieder einmal wie verkleistert scheinen und er den Mund nicht aufbringt.

Mein stummer Fisch. Das hat sie schon in Zwickau gesagt. Aber einmal auch: mein stummer Idiot.

Er schließt sich am Abend doch der Gesellschaft an. Auch seine Mutter und ihre Freundin sind von Hempels eingeladen.

Liddys Tanzwut steckt ihn an. Er lacht. Ihm wird ein wenig schwindelig, und der Atem droht ihm auszugehen.

Jetzt möchte er sie noch heftiger an sich drücken, küssen, und seine verbotenen Gedanken drehen sich mit im Kreis.

Bald werde ich nur noch Tänze komponieren. Es hört sich an wie ein Versprechen. Wem gibt er es?

Die Trennung von Liddy fällt ihm nicht schwer. In Zwickau
wird er sie ohnehin wiedersehen. Und schon am nächsten
Abend wird sie mit einem anderen tanzen.
Adieu.
Den Abschied ruft er ihr, die gar nicht an der Poststation
erschienen ist, aus der fahrenden Reisekutsche zu und ver-
blüfft damit ein paar Passanten:
Adieu!

Er geht leicht fort, er ist gern unterwegs.
An Rosen, den zeitweiligen Reisegefährten, schreibt er nach
dem Aufenthalt in Bayreuth, der ihn rührte und mitnahm,
was Wult und Valt, die geliebten Wesen Jean Pauls, ihm einge-
flüstert haben: »Wenn die ganze Welt Jean Paul läse, so würde
sie bestimmt besser, aber unglücklicher – er hat mich oft dem
Wahnsinne nahegebracht.«
Es ist nicht das letzte Mal, daß er in Gedanken an Jean Pauls
Haus vorbeifährt, wie ein Süchtiger: »Abfahrt von Bayreuth –
häßliche Gesellschaft – der Citherspieler – Sänger-Anekdo-
tenerzähler…«
Das Personal wechselt, nicht jedoch der Roman.

Den andern Dichter, Heine, trifft er leibhaftig an. Seine »Rei-
sebilder« kennt er, bewundert er.
Ein Augsburger Freund hat dafür gesorgt, daß eine Empfehlung an Heine geschickt wurde: »Ein vielversprechender junger Mann…«
Heine lebt seit dem Winter 1827 in München, arbeitet als
Redakteur an den »Neuen Allgemeinen Politischen Anna-
len«.
Er möge kommen, anwortet er postwendend.

Schumann hat sich im Hotel erklären lassen, wo sich die Wohnung Heines, das Rechbergsche Palais, befinde.

Er nimmt sich Zeit.

Es ist Mittwoch, der 7. Mai.

Obwohl er einige Male in die Irre läuft, sich durchfragen muß, kommt er zu früh an. Er wartet, zündet sich eine zweite Zigarre an. Schließlich wagt er es, an der Glocke zu ziehen.

Eine junge Frau öffnet. Sie will sprechen, doch schon fällt ihr eine helle, fast fistelnde Stimme aus dem Hintergrund ins Wort: Das ist Besuch für mich.

Heine, klein und zierlich, in den Gesten frei und ausholend, steht vor ihm, redet auf ihn ein, wartet, daß er antworte, und als Schumann schließlich die Begrüßung gelingt, führt er ihn in einen Salon, in dem die Stadtsonne sich zu sammeln scheint und die Tapete Funken sprüht, und ein einziges Wort, das Schumann danach in sein Tagebuch einträgt, füllt seinen Kopf: Frühlingswohnung, Heines Frühlingswohnung.

Er hat sich vor einem Misanthropen, einem Spötter gefürchtet und wird nun überrascht von Freundlichkeit.

Ihr Besuch gibt mir die Gelegenheit, dem Schreibtisch zu entfliehen. Verübeln Sie mir das bitte nicht und begleiten Sie mich auf einen Spaziergang, mein junger Freund.

Er sagt: Mein junger Freund.

Schumann ist fast achtzehn. Heine elf Jahre älter. Und er ist berühmt. Ein halbes Jahr zuvor ist das »Buch der Lieder« erschienen.

Sie gehen nebeneinander her. Schumann zieht den Kopf ein und die Schultern hoch, um neben dem kleinen, sehr elegant gekleideten Mann nicht zu groß zu erscheinen. Lauter verrückte, zusammenhanglose Sätze schießen ihm durch den Kopf: Ich habe zwölf Vatermörder im Gepäck. Oder: Es darf in der nächsten Sitzung unseres Clubs durchaus nichts Unartiges oder Unschickliches gemacht oder gedacht werden.

Er verkürzt seine Schritte, um sie denen Heines anzugleichen. Der wirft ihm von der Seite einen Blick zu: Sie schweigen. Aber dazu haben Sie sich gewiß nicht bei mir eingeladen.

Nein. Ich, ich –

Hier fängt es nicht erst an. Aber hier auf einer belebten Straße, neben einem verehrten Dichter, quält es ihn zum ersten Mal, daß es ihm tatsächlich die Sprache verschlägt; daß die Sätze, die er denkt, nicht über die Lippen gehen, daß sie im Mund zerfallen. Manchmal, wenn die Gedanken ihn drängen, wenn er unbedingt reden möchte, gerät er sogar ins Lallen, und seine Hilflosigkeit beschämt ihn.

Mit einem einzigen großen Schritt flüchtet er sich aus dem Blickwinkel Heines und faßt sich.

Ich war in Gedanken versunken.

Ich hab's bemerkt. Routiniert läßt Heine den Spazierstock in der rechten Hand tanzen: Haben Sie Lust, nur zu flanieren, oder möchten Sie mit mir zur Leuchtenbergischen Galerie? Heines Leichtigkeit, seine spielerischen Bewegungen nehmen ihn mit, und auf einmal erscheint ihm alles unbeschwert, das Gehen und das Reden.

Mir wäre beides angenehm.

Heine stimmt ihm zu. Das sei auch nach seinem Geschmack. Er fragt und drängt Schumann zu schnellen Antworten, die ihm, was ihn nun gar nicht mehr erstaunt, sogar gelingen.

Ob er die Schule absolviert habe?

Ja, mit Auszeichnung. Und diese Reise sei die Belohnung dafür.

Wenn er sich nicht täusche, veröffentliche sein Vater Bücher?

Er habe geschrieben. Vor zwei Jahren ist er gestorben.

Heine läßt es nicht zu, daß die Unterhaltung ins Stocken gerät. Solche Verluste kann nur die Kunst aufwiegen, wenn überhaupt, sagt er. Im Leben beschweren sie unsereinen auf Dauer. Unsereinen, sagt er, und es hört sich für Schumann so an, als tausche er spielend Trauer aus.

Ja. Da fehlt ihm nun wieder ein Satz.

Worauf Heine ihn auf die reizenden jungen Damen hinweist, die ihnen begegnen. Die Münchnerinnen können sehr gefallen, sagt er, nur haben sie häufig sehr dicke Beine und ein wenig zu große Füßchen. Womit er die Blicke seines jüngeren Begleiters auf die Beine der Damen lenkt. Er findet Heine bestätigt. Ebenso lässig sorgt der dafür, daß Schumann den Blick wieder hebt: Schauen Sie den Schönen lieber in die Augen.

Er hat Heine ausfragen wollen. Er kommt nicht dazu. Der Dichter versteckt sich. Seine Hurtigkeit macht ihn präsent und unsichtbar zugleich.

Was er vorhabe, nun, nach der Schule?

Mein Vormund und meine Mutter wünschen, daß ich Jura studiere. Das werde ich mit dem nächsten Semester in Leipzig beginnen.

Er spürt Heines Blick von der Seite: Sie sagen es so, als habe man Ihnen eine Last aufgeladen.

Ja, antwortet er. Plötzlich bleiben ihm wieder die Wörter weg. Er nickt heftig. Heine faßt ihn vorsichtig am Arm, und Schumann hat den Eindruck, daß der kleine Mann neben ihm wachse.

Und? Was haben Sie vor? Er kann in verschiedenen Tonfällen sprechen. Eben noch hört er sich nicht sonderlich interessiert an, jetzt wird seine Stimme scharf und drängend. So, als wolle sie ihn zu einer Entscheidung zwingen.

Ich will mich mit meiner Musik beschäftigen, Klavier spielen, komponieren, auch dichten.

Beides? Heines Stöckchen peitscht die Luft.

Vielleicht.

Könnten Sie nicht eines von beiden anderen überlassen? Das Dichten zum Beispiel mir?

Sie halten vor einem vierstöckigen Haus mit einem sehr noblen Portal. Hier befinde sich die Galerie. Er müsse aber gestehen, sagt Heine, daß er im Grunde nur wegen eines einzigen Exponates herkomme. Es sei der Feldsessel Napoleons. Schumann sieht ihn überrascht an. Das hat er nicht erwartet. Das ist nicht der republikanische Spötter, vielmehr ein Verehrer des Kaisers.

Heine eilt ihm ungeduldig die Treppen voran: Kommen Sie, mein Freund.

Sie hasten an Bildern vorüber, die Heine nur gelegentlich zur Kenntnis nimmt. Zu diesem Canova kehren wir nachher zurück. Ich verspreche es Ihnen.

Des Kaisers Stuhl – was für ein Gegenstand! Schumann ist nahe daran, in Gelächter auszubrechen. Nur der ernste, in Betrachtung versunkene Heine bewahrt ihn davor. Er umkreist den auf ein Podest gestellten Stuhl, während Schumann zurücktritt.

Ein Stühlchen, sagt Heine, unbedeutend, wüßten wir es nicht, wir würden es unter keinen besseren Hintern schieben. Es kann ja auch sein, wir werden angeschmiert. Mir ist das egal, lieber Schumann. Das Ding rührt mich. Mehr als jeglicher kaiserliche Schmuck oder irgendein Degen. Das Stühlchen hat ihn begleitet, ihm geholfen, gedient. An der Beresina, als alles verloren schien, die Schreie und Flüche seiner Soldaten ihn verfolgten wie ein wüster Chor. In Waterloo, als ihm die

Angst aus dem Arsch dampfte. In guten und in schlechten Stunden. Der Kaiser – wenn er auf seine Josephine wartete und die Hinterbacken klemmte oder wenn er sterbensmüde einen Sieg nicht mehr feiern, eine Niederlage nicht mehr beklagen konnte. Ein kleiner Mann, eine weltgeschichtliche Größe – und sein Stühlchen.

Schumann ist wieder neben Heine getreten. Der hält nun den Stock geschultert wie eine Muskete, ein Soldat seines Monarchen.

Sie werden mich nicht begreifen, Monsieur Schumann. Ich gebe zu, diese Anbetung eines unscheinbaren Sitzgerätes ist lächerlich. Nur – er zieht den Stock von der Schulter, wendet sich ganz Schumann zu und von dem Stühlchen ab, stützt sich spielerisch auf den Stock – nur: Die Größe sehen wir nicht, sie wird uns eingeredet, wir werden von ihr niedergeschmettert oder erhoben. Sie hinterläßt Spuren, berührt unsere Wirklichkeit. Da haben wir ihn, des Kaisers Stuhl. Er hat dem Kaiser nie ins Gesicht geschaut, stets in den Arsch. Kommen Sie. Er schiebt Schumann vor sich her. Gehen wir uns noch den Canova ansehen und dann schleunigst ins Freie.

Hat Schumann das Lied von den beiden Grenadieren schon gekannt? In seinem Tagebuch steht davon nichts.

Bestimmt hat er die helle, zwischen Ernst und Witz springende Stimme Heines gehört, die Marseillaise dazu, als er die Musik für die beiden napoleonischen Getreuen schrieb, in Gedanken an des Kaisers Stühlchen:

>So will ich liegen und horchen still,
Wie eine Schildwach', im Grabe,
Bis einst ich höre Kanonengebrüll
Und wiehernder Rosse Getrabe.

Dann reitet mein Kaiser wohl über mein Grab,
Viel Schwerter klirren und blitzen;
Dann steig' ich gewaffnet hervor aus dem Grab –
Den Kaiser, den Kaiser zu schützen.«

Zwei Reisen später, er studiert in Heidelberg, und es ist wieder Mai, trägt er ein romantisches Stück in sein Tagebuch ein, zuerst flüchtig, mit Bleistift, später zieht er die Buchstaben mit Tinte nach. Es kann sein, um den Beginn eines Liedes festzuhalten oder die unausgesprochene Erinnerung an Heine, an dessen Rhein. Die Erinnerung an etwas, das viele Jahre danach sich ereignen würde, der Sprung eines Verzweifelten in den Fluß, die Erinnerung an Lieder, die er komponiert hatte.

Diese Geschichte aber schreibt er all dem voraus:

»Ich ließ mir einen Schoppen Rüdesheimer geben, der alte Schiffer mit seinem Mädchen führte mich zum Nachen, der Rhein war windstille und der Mondäther ganz rein und klar. Rüdesheim spiegelte sich in den Wellen, die der Mond zauberisch verklärte. Drüben lag von fern die Rochuscapelle – mein Herz war ganz erfüllt. Der Spitz lag zu seinen Füßen und wedelte, ich rief das Echo: Anker – Anker, Anker klang es wieder. Ach, wie gern hätte ich deinen Namen genannt, aber kein Echo trägt meinen Ruf in dein Herz und Alles ist still und stumm, denn du bist fern und vielleicht auch meinem Herzen – Ich ließ landen – der Mond glänzte fort – aber ich schlummerte und mir träumte, ich wäre im Rhein ertrunken.«

Er hebt sich schwärmend aus den Angeln und bringt Vergangenes, Gegenwärtiges, Zukünftiges durcheinander. Das Echo, das der junge Reisende ruft, kommt von später, und es ist gleichgültig, welches herzlose Mädchen er meint, Nanni oder Liddy, Christine oder Charitas, sie gehen zwischen Echo und Ruf verloren; doch nicht der Schatten, der auf eine Brücke zuläuft, im Rhein verschwindet, und nicht die Stimme, die noch von keinem Echo belästigt wird und die unendlich klar eine Melodie findet, alle die Reisen zusammenfassend, die Maireisen, die Besuche bei Dichtern und die Beunruhigungen unterwegs:

»Im wunderschönen Monat Mai,
Als alle Knospen sprangen,
Da ist in meinem Herzen
Die Liebe aufgegangen.«

5

Endenich, 13. 11. 1854 – 13. 1. 1855

Fräulein von Reumont hat ihm das Verzeichnis seiner Werke gebracht, worüber er sich außerordentlich freut.

Schauen Sie, Klingelfeld. Nun bringen Sie mir auch gleich das Notenpapier aus der Kommode.

Schumann steht erwartungsvoll neben dem Schreibtisch.

Ich habe vor, verstehen Sie, ich habe vor, die mir wichtigsten Werke zu rekonstruieren. Aus dem Kopf, Klingelfeld! Das müßte doch gelingen.

Klingelfeld legt die Notenblätter auf den Tisch, worauf Schumann sich setzt, den Stuhl an die Platte zieht und die Papiere ständig umordnet. Die Seiten des Verzeichnisses an die äußerste linke Ecke, die Notenblätter in die Mitte, dann umgekehrt und danach die Notenblätter an den Kopf des Tisches und das Verzeichnis unmittelbar darunter, was ihm nicht seitengleich gelingt und ihn empört: Wie soll ich arbeiten können, Klingelfeld, wenn hier keiner für die nötige Ordnung sorgt?

Und Klingelfeld ihm die Noten vorlegt und die erste Seite des Verzeichnisses daneben, dabei aber entdeckt, daß der Federhalter nicht mehr vorhanden, in eben diesem Moment verschwunden ist, sich neben Schumann bückt, worauf der erschrickt und aufspringt: Was haben Sie vor?

Entschuldigen Sie, Herr Schumann, Ihre Feder ist vom Tisch gerollt, und ich will sie aufheben.

Schumann sinkt wieder auf den Stuhl und erschöpft in sich zusammen: Tun Sie's, Klingelfeld. Die Feder brauche ich für meine Arbeit. Klingelfeld reicht sie ihm und zieht sich auf Zehenspitzen um ein paar Schritte zurück.

Schumann singt und redet. Einen Sinn kann Klingelfeld darin nicht finden, doch er versucht Einzelheiten zu behalten, denn die Doktoren werden ihm am Abend die immer gleiche Frage stellen, wie denn die Beschaffenheit des Stuhles gewesen sei, ob es Abweichungen im Benehmen gegeben habe, sonstige Besonderheiten, und die Beschäftigung mit dem Werkverzeichnis, das ihm Fräulein von Reumont, die sicher noch einmal nach ihm sehen wird, beschafft hat, ist ohne Zweifel eine Besonderheit.

Kennen Sie meine Musik, Klingelfeld? Nein, Sie kennen sie ja nicht, und was ich Ihnen vorspiele, hat nichts mit ihr zu tun, das wissen Sie, davor muß ich Sie nicht erst warnen. Er lacht und hustet in einem. Oft gleicht dieses Lachen einem Erstikkungsanfall.

Die Abegg, die Comtesse d'Abegg, Madame d'opus eins, Klingelfeld, a-b-e-g-g, habe ich erfunden, verraten Sie es um Himmels willen niemandem, es wird, so viel mir bekannt ist, von Musikliebhabern noch immer nach ihr gefahndet, geforscht. Kommen Sie! Er ist aufgesprungen, läuft zur Tür. Klingelfeld bittet ihn, die Schuhe anzuziehen. Ich denke nicht daran. Wie kommen Sie dazu, Anordnungen zu treffen.

Ich ordne doch nichts an. Ich habe Sie gebeten.

In Strümpfen! Schumann schlägt die Hände über dem Kopf zusammen. Wo wollte ich nur hin? Können Sie mir das sagen, Klingelfeld? Jetzt weiß ich es: zum Klavier!

Er hastet ihm voraus, die Treppe hoch, wobei ihm einfällt, daß Fräulein von Reumont ihn noch nicht, wie versprochen, besucht habe. Aber lassen wir das, lassen wir das. Mit langen Schritten durchquert er den Salon, an dessen Fenstern ein paar sitzende Schatten hin und her schaukeln, denen Schumann versichert, sie dürften zuhören, wenn er jetzt ein wenig spiele, opus 1, a-b-e-g-g, vielleicht die »Waldszenen«, er sitzt gebeugt am Klavier, die Stirn fast auf den Tasten und spielt suchend Akkorde. Wenn ich mich nur erinnern könnte, Klingelfeld. Wir haben das Verzeichnis vergessen, aber holen Sie es bitte nicht. Er winkt Klingelfeld zu sich. Darf ich Ihnen etwas ins Ohr sagen? Klingelfeld beugt sich zu ihm, die dikken Lippen legen sich feucht an sein Ohr.

Warum schreibt sie mir nicht, Klingelfeld? Erkundigen Sie sich. Ich flehe Sie an. Und dann noch: Ich habe die »Kölner Zeitung« von heute nicht bekommen. Sie wurde mir vorenthalten. Wegen eines Konzertes in Bonn. Ihres Konzertes. Bringen Sie sie mir unverzüglich.

Er stößt Klingelfeld von sich, so daß er fast gestürzt wäre. Los, los!

Klingelfeld läuft aus dem Salon, bleibt draußen vor der Tür, lauscht, öffnet sie vorsichtig um einen Spalt, sieht Schumann noch immer am Klavier, leise vor sich hinredend, die Hände gespreizt auf den Tasten, ohne zu spielen. Er weiß es: Die Ärzte haben ihm tatsächlich die Zeitung vorenthalten, weil in ihr ein Konzert Claras angekündigt war. Nur, wie konnte Schumann dies erfahren?

»Ist beschäftigt, frühere Compositionen wieder zu schreiben«, trägt Doktor Richarz unter dem 16. Dezember 1854 in das ärztliche Journal ein, und einen Tag darauf: »Ist mit Componieren neuer musikalischer Gedanken beschäftigt.«

Er versteckt die Noten allerdings vor Klingelfeld, zerknäult sie, sorgt dafür, daß sie verloren gehen. Es könnte einer als Schumann auftreten, mich bestehlen, Klingelfeld, und Ihnen mißtraue ich sowieso.

Kurz darauf lobt er ihn dafür, daß er den Klavierstimmer, Herrn Brambach, gerufen hat, für dieses Klavier, das seine

Stimme zu verlieren drohe. Lassen Sie mich wissen, wenn Herr Brambach erscheint.

Dem erklärt er, daß er in seinem Leben auf ungezählten Klavieren gespielt habe; das sei aber nichts gegen seine Frau, die kenne Klaviere in aller Welt, Tastenelefanten, Schlachtrösser mit heulendem Bass und schäbigem Diskant, Musiktruhen für Hasardeure, Exerzierinstrumente für Krummfingerige. Und wann immer sie einem solchen Instrument näher rückte, Herr Brambach, nahm es alle seine Saiten zusammen und begann unter ihren Händen zu singen.

Brambach, der, wie Klingelfeld zufrieden feststellte, vor lauter Angst kein Wort herausbekam, nickte nur: Frau Clara Schumann habe er schon gehört, er verehre sie außerordentlich.

Klingelfeld reagiert zu langsam, kommt zu spät. Schumann ist aufgesprungen, hat die Hände um Brambachs Hals gelegt, würgt ihn. Der kleine Mann zappelt. In Bonn? Gewiß in Bonn! Erst unlängst? In Bonn. Ich sagte es ja: In Bonn! Mit Mühe schafft es Klingelfeld, Schumann von dem Klavierstimmer zu lösen, der fassungslos auf dem Klavierstuhl hockt.

Kommen Sie, sagt Fräulein von Reumont, die durch den Lärm alarmiert wurde, kommen Sie, Herr Schumann, lassen wir Herrn Brambach in Ruhe das Instrument stimmen, es ist ja auch zu Ihrem Nutzen.

Ja, ja.

Er läßt ihr an der Tür den Vortritt.

Klingelfeld folgt ihm, noch immer wachsam.

Er hört ihn mit sanfter Stimme fragen: Wollten Sie mich nicht zum Weihnachtsfest einladen, Fräulein von Reumont?

Ja, antwortet sie überrascht, das will ich in der Tat.

Ich werde es mir überlegen. Schumann überholt sie, läuft über den Gang in sein Zimmer, und Klingelfeld huscht ihm so unauffällig wie möglich nach.

Kommen Sie mit in die Halle. Ich will sehen, wie der Baum geschmückt wird. Fräulein von Reumont und der Gärtner besorgen das.

Es hat den ganzen Tag geschneit, sagt er, doch so unverständlich, daß nur Klingelfeld ihn versteht.

Dann zieht er sich in eine Ecke zurück, kauert in einem Sessel, winkt Klingelfeld zu sich. Wie oft habe ich das getan, Klingelfeld, für die Kinder. Ich war kein schlechter Vater, gewiß nicht.

Am Weihnachtsfest möchte er nur aus der Ferne teilnehmen.

Lassen Sie die Tür offen, Klingelfeld, schließen Sie sich den andern an und kümmern sich nicht weiter um mich.

Doktor Richarz hat ihn verständigt, sein Freund Joseph Joachim wolle ihn am 25. Dezember besuchen, nachmittags.

Kennen Sie ihn, Klingelfeld?

Ja, ich habe ihn schon im Konzert gehört.

Ich wußte nicht, daß Sie Konzerte besuchen. Schumann starrt ihn verblüfft an.

Nicht häufig. Wenn ich Zeit habe und wenn ich es mir leisten kann.

Schumann kichert und tätschelt seinen Arm: Das muß vor meiner Zeit gewesen sein.

Ja.

Vor meiner Zeit. Vor meiner Zeit. In der Wiederholung löst sich der Satz von seinem Grund. Schumann sagt ihn immer leiser werdend vor sich hin und hat Klingelfeld vergessen.

Auf Joachims Besuch bereitet er sich vom Morgen an vor. Er fordert das Klistier früher als üblich, sonst müßte Herr Professor Richarz auf die tägliche Kotschau verzichten. Womit er Klingelfeld in Verlegenheit bringt: Ich muß aber den veränderten Zeitpunkt notieren.

Ach, Klingelfeld, lassen Sie doch mal fünfe grade sein.

Er besteht darauf, die schwarzen Hosen, das schwarze Jackett und das schwarze Hemd anzuziehen. Schwarz kleidet mich angemessen, feierlich und traurig. Das ist es, Klingelfeld, traurig und feierlich.

Vom Mittagessen nimmt er nur winzige Portionen zu sich, und Klingelfeld muß ihn füttern. Ich will mich doch jetzt nicht noch bekleckern.

Je näher die Zeit des Besuches rückt, um so unruhiger wird er. Klingelfeld beobachtet ihn von der Couch aus, hofft, daß die Vorfreude sich nicht weiter steigere, denn dann könnte sie leicht kippen in blinde Wut, in Tobsucht.

Es ist nicht mehr lang hin, Herr Schumann. Wollten Sie nicht die Noten noch herauslegen, um sie Herrn Professor Joachim zu zeigen?

Die sind fort, Klingelfeld.

Er fragt nicht weiter nach, beobachtet ihn, versucht jede Veränderung in seinem Verhalten wahrzunehmen. Unerwartet wird er ruhiger, redet mit sich selbst, bleibt plötzlich vor Klingelfeld stehen: Ich möchte wieder nach Düsseldorf, wenn es möglich ist, Klingelfeld. Können Sie mir nicht helfen?

Klingelfeld zögert mit seiner Antwort: Vielleicht. Ich könnte es mit den Ärzten besprechen.

Mit ein paar Schritten ist Schumann am Fenster und tippt mit den Fingern gegen die Jalousien: Die sind wieder heruntergelassen, Klingelfeld. Er dreht sich mit eingezogenem Kopf langsam zu ihm, blinzelt, als blende ihn ein Licht. Haben Sie vor – seine Stimme überschlägt sich – haben Sie vor, mich hinter den Jalousien meinem Freund Joachim zu zeigen wie ein Tier? Das wäre nicht das erste Mal. Er springt auf Klingelfeld zu, schlägt ihn gegen die Brust. Nicht das erste Mal! Madame Bargiel hat mich so betrachten dürfen und andere auch. Ich weiß es. Wegen der Fontanelle. Wegen der eiternden Fontanelle. Schaffen Sie mir die ab, Klingelfeld.

Es klopft an der Tür.

Schumann lauscht mit offenem Mund. Klingelfeld erhebt sich, zieht ein Tuch aus der Tasche und wischt seinem Pflegling den Speichel vom Kinn.

Das wird er sein. Öffnen Sie ihm die Tür.

Schumann klammert sich am Tischrand fest, gebeugt, und über sein breites, bleiches Gesicht laufen Schattenwellen.

Vorsichtig, den Hut vor die Brust haltend, betritt Joachim das Zimmer.

Er ist, was Klingelfeld verblüfft, in Wirklichkeit viel kleiner als auf dem Podium oder auf Bildern.

Klingelfeld verbeugt sich zum Gruß, Joachim drückt ihm den Hut in die Hand und hält Schumann schon in den Armen. So bleiben sie lange stehen. Joachim schluchzend, Schumann schnaufend. Bis Schumann Klingelfeld freundlich bittet, aus dem Zimmer zu gehen, ihn und seinen Freund allein zu lassen.

Er stellt sich vor die Tür, bereit, hineinzustürzen, falls Schumann handgreiflich werden sollte. Er hört ihn ruhig und leise reden, in einem fort. Dazwischen Joseph Joachim. Er hört beide auch lachen. Dann Schumann weinen. Er hört Schumann immer wieder von Düsseldorf sprechen.

Professor Richarz kommt, den berühmten Gast zu begrüßen. Fräulein von Reumont bringt eine Karaffe mit Wein. Klingelfeld bleibt hinter der Tür und auf der Hut.

Am Abend, als Klingelfeld Schumann beim Auskleiden hilft, weil er vor Erschöpfung sich nur noch stoßend und zuckend bewegen kann, sagt Schumann, daß demnächst Brahms zu Besuch komme, mein liebster Johannes. Er läßt sich aufs Bett fallen, die Hose noch überm Knie und fängt an zu kichern. Von ihm habe ich Platt gelernt. Einen Satz, den er von seinem Vater, einem Kontrabassisten hatte: Herr Kapellmeister, en reinen Ton up den Kunterbass is en puren Taufall.

In der Nacht wacht Klingelfeld an Schumanns Geschrei auf. Er läuft hinüber zum Bett des Kranken, beugt sich über ihn.

Sie lügen, keucht Schumann. Es sind lauter Lügen. Immer schmerzt es. Der Kopf geht mir auf.

Klingelfeld streicht mit der Hand über die schweißnasse Stirn, beugt sich etwas tiefer: Seien Sie nur ruhig, Herr Schumann, schlafen Sie wieder. Morgen können wir uns unterhalten.

Auf einmal hebt Schumann seinen Kopf und sagt ruhig, ohne jeden klagenden Unterton: Ich müßte ihr schreiben, wenn sie mir schon nicht schreibt.

Was er am nächsten Tag, gleich morgens nach dem Frühstück tut und mit seiner »Vernunft« den mitlesenden Arzt, Doktor Peters, in Erstaunen versetzt:

»Nun wollt' ich Dir, meine Clara, auch ganz besonders für die ›Künstlerbriefe‹ danken und Johannes für die Sonate und Balladen. Die kenn' ich jetzt. Die Sonate – einmal erinnere ich sie von ihm gehört zu haben – und so tief ergriffen; überall genial, tief, innig, wie alles ineinander verwoben. Und die Balladen – die 1. wie wunderbar, ganz neu; nur das doppio movimento wie bei der 2. versteh' ich nicht, – wird es nicht zu schnell? Der Schluß ist schon eigentümlich! Die 2. wie anders, wie mannigfaltig, die Phantasie reich anzuregen;

zauberhafte Gänge sind darin. Das Schluß-Baß-Fis scheint die 3. Ballade einzuleiten. Wie nennt man die? Dämonisch, – ganz herrlich und wie's immer heimlicher wird nach dem pp. im Trio; dieses selbst ganz verklärt und der Rückgang und der Schluß. Hat diese Ballade auf Dich, meine Clara, wohl einen gleichen Eindruck hervorgebracht? In der 4. Ballade wie schön, daß der seltsame erste Melodieton zum Schluß zwischen Moll und Dur schwankt und wehmütig in Dur bleibt. Nun weiter zu Ouvertüren und Symphonien! Gefällt dies Dir, meine Clara, nicht besser als Orgel? Eine Symphonie oder Oper, die enthusiastische Wirkung und größtes Aufsehen macht, bringt am schnellsten und auch alle andern Kompositionen vorwärts. Er muß.

Nun grüß Johannes recht und die Kinder und Du, meine Herzensliebste, erinnere dich Deines in alter Liebe ergebenen Robert.«

Klingelfeld hört, wie Doktor Peters und Doktor Richarz sich über den Brief unterhalten. Der Patient habe sich Mühe gegeben, schön zu schreiben; seine Anstrengung werde deutlich. Manchmal entglitten ihm die Sätze; er verliere aber erstaunlicherweise den Faden nie ganz. Brahms feure er an und meine wohl sich. Er habe vergessen, den Brief zu datieren. Im Grunde genommen komme es ihm darauf gar nicht mehr an, weil ihn Daten nur noch interessierten, wenn es um die tägliche »Kölner Zeitung« gehe.

Gestern ist der 7. Januar gewesen, sagt Doktor Peters.

Ich habe sehr für ihn gehofft, sagt Doktor Richarz, doch mir scheint, die vorläufige Besserung hat nun ein Ende.

Hat nun ein Ende, hört Klingelfeld, der die Tür zu Schumanns Zimmer hinter sich zuzieht und zu dem schlafenden Patienten hinüberschaut.

6

Hottentottiana
(Sehr aufgeregt)

Wie er es mit seinem Vormund und seiner Mutter besprochen hat, beginnt er in Leipzig sein Studium. Er wird es kaum länger als ein Jahr aus- und durchhalten. Mit Enthusiasmus fängt er an. Und mit einem alten Kumpanen, Emil Flechsig, dem Donnerstag und Freitag aus der Robinson-Höhle. Sie beide beziehen auf dem Brühl 454, eine Treppe hoch, eine Wohnung, die von Besuchern als überaus komfortabel geschildert wird. Der Flügel fehlt nicht.

Schumann springt hin und her, wünscht sich extreme Gefühle und überwältigende Erlebnisse.

Das Tagebuch, das er vom Mai 1828 bis zum Mai 1829 führt, bekommt den Titel »Hottentottiana«, womit er sich und seinem Freund Flechsig, dem er die Aufzeichnungen widmet, zukünftige Verwirrungen und Verwilderungen ankündigt.

Ich sehe ihn, atemlos und die Zukunft fordernd, auf eine enge und schlecht ausgeleuchtete Bühne stürzen. Der junge Held aus einem Stück, das er kennt, das er vielleicht in Leipzig sah. Oder aber eine von allen labyrinthischen Ängsten und Glückseligkeiten erfüllte Gestalt Jean Pauls. Nicht eine einzige Empfindung darf gewöhnlich, sie muß immer aufs Äußerste gesteigert sein.

Dieser junge Mann auf meiner Bühne weiß noch nicht, was ihm sein Hottentotten-Jahr bescheren wird. Es ist ihm im Augenblick seines Auftretens auch gleichgültig. Hier bin ich, läßt er sein Publikum wissen. Ich denke nicht daran, nach eurem Geschmack zu spielen. Ich werde ein anderer sein als der, auf den ihr euch eingestellt habt. So glaubt ihr, einen Studenten der Rechte vor euch zu haben, wie Johannes Faust. Der bin ich nicht, wie er es nicht gewesen ist. Ich habe mich zwar an der Universität eingeschrieben, doch kaum einen Hörsaal gesehen.

Mein junger Held übertreibt in diesem Fall nicht. Flechsig hat ihn schriftlich, in seinen Memoiren, bestätigt: »einen Hörsaal hat er... nie betreten.«

Ich könnte ihn auf seiner Bühne, die kaum weiter und die nicht zur Welt wird, von nun an schwadronieren lassen, einen jungen Herrn, der sich die große Geste zutraut, das große Gefühl noch mehr, den sein Vormund Rudel monatlich mit einer ordentlichen (seinem Mündel nicht genügenden) Rate versorgt, der es sich leisten kann, in Gasthäusern wie dem »Kaffeebaum« sich bis zur Bewußtlosigkeit zu besaufen oder in die exquisitesten Konzerte am Gewandhaus zu gehen.

Er wird einen Freund verlieren.

Er wird unglücklich lieben.

Er wird einen Lehrer finden, nicht an der Universität, sondern fürs Klavier.

Er wird einem Kind begegnen.

Er wird einen Genius beweinen.

Lauter Überschriften für Leipziger Kapitel. Eines beginnt so: »Ich habe heute den ganzen Tag in Naundorf zugebracht und war recht von Herzen glücklich. Siebenkäs ist fürchterlich: aber ich möchte ihn doch tausendmal noch lesen: könnte mir nicht Naundorf eine Eremitage werden? ich saß so recht entzückt in den Bäumen und ich hörte die Nachtigall – ich weinte aber nicht – und schlug recht mit Händen und Füßen aus: denn ich war sehr froh. Unterwegs war mir's aber doch, als wär ich nicht bei Sinnen: ich war recht bei Sinnen und

dachte mir doch: ich hätte sie verloren. Ich war wirklich wahn-
sinnig – Flechsig schien beleidigt: ich habe überhaupt keinen
Geliebten, keine Geliebte, gar nichts mehr, was mich liebt
und was ich liebe; aber ich liebe ja Alles.«

Auf Flechsig hatte er gesetzt, auf das Zusammenleben mit
ihm sich gefreut. Sie sind einander vertraut, haben miteinander gespielt und geträumt, und sie haben sich ihre Bubenliebe
erklärt.

Diesen Flechsig gibt es vom ersten Tag im gemeinsamen Quartier nicht mehr. Plötzlich ist er darauf bedacht, sein Eigentum
zu hüten, von den Socken über die Hemden bis zur Schoko-
lade. Er besteht auf seinem Besteck und seinem Teller und seinem Glas. Er steckt sein Claim ab. Eines der beiden Zimmer
bewohnt er, obwohl ihm Schumann vorgeschlagen hat, das
Klavierzimmer auch als Salon und Studierstube zu nutzen, das
andere kleinere als gemeinsame Schlafstube. Flechsig bleibt
stur. Tagsüber hat Schumann nichts in seinem Zimmer zu
suchen, erst zum Schlafen dürfe er hineinkommen.

Sie streiten zwar selten, gehen aber in einer ständigen Spannung miteinander um.

Könntest du heut abend, wenn Täglichsbeck und Glock zum
Trio kommen, dein Geschirr herausrücken?

Wieso, die brauchen zum Musizieren doch keine Teller.

Stell dich doch nicht blöd, Flechsig. Sie kommen auch zum
Abendessen.

Dann schaff dir endlich ein paar Teller und Gläser an,
Robert.

Aber heute komme ich nicht mehr dazu.

Dann verleg das Trio auf morgen.

Ich versteh dich nicht, Emil.

Das ist auch nicht nötig, Robert.

Flechsig hört ihm nur noch selten zu. Er will schon im voraus wissen, woran, wie er sich auszudrücken pflegt, sie sich versuchen werden, obwohl er von Musik nur wenig Ahnung hat. Später meidet er die Trio-Abende, nicht zuletzt wegen Täglichsbeck, den er für einen notorischen Klugscheißer hält und dessen Emsigkeit ihn anwidere. Dabei ist er nicht weniger emsig. Er besucht alle nötigen Vorlesungen und kann sich über Schumanns Lässigkeit gar nicht beruhigen: Wenn das deine Mutter wüßte. Oder erst dein Vormund. Aus wär's mit dem feinen Leben, das sag ich dir, Schumann.

Meld es doch nach Zwickau. Das sähe dir gleich.

So wie in der Literatur Jean Paul sein Heiliger ist, mit dessen Büchern, dem »Siebenkäs«, dem »Luftschiffer Gianozzo«, er sich, wenn er es auf dem Brühl nicht mehr aushält, auf die Steinbank in Zweinaundorf zurückzieht, so ist in der Musik Franz Schubert sein Heiliger, dessen B-Dur-Trio ihn und seine Freunde in einen Rausch versetzen kann.

Schubert und Jean Paul sparen Schumann und Flechsig in ihren Gesprächen aus. Flechsig weiß, daß der leiseste Spott seinen Freund rasend machen würde. Doch noch finden sie immer wieder zueinander, fesseln sich gleichsam gegenseitig an die Erinnerungen ihrer Kindheit.

Flechsig ist stets mit von der Partie, wenn es zum Saufen oder zu den Verbindungstreffen geht. Robert erweist sich als gewandter Fechter und jagt manchen Freund über den Paukboden. Bei den Saxonen und Markomannen lernt er, trinkfest zu sein, doch deren leeres Geschwätz vom Deutschtum kommt ihm ziemlich neblig vor, ohne und mit Alkohol, während Flechsig auf dem Grund der Bierhumpen seine Weltanschauung findet.

Reden wir nicht darüber, Emil.

Nein, lassen wir das, Robert.

Immer ist einer noch imstand, den andern nach Hause zu schleppen. Das nächtliche Leipzig wird ihnen zur vertrauten Umgebung, der Weg vom »Kaffeebaum«, vom »Grünen Schild« zum Brühl.

Wenn sie dann, angestrengt leise, die Stiege in den ersten Stock auf allen vieren hochgekrochen sind, um Frau Wolf, die Wirtin, nicht zu wecken und ihre schrillen Vorwürfe nicht hören zu müssen, wenn sie die Zimmertür vorsichtig hinter sich zugezogen haben, fallen sie oft gemeinsam aufs Bett, halten sich, umarmen sich, und für ein paar Augenblicke wird die Bubenlust, die Robinson und Freitag verbündete, wieder wach. Aber auch die Eifersüchte werden es.

Du bist ein Bock, Schumann. Wie du heute die Luise angegrapscht hast. Ich schäme mich für dich.

Laß mich in Frieden, Flechsig, du schlaffer Sack.

Liebster, sagt dann der eine, lieber Freund der andere. Und Schumann drückt sein Gesicht gegen die Wand.

Er gerät immer wieder in finanzielle Bedrängnis. Denn unter Kaviar und Champagner tut er es nicht. Flechsig diktiert ihm die Briefe an Rudel, Bittbriefe. Das mußt du einfach herunterreißen, ohne jedes Schuldgefühl, Robert.

Wenn er es könnte.

Aber auch Flechsig, der Routinier im Alltäglichen, der Freund fürs Grobe, kommt nicht ohne Bedrückung davon. Plötzlich erscheint sein Vater, mißtrauisch geworden, und prüft über mehrere Tage die Gewohnheiten seines Sohnes.

Die kurzen, heftigen Umarmungen nachts und mitunter in den Gasthäusern täuschen. Schumann entfernt sich endgültig von seinem Freund. In seinem Tagebuch nimmt er Satz für Satz Abstand:

»Flechsig ist am Ende doch nur ein Kleinigkeitskrämer; aber das ist er in größtem Maße; und nichts ist mir verhaßter, deshalb kann ich ihn auch nicht mehr lieben.«

Oder, Eitelkeit und Gemeinheit mischend:

»Flechsig nannte mich neulich einen ätherischen Menschen: er ist oft auch gar zu unätherisch, nämlich klostofflich.«

Oder, aus dem Bauch und in blanker Wut:

»Der ekelhafte Flechsig; ein in der Logik zum Klostoffel verkalkter Mensch und der niedrigste und erbärmlichste Egoist – ohne Geist und Prometheusfunken – ich könnt ihn morden.«

Die Eintragungen des ersten Leipziger Jahres schließt er am 11. Mai, neben anderen raschen Satzpartikeln zwischen Gedankenstrichen, mit einem Nachruf auf eine Kinderliebe: »Abschied von Flechsig ziemlich kalt.«

Es kann sein, Flechsig hat jenes Wort erfunden, das feucht von Alkohol und angefüllt mit Katzenjammer die Schlaf- und Saufgenossen begleitete: Knillität. Wie viele Knillitäten haben sie gemeinsam ausgestanden! Wie leicht kam ihnen da das Leben vor, das sie sich gegenseitig schwer machten und dem Flechsig ein paar Jahre später eine Merktafel schrieb: »Zwei Wege führen zum Leben – das Ideal oder der Tod.«

Er liebt ja auch. Und er redet sich ein, seine Liebe werde erwidert. Sie hat er fortgesetzt, aus Zwickau mitgenommen, wie die Freundschaft mit Flechsig. Als suche er im Aufbruch nach den vertrauten, den eingeübten (wenn auch nicht selten leidigen) Empfindungen. Wie oft schließt er mit ihrem Namen – ein flehendes Ausrufezeichen nachgesetzt – eine Tagesnotiz: Agnes.

Doktor Carus hat Karriere gemacht. Er lehrt neuerdings an der Leipziger Universität. Sein Haus ist gastfreundlich geblieben. Agnes Carus lädt zu musikalischen Abenden ein, und Schumann ist die wunderbare Gelegenheit geboten, zu schwärmen und zu musizieren.

»Agnes und die Lieder«, notiert er lakonisch. Ein wenig später fügt er hinzu, sie lerne auch Schuberts Lieder schon besser zu verstehen. Agnes ist acht Jahre älter als er, und sie erwartet ihr zweites Kind. Das alles hindert ihn nicht, sie insgeheim und tief in die Träume hinein zu begehren und unverhohlen anzubeten. Doktor Carus nimmt die unausgesprochene Leidenschaft vermutlich wahr und überläßt es seiner Frau, zu beschwichtigen und zu antworten.

Sie nimmt ihn und seine Begabung ernst. Es könnte sein, daß allein ihre Erwartungen ihn ermutigen, sich fast nur noch mit der Musik zu beschäftigen, »wild« zu komponieren. Er hat seine Stimme noch nicht gefunden, und er weiß es. Aber er ist sich auch sicher, auf dem richtigen Weg und auf alle Fälle ihr nah zu sein.

Jetzt, im August 1828, liest er Heines »Buch der Lieder«. Bekommt er das Bändchen von ihr? Im Tagebuch deutet er es an. Er kommt an diesem Abend, an dem der Herbst sich mit klarem Sternenhimmel und kühlem Wind ankündigt, zu spät und schon etwas beschwipst. Am Nachmittag hat er sich mit Flechsig und anderen zu einer Sitzung im »Kaffeebaum« getroffen, und viel Zeit, sich zu Hause zu erfrischen, hatte er nicht. Immerhin vergißt er nicht die Noten seiner »Fantasie«. Vielleicht findet er heute den Mut, sie zu spielen, mit seiner Komposition Carus und sie zu überraschen, und auch die anderen Gäste.

Vor der Haustür holt er tief Atem. Auf einmal friert er. Probeweise macht er eine Verbeugung gegen die Tür und haucht sich danach in die Hand. Er stinkt. Der Atem stinkt nach Fusel.

Du bist eine Sau, Schumann, sagt er ziemlich laut zu sich.

Als habe es ihn schon eine Zeitlang beobachtet, seiner derben Selbstbezichtigung zugehört, öffnet ihm das Kindermädchen; er nickt ihm verlegen zu, drückt die Noten an die Brust und läuft dem Stimmengewirr entgegen ins Musikzimmer.

Er spürt, wie gegen seinen Willen seine Bewegungen sperrig werden, wie die Zunge gegen den Gaumen schwillt und jedes Wort zerdrücken wird.

Doktor Carus ist geistesgegenwärtig, fängt ihn vor den anderen ab, nimmt ihn zur Seite, redet auf ihn ein, ohne eine Antwort von ihm zu erwarten: Sie kommen spät, lieber Schumann, lieber Friedolin, und so wie Sie aussehen, wurden Sie vermutlich durch eine studentische Festlichkeit aufgehalten, die, wie in Leipzig erzählt wird, schon am Tage überhand nehmen sollen. Solange es nicht schadet, was ich hoffe, seien Ihnen diese Vergnügungen gegönnt. Er senkt seine Stimme. Heinrich Marschner ist, wie Sie wahrscheinlich schon festgestellt haben, heute abend unter unseren Gästen. Sie wissen, wie aufbrausend er sein kann. Ich bitte Sie, reizen Sie ihn nicht.

Warum sollte ich, sagt er und ist erstaunt, wie mühelos er den Satz über die Lippen bringt.

Sie haben Noten dabei? fragt Carus, sichtlich erleichtert.

Schumann nickt.

Eine eigene Komposition?

Ja, erwidert er.

Ich hoffe, Sie werden sie uns vorspielen.

Vielleicht. Das Sprechen fällt ihm schon wieder schwer. Später, nicht gleich.

Er muß sich nicht mehr anstrengen. Sie ist an die Stelle ihres Mannes getreten, mustert ihn mit einem prüfenden Lächeln:

Unser Friedolin, sagt sie. Sie scheinen etwas müde zu sein. Hat Sie der Tag so angestrengt?

Manchmal ärgert es ihn, wenn sie oder Carus ihn bei diesem Namen nennen – Friedolin –, eine Erfindung aus der Zwikkauer Zeit, als er noch, wie Agnes ihm einmal erklärte, ein entzückender Zappler gewesen sei, eben ein Friedolin. Jetzt nehmen Sie sich nicht so ernst, Robert, und gönnen Sie mir ab und zu den Friedolin.

Warum nicht. Doch für diesen Abend hat er sich vorgenommen, Schumann zu sein, das Genie. Ihr vorzuführen, wohin er strebt und was in ihm steckt. Nur ihr.

Trinken Sie nicht zu viel, Robert, bei Ihrer Vorliebe für Champagner. Sie führt ihn zu den anderen Gästen, die in Gruppen und einzeln stehen und sitzen, vor allem Marschner hat eine größere Zuhörerschaft um sich versammelt. Mit ihm hat er sich öfter angelegt, nicht aus Neid, sondern weil ihm dessen herrscherliche Attitüde mißfiel. Marschner hat vor einem Jahr die musikalische Leitung des Leipziger Theaters übernommen, und als Opernkomponist ist er umstritten wie beliebt.

Als sie sich kennenlernten und Schumann auf dem Klavier einige Schubert-Walzer gespielt hatte, stritten sie, kaum hatte Schumann geendet, über die Bedeutung Schuberts, und mit dem Vorwurf, er sei vor Liebe eben blind, brachte Marschner Schumann auf die Palme: Wichtiger sei ihm, vor Liebe nicht taub zu werden.

Inzwischen haben sie sich besser kennengelernt und vermeiden es, über Musik und Musiker zu sprechen oder auch über politische Themen, die dem einen nicht passen.

Er bittet um einen Cognac und bekommt ihn.

Er sucht sich einen Platz, gibt deutlich zu erkennen, daß er für sich allein bleiben will, und läßt Agnes Carus nicht aus den Augen.

Wie lange liebt er sie schon? Wie lange ist er nichts weiter als ihr Friedolin? Warum gesteht er ihr nicht einfach seine Liebe? Warum begnügt er sich mit Träumen, in denen er für Augenblicke alle Scham aufgibt und ihr alles zumutet, was er wünscht?

Ich bin schon wieder weg, sagt er laut. Täglichsbeck hört ihn, zwinkert ihm zu: Führ deine Selbstgespräche um eine Spur leiser, Robert. Was weiß ich, wo du dich gerade aufhältst.

Das Blut schießt ihm ins Gesicht: Das werde ich gerade dir verraten.

Täglichsbeck erhebt sich lächelnd: Komm, ich habe den Gastgebern versprochen, daß wir wenigstens einen Triosatz spielen. Glock weiß schon Bescheid.

Ach, Täglichsbeck, du mein Retter.

Der Freund zieht ihn am Ärmel hinter sich her wie ein widerspenstiges Kind.

Sie spielen den ersten Satz von Schuberts B-Dur Trio, und er kann sich nicht erklären, weshalb ihm ständig die Tränen kommen. Die Noten schwimmen vor seinen Augen wie lauter winzige Segelschiffe.

Noch in den Applaus hinein bittet ihn Agnes Carus, nun seine eigene Komposition vorzutragen.

Er zögert nicht, er möchte es hinter sich bringen. Nein, so auch nicht. Er erhofft den überwältigenden Erfolg, daß dieser Abend schnell zur Stadtlegende wird: Das ist Schumanns grandioser Anfang. Seither ist er nicht mehr aufzuhalten.

Er spielt seine »Fantasie« und phantasiert. Er spielt und denkt auf anstößige Weise an Agnes. In seinen Gedanken zieht er sie aus. In seinen Gedanken erschreckt er das Publikum,

82

indem er nackt am Flügel sitzt. Schaut mich an. Ich zeig es euch.

Unmerklich für die andern verläßt er, was er aufgeschrieben hat, und beginnt zu improvisieren. Dabei konzentriert er sich und kehrt wieder zurück.

Bravo, hört er Marschner.

Mehr kann er sich nicht wünschen.

Und nun reicht ihm Agnes Carus auch noch ein Glas Champagner.

Danke, Robert, sagt sie. Er ist nun sicher, daß sie ihn liebt, nur nicht lieben darf.

Er steht auf, trinkt erst ihr, dann der Runde zu. Doch danach verwandelt er sich, angespornt durch den Übermut der Freunde, in den zappelnden Friedolin, trinkt übermäßig, lacht, stottert, greift einer Dienstmagd heimlich und rasch unter den Rock, paßt bloß noch auf, daß die Geliebte nicht in der Nähe ist, und wird irgendwann, ohne Adieu, aus dem Haus geschleift: »Allgemeine Knillität«.

Nach solchen Ausfällen, die er verabscheut und zugleich sucht, nimmt ihn Agnes Carus sich gelegentlich vor, läßt es mit Absicht beim Friedolin, erklärt ihm, daß sein Benehmen sie durchaus schmerze und welches Zerrbild seiner selbst er den andern biete, worauf er sie einmal mit der Antwort erschreckt: Aber ich bin mir ja selber ein Zerrbild. Mein wirkliches Bild habe ich vergessen.

Morgens, zu Hause, wenn der Katzenjammer abflaut und Flechsig zum Studieren verschwunden ist, sitzt er über seinen Notizen wie vor einem Spiegel und versucht, was ihn an sich selber beunruhigt, zu deuten, bestimmt nicht zu klären:

»Könnt ich es nur dahin bringen, daß der Kopf nicht zankte, wenn das Herz lustig ist und umgekehrt! Meinen Sarkasmus möchte ich milder und meine Milde sarkastischer bilden; es fehlt mir hier noch eine Mitte, wenn ich auch in keinem schwach erscheine.«

Seine Sprunghaftigkeit irritiert die Freunde am stärksten. Denn sie kennt keine Ursachen. Sie scheint ihm angeboren. Und sie führt dazu, daß er gleichsam aus einer Existenz in die andere springt. Aus der des sanften Liebhabers in die des pöbelnden Halbwüchsigen. Aus der des philosophierenden Schwarmgeistes in die des plumpen Trunkenbolds. Aus der des aus der Ferne schwärmenden Liebenden in die des obszönen Maulhelden. Aus der des von Schuberts Genius befeuerten Musikers in die des stummen Verzweifelten. Das sind alles seine Rollen. Nie wird er ganz zu einer finden. Wahrscheinlich will er es auch nicht. Er, der »Romantiker«, der die »Romantik« für überlebt hält, fände sich bestimmt zu langweilig.

In Düsseldorf, im Heine-Institut, wird eine Elfenbeinminiatur aufbewahrt, ein winziges Bildnis des Zwanzigjährigen. Da hat er schon das Heidelberger Jahr und die Entscheidung für die Musik hinter sich.

Ich nehme an, es ist einer aus dem Leipziger Kreis gewesen, der sich die Kunstfertigkeit angeeignet hat, mit haardünnen Pinselchen auf Elfenbein zu porträtieren. Schumann wird bestimmt nicht der erste gewesen sein, der ihm saß. Das Bildchen ist routiniert gemalt – und es trifft. Ich kann mir den jungen Mann, der das Jura-Studium schwänzt, die Literatur von Herzen liebt und sich nicht ohne leisen Widerstand an die Musik verliert, ich kann ihn mir nur so kostümiert vorstellen: In schwarzem Anzug und mit schwarzem Umhang – ein Dämon, der übertreibt, ein Bursche, der mit dem roten Band, auf das ein S gestickt ist, sich als Anhänger oder Mitglied der Burschenschaft Saxonia zu erkennen gibt und der, sieht er in den Spiegel, sich ohne Zweifel für ansehnlich hält: Überm klaren, blassen Gesicht die Haare in strähnige Wellen gekämmt. Und der weiße Stehkragen flankiert das Kinn.

So sieht er sich.

So will er gesehen werden.

Und er möchte den Widerspruch, der hier festgehalten ist, leben: Einer, der die Extreme ausspielt wie ein Jongleur, auch an ihnen leidet, sie aber, wenn er es will, durch die Klarheit seiner Gedanken und seines Gemüts aufzuheben versteht.

Er hat neben Jean Paul auch schon E. T. A. Hoffmann gelesen und arbeitet an einem Libretto von »Doge und Dogaressa«, das er allerdings erst zwölf Jahre später beendet. Die »Kreisleriana« ist längst vorher entstanden. Der junge, sich dämonisch gebende und seinen wahren Dämon gleichwohl fürchtende Herr könnte aus einer der Erzählungen Hoffmanns gesprungen sein: dieses Gesicht, das fesselt und doch nur wenig preisgibt. Während ich es unverwandt anschaue, habe ich die verwegene Vorstellung, er könnte zu sprechen beginnen. Aber ich weiß, wie wortkarg er schon damals gewesen ist. Es sei denn, der Wein, das Bier hatten ihm die Zunge gelöst. Auch dann verriet er so gut wie nichts von sich.

Im zweiten Tagebuch wird Agnes Carus nur noch einmal genannt. Sie verschwindet aus seinem Gesichtskreis. Er hat die Liebe zu ihr, der er nach Jean Pauls poetischem Gesetz ein »Polymeter« widmete – »da schaute der Jüngling wie verklärt zum Himmel und zu den Sternen auf und sagte nur wehmütig zu sich: wär ich ein Stern, ich wollte ihr leuchten, wär ich eine Rose, ich wollte ihr blühen« –, nicht vergessen, er hat sie verraten müssen, damit er endlich jene Liebe erkunden kann, die er nur aus den Träumen kennt und aus seinen verwegenen Phantasien.

Agnes Carus wurde nicht alt. Sie brachte drei Kinder zur Welt und starb mit siebenundreißig Jahren. Sie hat, sage ich mir, ihren Friedolin doch nicht nur für einen sehr begabten Jungen gehalten und darum gefördert, sondern insgeheim hat sie seine fremde, seine verwilderte Seele geliebt. Eines ist sicher: Sie hat ihm Schubert entdeckt. Nur habe ich nicht feststellen können, welche Lieder sie von Schubert sang und welche sie, nach Schumanns Meinung, nicht gleich begriff. Er hat es für sich behalten, es ihr aus Liebe nicht gesagt.

Er ist neugierig auf ihn, denn immer wieder wird über ihn geredet: Der Wieck. Der große Klavierlehrer. Der Eigentümer einer Pianofortefabrik. Der Betreiber einer Musikalienleihanstalt. Der erfinderische Kopf. Der Wieck.

Dann steht er unerwartet vor ihm, denn Carus hat ihm von seiner Einladung nichts verraten. Eine »romantische Figur«, ein möglicher künstlerischer Vater. Auf Anhieb ist Schumann beeindruckt. Der Mann ist nicht sonderlich groß, seine Stimme aber gewaltig und durchdringend. Wo er sich auch aufhält, macht er sich bemerkbar. Robert fällt auf, daß er die Augen immer aufreißt, als wolle und könne er mehr sehen als jeder andere. Die grauen Strähnen, die ihm in die Stirn fallen, wenn er sich verbeugt oder mit geneigtem Kopf zuhört, wirft er mit einer jähen Bewegung zurück.

Das ist Robert Schumann, von dem ich Ihnen erzählt habe. Nicht ohne Stolz stellt Carus ihn vor. Das geschieht am 31. März 1828.

Wieck zieht ihn an. Schumann bleibt in seiner Nähe, als er sich mit anderen Gästen unterhält, beobachtet ihn, hört zu, wie er sich mit größter Kennerschaft über klavieristische Techniken ausläßt und Moscheles kritisiert. Daß Wieck ihm ab und zu einen prüfenden Blick zuwirft, stimmt ihn glücklich. Nun hofft er nur noch darauf, daß Frau Agnes ihn zum Klavierspielen auffordere. Wieck muß ihn hören. Es könnte ja sein, daß er ihn dann von sich aus einlädt, wenigstens eine Stunde probeweise bei ihm zu nehmen.

Wie es anfing, ist nicht überliefert. Nur das Datum ist bekannt. Und daß Schumann tatsächlich danach von Wieck unterrichtet wurde.

Wieck kam nicht allein. Er wurde begleitet. Das ist bekannt. Mehr nicht.

Weil er so verwirrt ist, endlich dem berühmten Wieck gegenüberzustehen, der auch ganz seiner Vorstellung entspricht, übersieht er das neunjährige Mädchen, das ihn begleitet. Er begrüßt es nicht. Wieck legt allerdings auch keinen Wert darauf, daß das Kind begrüßt wird. Es ist vorhanden, wie ein Teil von ihm. Das Mädchen bewegt sich mit ihm, lautlos. Sie bleibt mit ihm stehen. Es ist gar nicht sicher, ob sie den Unterhaltungen lauscht. Ihr Köpfchen mit dem straff gekämmten, streng gescheitelten, dunklen Haar bleibt gesenkt.

Sie wird von Carus ans Klavier gebeten: Bitte, Clara, zeig uns, was dein Vater dir beigebracht hat. So wird sie an ihr Instrument und in sein Bewußtsein gerufen. Ein Kind mit dem Namen Clara. Es bewegt sich gehorsam und rasch aus dem Schutz des Vaters zum Flügel. Zweimal macht es einen Knicks, wobei es mit den Händen an den Rocksaum faßt und den Kopf tief senkt. Dann nimmt es Platz und spielt schon.

Damit hat er nicht gerechnet. Ihr Spiel erstaunt ihn und macht ihm Angst. Sie spielt Czerny, wie er es nicht kann und wahrscheinlich nie können wird. Sie gleicht einem Automaten. Ihre

Augen blicken ins Leere, ihre Händchen, die sich auf den Tasten zu Händen auswachsen, können alles, Terzentriller, Fingerwechsel auf einer Taste, Doppeloktaven. Sie kann unglaublich zart anschlagen oder mit beinerner Härte.

Bravo, Clara, ruft als erster Wieck und läßt die Gesellschaft wissen, daß das Kind demnächst im Gewandhaus debütiere.

Schumann verfolgt sie mit den Blicken wie ein fremdes, unbegreifliches Wesen, ein Geschöpf aus einer Novelle E.T.A. Hoffmanns. Sie könnte die Puppe Olympia sein, ein Automatenkind, sagt er sich. Das Wort setzt sich in seinem Kopf fest. Obwohl die eigentümliche Spannung zwischen Zartheit und Bestimmtheit ihn rührt, wehrt er sich gegen dieses Mädchen.

Nun sind Sie dran, bittet ihn Carus. Widerwillig setzt er sich an den Flügel. Warum jetzt? Warum nach diesem Kind?

Mit einem Impromptu Schuberts antwortet er Clara, und Wieck antwortet ihm: Wenn Sie wollen, lieber Schumann, besuchen Sie mich in den nächsten Tagen. Wir können uns dann über die notwendigen Übungen unterhalten.

Während Wieck ihm das sagt, schaut das Kind ihn an, den Kopf in den Nacken gehoben, die Augen etwas zusammengekniffen, und verzieht seinen kleinen, schön geschwungenen Mund zu einem Lächeln.

Adieu, Herr Schumann.

Adieu, Herr Wieck.

Adieu, sagt das Kind.

Adieu, Clara, erwidert er.

Hat er es in einer Zeitung gelesen, hat es ihm ein Freund gesagt, die Nachricht erreicht ihn schnell. Franz Schubert ist tot. Er habe, wird erzählt, eine Nacht lang geweint. Es ist noch nicht so lange her, daß er über Beethovens Tod trauerte, so, wie über den Tod des Vaters. Das war noch in Zwickau. Er hatte, ohne seiner Mutter ein Wort zu sagen, das Haus verlassen und war auf den Windberg gestiegen, um dort oben von allem entfernt zu sein, weit fort. Nun, in Leipzig, verkriecht er sich, krümmt sich zusammen und weint sich leer. Mit Schubert verliert er mehr als nur ein geliebtes Vorbild. Er versteht ihn als einen sehr viel älteren Bruder, anders und in manchem fremd. Er ist ihm, seiner Kunst, brüderlich treu geblieben. 1840 berichtet er in seiner Zeitschrift, wie er die Gräber Beethovens und Schuberts auf dem Währinger Friedhof besucht habe und danach zu Ferdinand gegangen sei, dem Bruder von Franz. Der hat ihm die Partitur der großen C-Dur Symphonie zu lesen gegeben – und wieder ist er gegenwärtig, der ihm, dank Agnes Carus in der Jugend ein anfeuernder Gefährte gewesen ist, anders und fremd. Mendelssohn hat die Symphonie im Gewandhaus zum ersten Mal aufgeführt: Im zweiten Satz »findet sich auch eine Stelle, da wo ein Horn wie aus der Ferne ruft, das scheint mir aus anderer Sphäre herabgekommen zu sein. Hier lauscht auch alles, als ob ein himmlischer Gast im Orchester herumschliche.«

In seinem Tagebuch steht unter dem 1. Dezember 1828, scheinbar ohne Zusammenhang, verbunden oder getrennt nur durch Gedankenstriche: »Mein Quartett – *Schubert ist tot* – Bestürzung.« Sein Klavierquartett ist, mit römischer Opuszahl, erhalten. Die Bestürzung löste sich, was er verschweigt, in einem Tränenstrom.

Ich habe über Schubert geschrieben und über Hölderlin. Dabei habe ich nie an Schumann gedacht. Da war mir seine

Liebe zu den beiden noch nicht bekannt. Nun geht sie mir nah. Beide suchten ihr Leben lang Verständnis, wie Schumann auch, und fanden es selten genug. Weil sie ihrer Epoche in ihrem Denken und ihrer Kunst weit voraus waren. Weil sie in einer neuen Sprache redeten. Dieser Junge aus Zwickau verstand sie. Er war einer von den vierhundert, fünfhundert Lesern des »Hyperion«. Geradezu unvorstellbar ist, daß er Hölderlin noch hätte besuchen können, im Turm in Tübingen. Als Schumann nach Endenich gebracht wurde, war der »verrückte« Hölderlin gerade zehn Jahre tot.

7

Endenich, 14. 1. 1855 – 20. 4. 1855

Klingelfeld möchte aufgeben. Er hat sich bei Doktor Richarz gemeldet und verlangt eine andere Aufgabe. Mit Schumann könne er es nicht länger aushalten; ständig werde er von ihm verhöhnt, klein gemacht, beleidigt und mitunter auch tätlich angegriffen. Vor allem könne er sich der Unterstellungen und Gemeinheiten nicht erwehren.

Wie sie sich im einzelnen ausnähmen, will Doktor Richarz wissen.

Klingelfeld fallen nur einige wenige ein, bestimmt nicht die schlimmsten: daß er ihn oft einen dummen, ungebildeten Hanswurst nenne, ihn verdächtige, ins Essen zu spucken oder es gar im Auftrag der Ärzte zu vergiften; daß er ihn Brahms als eine niedrige Kreatur vorgestellt habe, die beauftragt sei, ihn ständig zu bewachen. Wie einer der Kläffer auf Bauernhöfen, hat er gesagt, sagt Klingelfeld. Daß er gegenüber Fräulein von Reumont behaupte, Klingelfeld habe ihm die Brieftasche gestohlen.

Doktor Richarz hört zu, nicht sonderlich beteiligt, wie Klingelfeld findet, und nachdem er diese wenigen Beispiele aufgeführt hat, unterbricht er ihn: Das sind, genau genommen, Bagatellen, Klingelfeld, und Sie als erfahrener Wärter müßten wissen, daß sich in allem ein bestimmter Verfolgungswahn ausdrückt, für den Sie Verständnis haben und den Sie nur als Ausdruck seiner Krankheit ernst nehmen sollten. Ich bitte Sie, nicht aufzugeben, Herr Schumann braucht Sie. Ich wüßte keinen besseren, empfindsameren als Sie. Obwohl er noch nicht zu Ende ist und sich weiter beklagen möchte, entläßt ihn Doktor Richarz. Wenn er es zu toll treiben sollte, lieber Klingelfeld, sagen Sie mir oder Doktor Peters unverzüglich Bescheid.

Es bleibt ihm nichts anderes übrig, als zustimmend zu nicken und sich zu entfernen.

Wir vertrauen Ihnen, Klingelfeld, ruft Doktor Richarz ihm nach.

Das hilft mir wenig, sagt er sich und wird von einem leisen, reumütigen Schumann empfangen.

Ich ahne es, Sie haben sich bei Herrn Professor Richarz über mich beschwert. Aber, aber, Klingelfeld. Er bemüht sich zu lächeln und kommt mit ein paar kurzen, vorsichtigen Schritten auf Klingelfeld zu. Sie müssen mich aushalten. Ich brauche Sie. Hat Ihnen das der Professor nicht erklärt? Wenn man mich schon nicht nach Hause entläßt, nach Düsseldorf, sind Sie meine dauerhafte Wache, Klingelfeld, mein Begleiter, mein Freund, und auch wenn es Ihnen schwer fällt, auch wenn ich Ihnen zur Last falle.

Klingelfeld hört ihm zu, angespannt, denn zum ersten Mal seit längerer Zeit spricht der Kranke wieder zusammenhängend. Allerdings steigert sich unmerklich der Ton von Wort zu Wort, die Sätze bekommen einen flackernden Untergrund.

Klingelfeld, den die Bitten Schumanns anrühren, bleibt auf der Hut. Im nächsten Augenblick könnte der Kranke sich vergessen und zuschlagen.

Haben Sie mir das Eau de Cologne mitgebracht?

Das habe ich vergessen, Herr Schumann.

Ich kann's verstehen. Wenn Sie mit Herrn Professor Richarz verhandeln, haben Sie anderes im Kopf als meine Wünsche.

Ich werde es gleich bei Fräulein von Reumont besorgen.

Nein, bleiben Sie. Sie dürfen jetzt nicht gehen, Klingelfeld.
Wer garantiert mir, daß Sie wieder zurückkehren? Mit ausge-
strecktem Arm faßt er nach Klingelfelds Hand. Er überläßt sie
ihm. Schumanns Hand ist schlaff, kühl und verschwitzt.
Ich muß Ihnen eine Pflicht in Erinnerung rufen, Klingelfeld.
Mir? Klingelfeld sieht Schumann nachdenklich in die Augen.
Ihm fällt nichts ein. Er kommt nicht darauf.
Schumann kichert, zieht ihn zum Sofa hin. Kommen Sie. Wir
haben uns schon lange nicht mehr vernünftig unterhalten.
Setzen wir uns.
Sie sitzen nebeneinander. Klingelfeld rückt vorsichtig etwas
von Schumann ab, setzt sich schräg, so daß er ihn immer im
Auge behalten kann.
Ja, Sie haben eine Aufgabe versäumt.
Klingelfeld zieht die Schultern hoch: Ich wüßte nicht.
Ich weiß es schon. Als wolle er ihm ein Geheimnis verraten,
lehnt sich Schumann zu ihm hin und flüstert ihm ins Ohr:
Das Klistier, Klingelfeld. Was wird Herr Doktor Peters von
Ihnen denken.
Klingelfeld springt hoch. Schumann zieht ihn wieder zu sich
hinunter. Nun eilt es nicht mehr. Der Stuhl wird sich, fürchte
ich, verändert haben inzwischen. Das müssen Sie besser wis-
sen als ich, Klingelfeld. Schließlich schreiben Sie für Herrn
Doktor Peters täglich auf, wie meine Scheiße geraten ist.
Er beginnt sich zu verspannen, ballt seine Fäuste und zwinkert mit den Augen. Gleich wird er nur noch stottern können,
erwartet Klingelfeld. Aber Schumann erstaunt ihn von
neuem: Keine Angst. Ich werde mich nicht aufregen. Er zerrt
Klingelfeld an der Jacke. Rücken Sie doch ein bißchen heran,
ich bitte Sie. Schließlich geht es um mein Innerstes. Wissen
Sie, daß ich Ihre und Doktor Peters Phantasie bewundere,

Schumanns Unrat immer neu und anders zu definieren? Erstaunlich, Klingelfeld. Ich habe es mir gemerkt, habe es auswendig gelernt, um bei Gelegenheit meine Mitwelt in Erstaunen zu versetzen. Hören Sie her, ich könnte diese Litanei in Töne setzen, eine Sonate von Fürzen. Er senkt seine Stimme und beginnt monoton zu deklamieren:

Stuhl gestern und heute fest – heute gebunden und ergiebig – ein zweiter weicher Stuhl – kein Stuhl – Stuhl weich, ziemlich viel – Stuhl gebunden – Stuhl gestern gebunden – Stuhl ergiebig – Stuhl knollig – Stuhl wenig, in kleinen Knollen bestehend – Stuhl spärlich – zehn bis zwölf Knöllchen Ausleerung – Stuhl zum Teil weich, mit einer großen Masse flokkigen Schleims – Stuhl heute dünn – Stuhl bis jetzt noch nicht!

Klingelfelds Ohr wird feucht von Schumanns Lippen. Ihn überkommt Ekel, und es wird ihm übel. Dennoch hält er still, lauscht, bis Schumann von selbst zurückweicht, sich gegen die Rückenlehne der Couch wirft und schreit: Das sind tausend Häufchen in einem gewaltigen Haufen. Diesen Berg schiß gehorsam nach jedem Einlauf Herr Doktor Schumann. Ich! Klingelfeld, ich!

Er sinkt in sich zusammen und horcht sich nach, dann sieht er zu Klingelfeld hoch, der sich rasch und lautlos erhoben hat: Nun können Sie mir das Kölnisch bei Fräulein von Reumont holen. Wir wollen uns doch nicht weiter diesen infernalischen Gestank antun.

Als er von Fräulein von Reumont mit dem gewünschten Eau de Cologne zurückkommt, hat Schumann sich verändert. Peters, den er gleich zur Hilfe ruft, da es Schumann ablehnt, sich in seiner Nähe aufzuhalten, er müsse weg, unverzüglich weg – Peters hat diesen Anfall im Journal notiert: »Ein Anfall

großer Angst, der Wärter habe ihn vergiftet, er werde wahn-
sinnig, rasend, müsse in ein Irrenhaus gebracht und sorgfältig
verwahrt werden.«

Die Welt verkehrt sich. Klingelfeld ist zur Tür zurückgewi-
chen, er fürchtet noch immer einen Überfall des Kranken,
doch der krampft, stammelt, daß es aus mit ihm sei. Aus, aus.
Da bewegt sich was. Er zeigt auf seinen Bauch. Es schmerzt.
Ich glaub, es ist zu Ende. Jedes Wort stößt er für sich heraus,
unter größter Mühe.

Klingelfeld schießen die Tränen in die Augen. Ich geh nicht
fort, Herr Schumann, sagt er zu sich, nicht zu Schumann, der
allerdings aufhört, still wird, sich von Peters zu seinem Bett
führen läßt. Ich bin müd, sagt er.

Klingelfeld tritt, ohne daß es der Kranke merkt, an die Stelle
von Doktor Peters. Hier habe ich Ihnen auch das Eau de
Cologne gebracht, Herr Schumann.

Schumann nimmt den Flakon, schiebt ihn unters Kopfkissen
und sagt, als sei nichts geschehen, als habe er sich nicht völlig
vergessen: Wie gut, daß Sie daran gedacht haben, Klingelfeld,
ich werde mich bei ihr noch bedanken.

Klingelfeld hat verschlafen, und Schumann zieht ihm die
Decke vom Kopf. Guten Morgen, Klingelfeld. Ich habe
meine Morgenwäsche schon hinter mir. »Jeden Morgen, in
der Frühe,/ Wenn mich weckt das Tageslicht,/ Mit dem Wasser meiner Augen,/ Wasch ich dann mein Angesicht.« Ich
könnte Ihnen die Strophe vorsingen, aber ich habe meine
Musik vergessen, glauben Sie mir das, Klingelfeld?

Mit Brahms kann er dann singen, brummen, pfeifen. Den
zweiten Besuch von Johannes, wie er Brahms auch Klingelfeld gegenüber nennt, hat er mit großer Ruhe abgewartet, sich
nicht mehr erregt, wie beim ersten Mal.

Wir werden nach Bonn, zum Beethoven-Denkmal gehen, den Meister grüßen. Das wiederholt er wörtlich, nachdem Brahms ihn umarmt hat. Er hört nicht auf den Freund, als der beteuert, er komme eben aus Bonn und von Beethoven.

Klingelfeld muß den beiden in gebührendem Abstand folgen, obwohl Brahms es mißfällt. Er ist doch dein Vertrauter, Robert. In gleichgültigstem Ton antwortet ihm Schumann, einen verächtlichen Blick auf Klingelfeld werfend: Er ist ein Schurke, mehr will ich dir nicht sagen.

Es stört mich nicht, sagt Klingelfeld.

Er hört Brahms von Clara erzählen, von den Kindern. Ich sorge mich ganz in deinem Sinne um sie. Du wirst es nicht glauben, Robert, ich habe sogar das Ausgabenbuch geführt.

Ich werde es nicht glauben, sagt darauf Schumann und wiederholt den Satz ein paar Mal: Ich werde es nicht glauben, ich werde es nicht glauben.

Es hat begonnen zu schneien. Klingelfeld sieht, wie Schumann sich den langen Schal um den Kopf wickelt, will ihm helfen, worauf Schumann mit den Armen um sich schlägt, abweisende Laute ausstößt und die Aufmerksamkeit von Spaziergängern erregt.

Lassen Sie mich helfen, Herr Klingelfeld. Brahms gelingt es ohne Mühe, den Schal schwungvoll um den Kragen von Schumanns Mantel zu legen.

Klingelfeld läßt sich wieder zurückfallen, etwas wachsamer als zuvor. Doch das ungleiche Paar – der kleine, schmale, junge Mann und sein schwerer, gedrungener und etwas gebeugter Gefährte – unterhält sich wieder durch Singen und Pfeifen. Zu Beethoven schauen sie ausdauernd hoch, auch Schumann, und danach erklärt er, er wolle unbedingt noch im »Stern« einkehren.

Dazu sei es zu spät. Klingelfeld wirft Brahms einen flehenden Blick zu. Ja, dazu ist es zu spät. Schumann gibt sofort nach.

Auf dem Heimweg beginnt er zu klagen. Die Geräusche im Ohr nähmen zu. Das summt und schreit. Schwärme von Dämonen verfolgen mich. Oft kreischen sie ekelhafte, lüsterne Gemeinheiten. Ach, Johannes. Er hakt sich bei dem um vieles jüngeren Freund unter. Es sieht aus, als klammere er sich an ihm fest.

Am Tag darauf wünscht er wieder nach Bonn zu spazieren. Klingelfeld kann es ihm nicht ausreden. Unterwegs spricht er kein Wort. Erst als sie vor dem Beethoven-Denkmal stehen, wendet er sich an Klingelfeld: Das ist Ihnen klar, Klingelfeld, Sie sind kleiner als ich, unwichtiger, unbedeutender. Sie sind nichts als eine Kreatur.

Wenn Sie meinen, Herr Schumann.

Später erzählt ihm Schumann im Vertrauen, daß er sich größte Sorgen wegen des Geldes mache. Sicher koste seine Unterbringung eine Menge. Darum wolle er auch unbedingt nach Düsseldorf, um niemandem mehr zur Last zu fallen. Die Kinder seien alle noch unmündig. Seine Frau konzertiere viel – aber man könne nicht alles von ihr verlangen. Er hält plötzlich an, zittert am ganzen Leib, schaut um sich, als fürchte er Lauscher: Ich werde ihr schreiben, daß ich wieder komponiere. Sie werden mir noch Notenpapier besorgen, Klingelfeld, und der Flügel muß wieder gestimmt werden, auf alle Fälle, Klingelfeld, der Flügel!

Abends schreit er unartikuliert, niemand versteht ihn, Peters schafft es nicht, ihn zur Ruhe zu bringen, er lehnt die Medikamente ab, und auch Fräulein von Reumonts Zureden hilft nicht, er schreit, bis Klingelfeld aus dem Gebrüll ein Wort heraushört: Fontanelle! Fontanelle! und er es Peters weitersagt: Er beklage sich über die eiternde Fontanelle, die ihm Doktor Richarz gesetzt habe, diese künstliche Beule. Peters beruhigt ihn. Das Geschwür werde bald verschwinden.

Klingelfeld schaut zu Schumann hinüber, der sich auf den Bettrand gesetzt und die Beine gegen die Brust gezogen hat. Es ist nicht Mitleid, das ihn bewegt, es ist, so versucht er sich diese Empfindung zu erklären, doch Zuneigung.

Wir könnten noch ein paar Schritte in den Garten gehen, Herr Schumann, sagt er leise und beiläufig und sieht, wie Schumann den Kopf hebt, das Gesicht schmerzverzerrt: Das tut so weh, sagt er wie ein Kind.

Ich weiß, Herr Schumann.

Schumann steht auf, schwankt, faßt sich und kommt auf Klingelfeld zu. Aber es schneit, sagt er, es schneit noch immer.

Wir ziehen uns die Mäntel über.

Gut, sagt er. Sie treten vor die Tür. In die fallenden Flocken hinein sagt er: Morgen müssen wir unbedingt festlegen, wann ich wieder nach Düsseldorf darf.

Ja, stimmt ihm Klingelfeld unbedacht zu, und er könnte sich auf den Mund schlagen.

8
Gesanges Erwachen
(Sehr rasch – und in sich hinein)

Leipzig, die Stadt, die Gassen, die Kneipen, die Freunde – das ist zu einem Geweb geworden, und er droht sich darin zu verfangen. Er will, er muß fort. »Zeige, wer du bist«, schreibt er ins Tagebuch, ein Imperativ, der den Schmetterling in der Puppe ruft.

Wohin? Nur fort.

Er betreibt den Aufbruch schlau, plant die zukünftige Planlosigkeit. Es zieht ihn nach Heidelberg. Dort treffen sich die Künstler der Zeit, vor allem die Dichter. Dort lehren die berühmtesten deutschen Juristen, unter anderen Justus Thibaut, der sich auch als Musikkenner ausgewiesen hat mit dem Buch »Die Reinheit der Tonkunst«, in dem er allerdings nur widerwillig liest. Es drängt ihn keineswegs »zurück zu den Quellen« wie den Verfasser, und seine »Händeleien« gehen ihm auf die Nerven.

Die Mutter, die Brüder, der Vormund müssen überredet werden. Ehe er sie in Zwickau besucht, schickt er sich Briefe voraus.

Warum, fragt seine Mutter. Du hattest es doch gut in Leipzig. Und es ist von dort nicht allzu weit zu uns.

Heidelberg ist ein teures Pflaster, mahnt Eduard. Du hast dich schon in Leipzig verschuldet, Robert.

Wem soll er antworten, der Mutter, dem Bruder? Oder Rudel, der ihn mit Vorwürfen überschüttet: Für ein solches Leben habe sein Vater nicht vorgesorgt. Er solle sich eines Besseren besinnen, in Leipzig bleiben und sein Studium erfolgreich zu Ende bringen.

Er hat nichts anderes erwartet, hört nicht auf sie, kramt in Erinnerungen, in Schubladen und Schränken, sucht nach Kindereien, Gedichten von einst oder nach angefangenen Kompositionen.

Kurz vor dem Abitur hat er sich an Liedern probiert, auch vier oder fünf zu Ende komponiert, aber dann verworfen und neu angesetzt. Nun, als ihm die Blätter in die Hände fallen, kommt es ihm wie ein gutes Omen vor. Als hätte er eine seiner Stimmen für eine Weile vergessen und hört sie nun wieder, ganz anders, aus der Ferne und mit einem geschärften Ohr. Zwei Gedichte von Justinus Kerner haben es ihm damals ganz besonders angetan:

>>Könnt' ich einmal wieder singen,
Wär' ich wiederum gesund,
Aber noch will's Herz zerspringen,
Und in Trauern schweigt der Mund.<<

Noch. Mit Emilies Tod hat die Unruhe begonnen, die Trauer, die ihm die Zunge schwer macht.

Ich kann nicht singen, sagt er zu Carl, der ihn verständnislos anschaut.

Wieso? Wie kommst du darauf?

Weil ich ein paar alte Lieder fand.

Ich weiß. Eduard hat sie aufbewahrt, für dich. Und nun bist du von selber darauf gekommen.

Carl verabschiedet sich von ihm und von Mutter. Er muß zurück nach Schneeberg.

Überleg es dir noch einmal, Robert.

Ich habe mich entschieden.

Den Abschied von Leipzig hat er genußsüchtig gespielt. Mit

Flechsig, dem er nicht verziehen hat, den er aber wieder ertragen kann, sucht er die Kneipen in der Fleischergasse so ausgiebig heim, daß er nach Hause geschleift werden und am andern Morgen einen Katzenjammer wie selten durchstehen muß.

Mit Wieck geht er spazieren. Der bietet ihm an, ihn weiter am Klavier auszubilden, wann immer er aus Heidelberg zurückkomme. Falls überhaupt.

Clara sitzt, wie meistens, am Klavier.

Warum müssen Sie denn fort? fragt sie.

Wenn ich's wüßte, antwortet er.

Dann bleiben Sie doch in Leipzig, sagt sie.

Wenn ich's könnte, antwortet er.

Das verstehe ich nicht, sagt sie und schaut ihn fragend an.

Ich auch nicht, antwortet er, küßt das Kind auf die Stirn und verläßt schleunig das Zimmer.

Ich werde Ihnen vom Fenster aus winken, morgen abend gegen sieben, hat ihm Agnes Carus versprochen, weil sie seinen Hang zu romantischen Szenen kennt. Er geht hin, erst sieht er nur ihren Schatten, dann öffnet sie das Fenster und ruft hinunter: Leben Sie wohl, Friedolin. Adieu, mein Schumann.

Das findet er angemessen. So stellt er sich einen Abschied vor.

Und so gestimmt nimmt er Heidelberg wahr: als die Kulisse eines Sommerstücks, das ihn aufnimmt und dessen Held er zu sein beabsichtigt. Mit dem Stichwort »Wein« eröffnet er das Heidelberger Tagebuch, das vierte Heft der »Hottentottiana«. Und noch im selben Absatz finden sich »Champagner«, »Geldfatalitäten«, »Geld von Eduard«.

Die in ihrem Mißtrauen bestätigte Mutter erhält eine von den ersten Heidelberger Erfahrungen beschwingte Erklärung:

Der Studierende werde »durch die große lyrische Natur von sinnlichen und geistigen Genüssen und Getränken viel abgezogen«.

Es ist ein großer Sommer, hell und festlich. Die warmen Nächte laden zum Ausschwärmen ein, hinauf aufs illuminierte Schloß, in die Wirtsgärten am Neckar, auch in die Salons.
Thibaut, seinem Lehrer, hat Schumann sofort seine Aufwartung gemacht, allerdings so gut wie nicht über sein Studium gesprochen, sondern am Klavier brilliert – mit den Alexander-Variationen. Thibaut ist angetan, lädt ihn für einen der nächsten Abende ein und empfiehlt ihn einem Bekannten, dem Fabrikanten Dr. Wüstenfeld.
Er flaniert. Die Mädchen auf der Hauptstraße nehmen seine Blicke, seine Sinne in Beschlag, am liebsten möchte er jede begleiten. Die Zigarren wachsen ihm geradezu an den Lippen fest; manchmal fallen sie ihm ins Bett, und ein Brand droht: »Das Licht brennen lassen und die Zigarre im Bette, wie gestern.«
Ein halbes Jahr Bälle, gelegentlich Konzerte, unendlich viele Räusche – davon läßt sich nur erzählen, wenn das Karussell für ein paar Momente stillhält und wenigstens einige Personen sichtbar werden, miteinander zu sprechen beginnen, sich Räume aufbauen, in denen sie sich einrichten oder in denen sie zu Gast sind, das Casino zum Beispiel:
Er hat den Abend zuvor bei Thibaut gespielt, und der Gastgeber hat ihn danach gedrängt, doch häufiger seine Vorlesungen übers Pandektenrecht zu besuchen. Nun hat er sich mit Freunden im Casino zum Abendessen verabredet, erscheint aber verspätet und trifft sie schon beim Nachtisch. Unter ihnen befindet sich, als eine der Begleiterinnen, »die Gouver-

nante«, Charlotte de Lausanne, die als Gouvernante im Haus von Dr. Wüstenfeld dient, älter ist als die Mädchen, mit denen er umgeht, und bei weitem selbstbewußter. Spricht sie überhaupt mit ihm, dann stets mit einem spöttischen Unterton. Das wiederum verschlägt ihm die Sprache. Er stottert, schweigt, der Gaumen legt sich auf seine Zunge. Jetzt, da sie nicht auf ihre Zöglinge und ihre Reputation achten muß, hat er die Gelegenheit, ihren Spott zu überspringen und sie zu provozieren. Nur schafft er es nicht. Er kämpft vergeblich dagegen an, rot zu werden, spürt die Hitze im Gesicht, trinkt hastig und muß, sprachlos, warten, bis sie ihn anspricht.

Sie haben unlängst wunderbar Klavier gespielt, Monsieur Schumann.

Was soll er ihr anworten? Wie? Er hebt den Champagnerkelch zwischen sein Gesicht und ihres, blinzelt durchs Glas.

Es ist mir ernst, sagt sie. Und er kann wieder atmen. Er trinkt einen Schluck, nickt, schüttelt den Kopf: Es hätte besser sein können.

Sie lacht, berührt mit ihrer Hand flüchtig die seine: Ich werde Sie gewiß wieder hören und kann dann vergleichen.

Spielen Sie Klavier?

Etwas. Für die Kinder.

Er steht, als hätte sie es ihm heimlich eingesagt, auf, bittet sie zum Tanz, was sie freundlich ablehnt. Das Gestoße und Geschiebe im Saal behage ihr nicht. Doch wir könnten auf die Terrasse gehen, schlägt sie vor, steht schon neben ihm, schön und streng, und er hofft, die anderen merken es, wie er ihr den Arm bietet und sie beide die lärmende Bühne verlassen. Wieder trauen sich seine Gedanken alles, sind ihm voraus, erlauben ihm Umarmungen und Küsse. Dieses Mal tritt jedoch die

Musik dazu. Er hört ein Thema, wird von ihm überrascht; es ist laut und warm in seinem Ohr.

Wem lauschen Sie? fragt sie, während sie sich über die Brüstung lehnt und die Droschken, die vorüberfahren, mit ihren Blicken verfolgt.

Mir.

Sie wendet sich zu ihm um: Meinen Sie das im Ernst?

Ja.

Hören Sie Musik?

Ja. Er möchte reden, möchte singen. Immerhin traut er sich, sie am Arm zu halten, ihre Wärme zu spüren.

Dann läßt sie ihn plötzlich stehen mit seinen unausgesprochenen Wünschen, ausschweifenden Liebeserklärungen.

Bonsoir. Bonne nuit.

Er läuft ihr nach. Sie ist fort. Er findet die Freunde wieder, trinkt mit ihnen, sie begleiten ihn heim, und er fragt sich, ob er sich das Gespräch mit der Gouvernante nicht ausgedacht hat.

Die Gouvernante: Sie begleitet ihn durch den Sommer, wechselhaft in ihren Nähen.

Nach einer Soirée bei Dr. Wüstenfeld folgt sie ihm, huscht ihm durch den Garten nach auf die Straße. Er hat sich mit dem Hausherrn über die Torheiten des Commentwesens gestritten und sich vorgenommen, zum Trost noch den »Adler« zu besuchen. Dort würde er sicher einen treffen, mit dem er nicht streiten und nicht reden müßte.

Sie läuft leicht und tänzelnd neben ihm.

Kennen Sie Fouqués »Undine«? fragt er.

Mais oui.

Sie erinnern mich an sie.

Sie stellt sich ihm in den Weg. Da sie so groß ist wie er, sind ihre Augen den seinen nah.

Haben Sie sie gut gekannt? fragt sie. Und er kann von Undine sprechen, als kennte er sie eine halbe Ewigkeit.

Sie wissen, daß ihre Küsse tödlich sind, Mademoiselle.

Ich weiß es.

Meine Küsse, fügt sie beinahe lautlos hinzu. Was weiß ich.

Jetzt hört er sie singen, lange, bevor es ihm gelingt, ihr Lied aufzuschreiben:

>Es rauschen die Wipfel und schauern,
Als machten zu dieser Stund
Um die halbversunkenen Mauern
Die alten Götter die Rund.«

Sie küßt ihn und hält seinen Kopf so fest zwischen ihren Händen, daß es in seinen Ohren rauscht, als flösse ein Strom durch seinen Kopf.

Ich muß gehen, Monsieur Schumann. Halten Sie mir die Treue. Undine nimmt die Liebe ernst.

Doch er macht sich davon: »Pause« schreibt er in das Hottentotten-Heft und reist in die Schweiz, nach Oberitalien, wie es sich für eine romantische Seele gehört, stellt in Solothurn einer Schönen nach, die ihn an Agnes Carus erinnert und nicht an Charlotte, nimmt »rührenden Abschied von einer Marie« und findet für ein weiteres herzliches Adieu noch eine Marie in Thun.

Die Franken, Dukaten, Lire, Centesimi fließen ihm durch die Finger. »Gott steh mir bei! Wie soll das werden.«

Er schaut, wandert, spaziert, fährt durch engelreiche Tage und resümiert, auf der Rast in Padua: »Wahrlich! die Italiänerinnen gefielen mir; nur nicht heute; diese *Männerhüte* machen sie prosaisch; die aus den mittleren Ständen sind, wie immer, auch hier die schönsten. Harmonischer Wuchs, vollen starken Nacken, große Augen, gewölbte Gesichter, schwarze Haare, weiche Haut, nachlässige Hemden u. nachlässige Gürtel um die schönen Hüften geworfen.«

Sie tritt wieder auf, die Gouvernante, kaum ist er an den Nekkar heimgekehrt. Nur so leicht macht er es sich und ihr nicht mehr. Das Nixenspiel bekommt einen anderen Grund. Die Musik nimmt ihn in Beschlag. Immer häufiger tritt er auf, nicht nur in den Heidelberger Salons, auch in den Mannheimern. Um Charlotte zu entkommen – »Unser Begegnen mit der Gouvernante – mein Erröthen und ihre Verlegenheit – Liebesroman« –, auch ihrer Undine-Warnung, poussiert er mit Carolina, Lina, deren Naivität ihm hilft, nicht zu weit zu gehen, nur eben so weit, Charlottes Eifersucht zu wecken, die schönen Bilder zu verdoppeln, und das gelingt ihm eine Weile, bis die Gouvernante ihn endgültig frei gibt und in sein Element, die Musik, entläßt: »O Monsieur Schumann, si vous jouez vous me pouvez mener, où vous voulez ê«: »Oh, Herr Schumann, wenn Sie spielen, können Sie mich führen, wohin Sie wollen.«

Da ist er schon auf und davon. Am Sonntag, den 24. Januar 1830, tritt er in einem Konzert auf, das Musikdirektor Hofmann und der in der Stadt hochgeschätzte Musiklehrer Faulhaber veranstalten. In dem umfangreichen Programm spielt der »viel fixierte Schumann« eine eigene Komposition: »Thème sur le nom Abegg varié pour le pianoforte«. Er gibt ihr die Opuszahl 1.

Den ganzen Tag über hat er Lampenfieber. Bei den Proben spielt er zuerst, damit die Hände sich auf alle Vertracktheiten einstellen, die Alexander-Variationen. Am Abend, als es ernst wird, der Saal vor Erwartung brummt, patzt er gleich zu

Beginn, doch er fängt sich, und nach seiner Erinnerung hat er die letzte Variation »vollendet« gespielt.

Das Publikum ist entzückt. Er sieht Charlotte, die ihm mit erhobenen Händen applaudiert und bravo ruft.

Er wird ohne sie gehen. Ein letztes Mal weckt er ihre undinische Eifersucht, indem er die Variationen Meta Abegg widmet, die ihm in Mannheim auffiel. Sie ist so alt wie er und tritt als Pianistin auf.

Genau genommen widmet er nicht ihr die Variationen, sondern ihrem Namen. Der ist gleichsam ein für seine Phantasie notwendiger Fund. Sie könnte auch eine andere sein. Wieso nicht »Pauline Comtesse d'Abegg«? Aber ganz gewiß ist sie Mademoiselle d'opus 1.

Er ist nah daran, nun tatsächlich sein Leben zu ändern und von der Musik nicht mehr zu lassen. Den Erfolg zieht er wie eine Schleppe aus lobenden, rühmenden Zurufen hinter sich her. Er hat sie aufgeschrieben, eine banale, den Stolz steigernde Strophe: »Bravo: so was freut einen wieder«, »Superb«, »Und dieses schöne ruhige Feuer«, »Ach kommen Sie bald wieder, das lautet gar zu gut«, »Schumann, du spielst doch köstlich«, »Famos«, »Ich erkenne in Ihnen einen außerordentlichen Meister an«, »Famos«, »Hätten wir lauter solche wie Sie«, »Superb«, »Vous jouez vraiment trop jolie pour les hommes«. Dann hört er Charlotte, ihre schöne, dunkle Stimme, die ihn eine Weile süchtig gemacht hat. Aber das ist vorbei. Nun zieht er sich, um voranzukommen, fortzukommen, zurück in das vertraute Labyrinth Jean Pauls, den Spielgrund seiner Musik. Er hört Tante Luise lesen, den »Siebenkäs«, er zieht sich mit der »Unsichtbaren Loge« auf die Steinbank im Garten von Niederaudorf zurück, läßt sich auf die Zweistimmigkeit ein, auf diese »Harmonien von Kraft und Milde«, und er schreibt eine Serie von Walzern, die »Papillons«, die zwischen den Seiten der geliebten Bücher zu leben beginnen, ihre durchsichtigen Flügel spannen, flatternd und flirrend in eine Welt aufbrechen, die ihm noch immer wie ein schmerzliches Fragment vorkommt. Es ist seine Welt.

Wie schon in seinen Improvisationen komponiert er Gesten, Bewegungen. Den ersten Zuhörern erscheinen die Stücke extravagant, ja exotisch. Das sind sie nicht. Er treibt den Individualismus auf die Spitze. Das romantische Wesen vervielfältigt sich und findet sich in bewegten Formen und Gestalten wieder.

Noch haben Florestan und Eusebius ihre Namen nicht. Anwesend sind sie schon.

Er hat sich einen Plan zurechtgelegt, den wird er von nun an entschlossen verfolgen.

Ich kann ihn aus Heidelberg nicht fortgehen lassen, ohne daß er die Gouvernante noch einmal trifft. Nicht verabredet, sondern zufällig, worauf die romantischen Romane sich stets verlassen.

Mon ami, sagt sie überrascht. Vor der alten Brücke laufen sie sich über den Weg. Er ist müde von einem letzten Gelage im »Adler«. Die Augen sind verschwollen, und die Wintersonne blendet ihn.

Wir haben uns ja schon Adieu gesagt. Er steht, die Hände in die Manteltaschen vergraben, und hat Mühe mit jedem Wort.

Sie haben recht. Einen zweiten Abschied sollte man vermeiden, sagt sie, er schmerzt oder er verstimmt.

Jetzt, da sie sich mit einem knappen, zögernden Schritt schon entfernen will, liebt er sie. Jetzt könnte eine Geschichte beginnen.

Wahrscheinlich werde ich von Ihnen hören, Monsieur.

Er verbeugt sich.

Sie aber bestimmt nicht von mir.

Die Hand schmerzt ihn; er hat zu viel geübt.

Zu Ostern fährt er nach Frankfurt, um den großen Paganini zu hören. Er besucht kein Konzert, sondern einen Hexensabbat, eine musikalische Initiation. Die Menschen um ihn herum gehen in Trance verloren wie er. Erst auf der Straße versucht er sich zur Ordnung zu rufen. Aber die Capricen dieser Violine haben sich in seinem Kopf festgesetzt und tönen weiter, weiter.

Die Musik hat ihn ganz in Besitz genommen.

Noch ist aber ein Widerruf zu leisten.

Am 11. November 1829 hat er, sich belügend, sein Gewissen beschwichtigend, der Mutter geschrieben: »Du sprichst von Musik und meinem Klavierspiele. Ach! Mutter, mit diesem ist es fast ganz aus und ich spiele selten und sehr schlecht, und die Fackel des schönen Genius der Tonkunst ist im milden Verlöschen und mein ganzes musikalisches Treiben kommt mir wie ein herrlicher Traum vor, der einmal war und an den ich mich nur noch dunkel erinnern kann.«

Sechzehn Tage später verzeichnet er in seinem Tagebuch: »Tonleitern, Studium der Alexander-Variationen – Gute Fantasie und wenig Aufmerksamkeit der Zuhörer.«

Am 30. Juli 1830, fünf Uhr morgens tritt der auf, den er verleugnet, nach dem er vergeblich gesucht und der sich längst gefunden hat: »Guten Morgen Mama.« Nun spart er das Wenn und Aber, spricht aus und legt sich fest: »Jetzt stehe ich am Kreuzwege und ich erschrecke bei der Frage: Wohin? Folg' ich meinem Genius, so weist er mich zur Kunst, und ich glaube, zum rechten Weg. Aber eigentlich – nimm mir's nicht übel, und ich sage es Dir nur liebend und leise – war mir's immer, als verträtest Du mir den Weg dazu, wozu Du Deine guten, mütterlichen Gründe hattest, die ich auch recht gut einsah und die Du und ich ›schwankende Zukunft und unsicheres Brot‹ nannten. Aber was ˌnun weiter? ... Ich stehe noch mitten in der Jugend der Phantasie, die die Kunst noch pflegen und adeln kann; zu der Gewißheit bin ich auch gekommen, daß ich bei Fleiß und Geduld und unter gutem Lehrer binnen sechs Jahren mit jedem Klavierspieler wetteifern will, da das ganze Klavierspiel reine Mechanik und Fertigkeit ist; hier und da hab' ich auch Phantasie und vielleicht Anlage zum eigenen Schaffen – – nun die Frage: Eines oder das Andere; denn nur Eines kann im Leben als etwas Großes und Rechtes dastehen; und ich kann mir nur die eine Antwort geben ... Blieb ich bei'm Jus, so müßte ich unwiderruflich noch einen Winter hier bleiben. ... Blieb' ich bei der Musik, so muß ich ohne Widerrede von hier fort und wieder nach Leipzig. ... Eine Bitte nun, meine gute Mutter, die Du mir vielleicht gern erfüllst. Schreibe Du selbst an Wieck in Leipzig und frage unumwunden: was er vor mir und meinem Lebensplane hält. Bitte um schnelle Antwort und Entscheidung, damit ich meine Abreise von Heidelberg beschleunigen kann. ... Daß dieser Brief der wichtigste ist, den ich je geschrieben ḥabe und schreiben werde, siehst Du und eben deshalb erfülle meine Bitte nicht ungern und gib bald Antwort. ...«

Er muß zwei Wochen warten, ungeduldig, in neue Zweifel verstrickt, gehetzt.

Sie gibt ihm nach, hat, wie er es wünschte, an Wieck geschrieben und seinen Brief beigelegt, macht aber aus ihrer Ansicht kein Hehl:

»Gehe seit dem Tode Deines guten Vaters Dein Leben durch, und Du mußt Dir sagen, daß Du nur Dir gelebt hast. Wie will und wird das enden?«

Ihre Frage hört er schon nicht mehr. Unverzüglich schreibt er Wieck, der zustimmte, ihn auszubilden und aufzunehmen: »Verehrtester! Nehmen Sie meine Hand und führen Sie mich – ich folge, wohin Sie wollen und will nie die Binde vom Auge rücken, damit es nicht vom Glanz geblendet werde. Ich wollte, sie könnten jetzt in mich sehen; es ist still drinnen, und um die ganze Welt haucht jetzt ein leiser, lichter Morgenduft.«

Hochgestimmt macht er sich auf. In Zwickau feiert er seine Mündigkeit. Die Brüder, die Mutter bleiben bei ihrer Skepsis. Rudel übergibt ihm die Verantwortung für sein schmaler gewordenes Erbe.

Als er im Oktober nach Leipzig kommt, bei Wieck als Untermieter einzieht, erwartet ihn Clara auf der Haustreppe sitzend, in einem eigentümlich festlichen Kleid.

Sie bleiben? fragt sie.

Ihr blasses Gesichtchen leuchtet im Halbdämmer.

Ich hoffe. Er setzt den Koffer neben ihr ab.

Sie ist noch nicht ganz zwölf.

Wieck ruft nach ihr: Clara!

Lauf, Clara.

Sie springt auf, tief ernst, und er sieht ihr nach: »Kaum drei Schuh hoch«, schreibt er, »liegt ihr Herz schon in einer Entwicklung, vor der mir bangt.«

9

Er steht vor dem geschlossenen Fenster und spricht gegen die Scheiben. Klingelfeld kann ihn kaum verstehen. Seit ein paar Tagen lallt Schumann wie ein Betrunkener. Die Ärzte sind der Ansicht, daß sich damit ein Versagen der Nerven ausdrücke. Klingelfeld hingegen ist sicher, Schumann benehme sich mutwillig so. Er möchte nicht verstanden werden. Deswegen sammle er in seinem Mund auch so lange Speichel, bis er über die Lippen fließe.

Plötzlich sagt Schumann ganz deutlich: Ich habe vor, heute auf Ihrem Sofa zu schlafen, Klingelfeld.

Dann werde ich ausziehen müssen.

Keineswegs. Ich verlange von Fräulein von Reumont, daß sie eine Matratze beschaffe, die man auf den Boden legen kann.

Der Gedanke erheitert ihn. Er lacht und drückt lachend sein Gesicht gegen die Fensterscheiben.

Ich habe gestern notiert, was ich in jüngster Zeit durch meine Kompositionen eingenommen habe. Wollen Sie die Rechnung sehen, Klingelfeld? Ich muß sie auch noch Doktor Peters und Doktor Richarz zeigen. Nicht, daß die Herren denken, mir gehe das Geld aus und ich könne mein Leben hier nicht mehr bezahlen. Das wäre lachhaft, Klingelfeld.

Er läuft zum Schreibtisch, wühlt in Papieren, stapelt Bücher um, legt Noten zusammen, doch die Listen findet er nicht. Er gibt auf. Klingelfeld fürchtet, er könne in Zorn ausbrechen, doch er verzieht sein Gesicht und macht mit dem Arm eine wegwerfende Bewegung: Sie müssen das auch nicht sehen,

Klingelfeld. Sie sowieso nicht. Wie konnte ich nur auf diese Idee kommen.

Er setzt sich, schiebt alle Papiere und Bücher zur Seite, legt auf den frei gewordenen Platz ein Blatt, nimmt die Feder und sagt zu sich selbst: Ich werde Clara schreiben. Geben Sie Ruhe, Klingelfeld, und lassen Sie mir Zeit.

Klingelfeld setzt sich auf das Sofa und läßt Schumann nicht aus den Augen. Noch hat er nicht begonnen. Noch kann er ungeduldig aufspringen, stammelnd, kann den Federhalter auf den Boden werfen, weil ihm der erste Satz nicht einfallen will. Aber er bleibt konzentriert, sein Rücken krümmt sich vor Eifer und Anstrengung, ab und zu ist ein Stöhnen zu hören, ein undeutliches Wort.

Klingelfeld beginnt vor sich hin zu dösen, wahrscheinlich wird Schumann den Brief Satz für Satz in Schönschrift wiederholen.

Schumann weckt ihn. Sie haben nicht aufgepaßt. Ich könnte es Doktor Richarz mitteilen. Ich könnte.

Klingelfeld nickt schuldbewußt. Er weiß nicht, in welcher Stimmung sich der Patient momentan befindet. Er bleibt vorerst wenigstens »gut gestimmt«.

Ich möchte den Brief selbst zur Post bringen. Melden Sie das bei Herrn Doktor Peters.

Warten Sie auf mich, Herr Schumann.

Wenn Sie nicht zu lange fortbleiben und Herrn Doktor Peters gleich mitbringen.

Schumann muß der Brief besonders wichtig sein. Sonst läßt er die Post meistens bis zur Visite liegen, und sie wird erst am nächsten Tag fortgebracht.

Doktor Peters liest den Brief, den ihm Schumann halb abgewandt überreicht: Klingelfeld wird mich begleiten, wenn ich ihn fortbringe.

Klingelfeld schaut Doktor Peters über die Schulter und liest mit.

Es ist erstaunlich, wird Doktor Peters am Abend, als sie sich vor dem Zimmer über das Befinden des Patienten unterhalten, sagen, wie gesammelt er sich noch ausdrücken kann. Er senkt die Stimme, als fürchte er, Schumann könnte hinter der geschlossenen Tür lauschen: Mir kommt es trotzdem vor, als habe er einen Abschiedsbrief geschrieben, als ahne er, bald nicht mehr imstande zu sein, sich so ausdrücken zu können.

Doktor Peters spricht aus, was Klingelfeld empfindet, als er mitliest. Ihn erfaßt eine Traurigkeit, die sich von Wort zu Wort verstärkt, so daß er am Schluß mit den Tränen kämpfen muß.

Das stimmt, Herr Doktor.

Nun lassen Sie ihn nicht länger allein. Er wird sicher schon auf Sie warten.

Obwohl er mich häufig zum Teufel wünscht.

Schumann hatte geschrieben, am 5. Mai 1855:

»Liebe Clara! Am ersten Mai sandte ich Dir einen Frühlingsboten; die folgenden Tage waren aber sehr unruhige; Du erfährst aus meinem Brief, den Du bis übermorgen erhältst, mehr. Es wehet ein Schatten darin; aber was er sonst enthält, das wird Dich, meine Holde, erfreuen. Den Geburtstag unseres Geliebten wußt ich nicht; darum muß ich Flügel anlegen, daß die Sendung noch morgen mit der Partitur ankommt.

Die Zeichnung von Felix Mendelssohn hab ich beigelegt, daß du sie doch ins Album legtest. Ein unschätzbares Andenken! Leb wohl, Du Liebe! Dein Robert.«

Sie brachten den Brief gemeinsam zur Post. Unterwegs fiel Schumann ein, daß er vergessen hatte, das Mendelssohn-Porträt beizulegen. Er blieb stehen, schlug Klingelfeld in den Rücken: Was soll sie von mir denken. Wir müssen zurück, das Blatt dazu packen.

Klingelfeld gelang es, ihn zu beruhigen. Er müßte ohnedies das Geschenk, von dem er in dem Brief spreche, wohl für Herrn Brahms, morgen absenden. Dann könne er die Zeichnung dazu legen.

Diesen Vorschlag akzeptiert er. Manchmal sind Sie mir sogar eine Hilfe, Klingelfeld.

Die ist er in der Nacht schon nicht mehr. Schumann, der tatsächlich sein Sofa in Beschlag genommen und ihn auf eine Matratze verbannt hat, beginnt zu schreien, wehrt sich gegen Dämonen, die an seinen Armen zerrten und rüttelten, fällt vom Sofa, und Klingelfeld, der an dem Lärm aufgewacht ist, eilt ihm zur Hilfe. Schumann ist von allein wieder auf die Beine gekommen, packt einen Stuhl, wirft ihn gegen seinen Wärter. Verschwinden Sie, Sie Schurke. Sie haben versucht, mich zu vergiften. Sie haben mich bestohlen. Meine Partitur ist weg. Sie haben sie beiseite geschafft.

Den letzten Satz hat Klingelfeld, der den Stuhl neben der Tür abstellt, kaum mehr verstanden. Schumann artikuliert nicht mehr, starrt ihn mit weit aufgerissenen Augen an.

Ich bitte Sie, beruhigen Sie sich. Die Schmerzen in den Armen werden vergehen.

Schumann streckt die Arme aus wie ein Nachtwandler, betrachtet sie wütend, schüttelt den Kopf. Vermutlich will er Klingelfeld erklären, daß er sich irre, es gar keine Schmerzen seien, sondern die Dämonen Schuld daran trügen.

In kleinen Schritten, wachsam, geht Klingelfeld auf Schumann zu, der noch immer mit abwehrend ausgestreckten Armen dasteht.

Es ist erst zwei. Gehen Sie bitte wieder schlafen, Herr Schumann.

Der schaut ihn entgeistert an, außer sich oder sterbensmüd.

Erst zwei? Wie komme ich dazu, Klingelfeld?

Sie sind erregt gewesen.

Anscheinend ist Schumann daran, sich zu beruhigen. Doch als Klingelfeld ihn an der Hand fassen will, weicht er zurück, stößt das Licht vom Tisch.

In der plötzlichen Dunkelheit sucht Klingelfeld nach der Wand, um halbwegs sicher zu sein. Er hört Schumann atmen. Das Keuchen geht in Wimmern über.

Machen Sie doch endlich Licht, Klingelfeld. Ich sehe nur noch ekelhafte Schlieren.

An der Wand entlang tastet sich Klingelfeld zur Tür, öffnet sie, und vom Gang fällt ein Lichtstreif herein.

Schumann, ein ungefüger Schatten, kniet sich nieder: Ich habe die Kerze. Mir fehlt nur ein Zündholz. Die habe ich bei den Zigarren.

Widerstandslos reicht er Klingelfeld das Licht. Er zündet die Kerze an.

Erleichtert läßt Schumann die Arme hängen, die eben noch von Dämonen gequält wurden: Ich möchte jetzt wieder schlafen.

Sagen Sie, Klingelfeld, wäre es nicht Zeit für mich abzureisen? fragt er am nächsten Morgen beim Frühstück. Er hat sich geweigert, ein frisches Hemd anzuziehen, obwohl Klingelfeld ihm mit großer Vorsicht klar gemacht hat, daß er sein Hemd nun schon eine Woche trage und es ziemlich verschmutzt sei.

Ohne auf Schumanns Frage einzugehen, sagt er: Wir können später im Garten spazieren.

Schumann überrascht ihn mit einem völlig neuen Vorhaben. Ich werde, erklärt er mit großem Ernst und legt seine Hand auf die Klingelfelds, alle meine Bücher einpacken und nach Düsseldorf schicken. Ich brauche sie nicht, und sie könnten mir gestohlen werden. Ein paar sind sowieso schon verschwunden.

Langsam zieht Klingelfeld seine Hand unter der Schumanns weg. Sollten wir das nicht aufschieben? Für heute hat sich Herr Joachim angesagt.

Da haben Sie recht, Klingelfeld.

Er erhebt sich und läuft, ohne weiter auf Klingelfeld zu achten, das angebissene Brot auf den Teller werfend, zum Fenster. Mein Freund Joachim! Ohne sich zu regen, bleibt er wie ein schwarzer Turm vor der Scheibe. Er rührt sich nicht mehr, bis Joachim klopft.

Heute müsse er ihm auf dem Klavier vorspielen.

Joachim folgt ihm ins Musikzimmer. Schumann sucht nach den Noten, der »Kreisleriana«, die sich, so habe er es angeordnet, auf dem Pult neben dem Flügel befinden sollten.

Klingelfeld, brüllt er. Dieser Esel!

Betroffen sieht sich Joachim nach Klingelfeld um, der, ohne auf Schumann zu achten, zu der Stellage eilt und die gesuchten Noten holt. Wortlos schlägt Schumann das Heft auf und beginnt zu spielen. Es ist das zweite Stück. Das liegt mir sehr, sagt er. Er bringt es aber nicht zu Ende. Unvermittelt zieht er die Hände von den Tasten. Ich bin sehr müde, murmelt er, kaum noch verständlich.

Ich komme in vier Tagen ja schon wieder, tröstet ihn Joachim, was ihm auch gelingt: Die Aussicht, bald wieder besucht zu werden, mindert den Verdruß und die Erschöpfung. Joachim begleitet seinen Freund aufs Zimmer und bleibt noch eine Weile schweigend bei ihm.

Nachdem er sich von Schumann verabschiedet hat, fragt er Klingelfeld vor der Tür, ob diese unverständliche Ausdrucksweise zunehme. Klingelfeld kann das nicht eindeutig beantworten, weil er, wie er betont, den Tag und die Nacht mit dem Patienten verbunden sei: Ich kann ihn verstehen, wenn andere nur noch Gelall vernehmen.

Während eines Spazierganges nach Bonn – Schumann hält sich beinahe die ganze Zeit ein Taschentuch vor den Mund – kommt Klingelfeld auf Joachim zu sprechen, seine leise und vornehme Art, und sagt dann, daß die beiden Herren ihm wohl die liebsten Freunde seien, um vieles jünger als er. Worauf Schumann erst krampfhaft ins Taschentuch lacht, sich danach den Mund abwischt und ungewöhnlich locker und artikuliert sagt: Darüber sollten Sie einmal nachdenken, Klingelfeld. Das hat schon seine Gründe.

Ein paar Tage später kann er sich über die Reaktion Schumanns mit Doktor Richarz unterhalten.

Er erklärte Ihnen nichts? fragt Richarz.

Nein. Ich solle darüber nachdenken.

Ich nehme an, er ist stolz, mit diesen jungen Künstlern so eng verbunden zu sein. Er hält sich für ihren Mentor, was er im Falle von Brahms wohl auch ist – oder besser gesagt: war.

Klingelfeld denkt an die rührende Zärtlichkeit, mit der Schumann besonders Brahms zu empfangen pflegt, wenn er auch nicht ausdauernd sein kann und sich manchmal vergißt.

Von Schumann wird er in seinem Zimmer ausgesprochen heiter erwartet: Endlich, Klingelfeld. Setzen Sie sich und trinken Sie ein Glas Rheinwein mit mir. Der Rote, den Doktor Peters vorzieht, bekommt mir nicht. Morgen werde ich wieder am Klavier üben. Heute geht mir der Mont Blanc nicht aus dem Kopf. Wie kann ein Berg nur so eisig sein, Klingelfeld, so eisig.

10
Ich hab im Traum geweinet
(Wie aus der Ferne)

Kaum ist er in die Grimmaische Straße eingezogen, hat seinen Unterricht, sein Klavierstudium bei Wieck aufgenommen, die alten Freunde alarmiert und die alten Knillitäten wieder auszukosten begonnen, da taucht sie auf, eine mit Namen versehene Spur im Tagebuch, ein Geschöpf ohne Herkunft. Wo kommt sie her, aus welchem Haus in der Stadt, aus welcher Straße? Sie besucht ihn, nie er sie.

Sie muß atemlos erschienen sein und ihn überrumpelt haben; anders als alle die anderen jungen Frauen, mit denen er getanzt, die er geküßt und angebetet hat, für längere oder kürzere Zeit. Vielleicht ist sie älter als er; vielleicht aber auch nur wacher, durchtriebener und ihrer Sinnlichkeit gewiß. Eine, die sich die Freiheit nimmt, zu besitzen und zu verlieren, die auf Dauer gar nicht lieben kann, aber dauerhafte Verletzungen hinterläßt. Christel nennt er sie. In seinen Leipziger Tagebüchern erwähnt er sie dreiundzwanzig Mal. Es sind knappe Notizen, zwischen Erwartung und Schrecken gespannt. Gleich die erste, am 12. Mai 1831, ist eingeschwärzt von Unruh und Bedrohlichkeit: »Nachmittag Christel blaß – Mittheilungen – nur Schuld gebiert die Nemesis.« Zum letzten Mal erwähnt er sie Anfang 1837 mit einem Satz, da hat sie längst den Namen, den er ihr an dem Tag, als er die Davidsbündler in seiner Phantasie zusammenrief, gab: Charitas. Was er meint, woran er sich erinnern will, bleibt rätselhaft und erschließt sich, wenn überhaupt, erzählend: »Charitas vorgesucht und Folgen davon im Januar 1837.«

Alle seine Freunde kennen sie. Er hört von ihr, bevor er ihr begegnet. Im »Kaffeebaum« bediene neuerdings ein Mädchen, das von allen begehrt werde und das niemandem gehöre. Vielleicht habe sie einen unbekannten Freund oder Gönner. Vielleicht seien ihr die Männer auch gleichgültig. Man müsse sie nicht unbedingt schön finden – obwohl nicht wenige dieser Meinung seien –, aber sie strahle eine Anziehung aus, eine aufregende Körperlichkeit, der so leicht nicht zu entgehen und die so rasch nicht zu vergessen sei.

Renz, Rascher und Glock, die alten Kumpane, begleiten ihn im Oktober 1830 auf seinem ersten Gang zum »Kaffeebaum«. Es ist der vertraute Weg und doch verändert, nicht mehr vom Brühl, sondern von der Grimmaischen Straße, über den von abendlichen Flaneuren belebten Markt, durch die Barfüßergasse zur Fleischergasse, die ihn mit vielfältigen, auch beschämenden Erinnerungen empfängt.

Die Abendkälte kriecht unter die Kleider. Sie haken sich beieinander ein, wärmen sich aneinander, an ihren Aufschneidereien, ihrem Gelächter.

Sie ist nicht da, stellt Glock, der als erster das Lokal betritt, enttäuscht fest, doch ein Unbekannter tröstet ihn und die Freunde, die ihm folgen: Wenn du die Christel meinst, die steckt gerade im hinteren Zimmer.

Sie tritt auf, hat ihre Bühne und kennt ihr Publikum. Nur diesen einen unter den Gaffern, der sie schwer und dumpf, in einem großen Leib steckend, anstarrt, den kennt sie nicht. Er steht ihr im Weg.

Machen Sie mal Platz, sagt sie und hebt das Tablett mit den Gläsern über den Kopf, spielerisch. Er kann sich nicht rühren, kann nichts sagen. Glock, dem solche Zustände inzwischen vertraut sind, versucht, ihn beiseite zu schieben. Robert, halte die Christel doch nicht auf.

Der Robert halte sie keineswegs auf, sagt sie zur Überraschung aller, sie komme durch, wenn sie wolle. Nichtwahr? fragt sie, sich an Schumann wendend.

Der kämpft mit seiner schwer gewordenen Zunge und nickt ihr eifrig zu.

Fehlt ihm was? fragt sie.

Manchmal verschlägt es ihm die Sprache. Glock ist neben Schumann getreten, legt ihm den Arm um die Schulter. Das darf doch in diesem Fall auch erlaubt sein.

Meinst du damit mich? Sie hebt das Tablett noch um eine Spur höher.

So ist es.

Das laß ich mir gefallen. Sie lacht und schaut Schumann mit einem Blinzeln in die Augen.

Worauf sich endlich seine Zunge löst. Bitte, sagt er und tritt zur Seite, von allgemeinem Gelächter begleitet.

Er hat sie mit Blicken verschlungen, und wenn ihn die Freunde bäten, er solle sie mit geschlossenen Augen schildern, sie porträtieren, er könnte es. Nur in einem ist er sich nicht sicher. Fragte man ihn, wie er ihr Alter schätze, so könnte er sie genausogut für fünfundzwanzig wie für fünfunddreißig halten.

Er sieht sie in diesem Moment schöner und herausfordernder, als sie in Wirklichkeit ist. Sie geht mit dem ganzen Körper, nicht mit kleinen, sondern mit ausholenden, die Hüften und die Brüste bewegenden Schritten. Sie trägt sich vor, geht ihm durch den Kopf, als er sie zwischen den Tischen laufen sieht. Und er denkt es nicht ohne Eifersucht.

Auf einem auffallend langen Hals sitzt ein schmaler Kopf; das Gesicht fällt in seinen Details auseinander, das kleine

Kinderkinn unter dem üppigen Mund, die Bäckchen neben der schmalen, geraden Nase, die hohe schutzlose Stirn über den kaum sichtbaren Augenbrauen und den großen Augen mit der dunklen Iris, in der die Pupille aufgeht.

Die Freunde haben im Jahr seiner Abwesenheit die Plätze warm und den Stammtisch in ihrem Besitz gehalten – in der Ecke, neben der Theke. Sie hat es nicht weit zu ihnen und hält sich meistens in ihrer Nähe auf. Dennoch unterhalten sich die Freunde über sie, als sei sie nicht anwesend oder schon Legende. Es ist ihnen gleichgültig, ob sie ihnen zuhört oder nicht, da sie wissen, daß sie sich sowieso ihren Reim auf ihr Geschwätz macht.

Nun nachdem er wieder in der vertrauten Runde am vertrauten Ort sitzt und sich doch alles durch die Christel verändert hat, begreift Schumann, weshalb: Sie wirkt selbst hier provozierend frei, beinahe wie eine Aussätzige.

Die Knillität wächst sich aus. Er nimmt nicht mehr wahr, wer bleibt, wer verschwindet. Nur Glock weicht nicht von seiner Seite. Er hat ihn im Spaß zu seinem Leibarzt erklärt, ohne zu ahnen, wie bald es damit ernst sein würde.

Sie halten aus, bis die letzten Gäste hinaus sind, der Wirt in die Hände klatscht und mit den Gendarmen droht, bis Christel die beiden Ausdauernden vor die Tür begleitet, Schumann resolut unter den Arm faßt und Glock ebenso entschieden verabschiedet: Den bring ich schon nach Hause.

Glock gönnt seinem Freund diese schöne Vergünstigung, verabschiedet sich aber mit der Bitte an Christel, auf den Freund aufzupassen, es handle sich nämlich um ein Genie.

Das sei ihr im Laufe des Abends bereits zweimal gesteckt worden. Was immer ihm nachgesagt werde, besoffen sei er ganz bestimmt.

Sie läßt sich und ihm Zeit.

Auf dem Markt, über dem die Sterne stehen wie Lichter unter einem tiefen Zeltdach, löst er sich aus ihrem Griff, geht schwankend ein paar Schritte allein, atmet begierig die eisige Luft ein, bis es ihm schwindelt. Da hält sie ihn schon wieder, ohne ein Wort zu sagen. Sie ist beinahe so groß wie er. Er spürt ihre Kraft, ihre Wärme.

Glock hat mir gesagt, wo Sie wohnen.

Kennen Sie ihn schon lange? fragt er.

Seit ich im »Kaffeebaum« bediene. Da bin ich erst seit ein paar Wochen. Sie redet ein breites Leipziger Sächsisch.

Und vorher? fragt er, obwohl er ihre Antwort schon ahnt.

Die bekommt er nach einer Weile auch zu hören: Das ist doch egal.

Wirklich?

Sie drückt sich spürbar enger an ihn. Von mir werden Sie es nicht erfahren.

Er hat davon geträumt, einmal am Arm einer jungen, verführerischen Frau nach Hause zu kommen, sie, ohne zu fragen, mit aufs Zimmer zu nehmen und ohne Angst zu lieben.

Als sie vor dem Wieckschen Haus anlangen, packen ihn die Skrupel. Es war sehr liebenswürdig von Ihnen, sagt er.

Sie steht vor ihm. Ihr Gesicht hauchnah dem seinen.

Mir zu helfen, setzt er kleinlaut hinzu.

Sie verzieht den Mund etwas. Nun haben Sie plötzlich Schiß. Das ist doch so. Aber vor wem, frag ich mich? Sie faßt ihn an den Schultern. Vor mir? Vor sich selber oder vor Ihrem Hauswirt, dem Wieck?

Sie macht es ihm leicht, hilft ihm über seine Bedenken hinweg. Er lehnt seine Stirn an die ihre. Vor allen dreien.

Es kommt ihm vor, als sehe er die Frau und sich vor dem

Wieckschen Haus – wie auf einem Bild, das er erinnert: in den schwarzen Mänteln wie ein Turm mit zwei Köpfen, um den plötzlich ein weißer Spitz kreist und zu kläffen beginnt.

Vor dem Hund fliehen sie auf Zehenspitzen ins Haus. Sie versteht es, lautlos zu sein, sich unsichtbar zu machen.

Er müsse kein Licht anzünden. Behutsam drückt er die Tür zu, dreht den Schlüssel um.

Wir sehen so genug, sagt sie und knöpft ihm den Mantel auf. Zieh ihn aus, sagt sie und faßt ihn an der Hand: Bring mir dein Zimmer bei, sagt sie, sei aber leis.

Mit einem Mal ist er nüchtern. Ihr Wunsch macht ihn heiter und selbstsicher.

Viel müssen Sie nicht lernen.

Es gelingt ihm nicht wie ihr, vom Sie einfach zum Du zu springen. Aufpassen, wir könnten den Tisch umrennen, warnt er. An dem arbeite, esse ich und stiere manchmal auch vor mich hin. Immerhin stehen mir vier Stühle zur Verfügung. Ich kann also nach Belieben den Platz wechseln, falls nicht die Wieckschen Kinder auf Besuch sind und eine Gespenstergeschichte erzählt bekommen wollen.

Und weiter? Sie drückt seine Hand und zieht ihn um den Tisch herum. Die Augen haben sich an die Dunkelheit gewöhnt, und allmählich werden Konturen sichtbar.

Auf dem Tisch steht noch eine angebrochene Flasche Rotwein.

Er beginnt den Druck ihrer Hand zu beantworten.

Mögen Sie?

Aber ja, sagt sie.

Er läßt sie los, findet, ohne anzustoßen, zum Schrank, holt ein Glas heraus und drückt es ihr in die Hand. Schenken Sie sich selber ein. Ich könnte daneben gießen.

Und du? fragt sie.

Wenn Sie mir erlauben, mit aus Ihrem Glas zu trinken?

Sie gießt ein, setzt das Glas an die Lippen, sagt: Nur, wenn Sie das Siezen bleiben lassen, Herr Schumann.

Ich habe Durst. Also bleibt mir nichts anderes übrig.

Sie hebt das Glas zwischen ihren Mund und den seinen. Prost Robert! sagt sie.

Prost Christel, erwidert er, nimmt ihr das Glas aus der Hand und trinkt es in einem Zug aus.

So war das nicht gedacht.

Ich hab auch nichts gedacht. Die Wärme steigt ihm in den Kopf. Soll ich ihr überlassen, mich zu umarmen? fragt er sich.

Warum nicht, antwortet er sich.

Sie kann ihn nicht hören und hört ihm doch zu. Sie nimmt ihn in die Arme, küßt ihn auf die Stirn, auf die Backen und zuletzt auf den Mund und läßt ihn nicht mehr los, bis sie auf sein Bett fallen.

Das ist viel zu schmal für zweie, stellt sie mit gespielter Entrüstung fest.

Der Wieck hat sich dabei schon was gedacht, flüstert er und fängt an, sich auszuziehen.

Und ich? fragt sie.

Es ist das erste Mal. So hat er es sich ausgemalt, gewünscht. So hat er davon geträumt. Nur sollte es ungestümer geschehen, atemloser und wüster.

Sie greift ihn nicht an, geht vorsichtig mit ihm um.

Er spürt ihren Körper an seinem. Nein, er spürt seinen Körper an ihrem, und eine andere Hitze steigt in ihm hoch als in seinen Wachträumen. Es ist eine beinahe mörderische Wut.

Geh lieber, bittet er, gegen alle Wünsche, die ihn einnehmen und krümmen.

Sei doch nicht albern. Sie umschlingt ihn mit den Armen und drückt ihn gegen sich. Es kommt ihm vor, als wachse er in sie hinein.

Bitte nicht. Er versucht sich loszumachen, aber sie hält ihn fest. Ihr Gesicht liegt unter seinem, und ehe er sie küßt, drückt er mit seiner Stirn wütend gegen die ihre.

Du tust mir weh, sagt sie.

Das will ich auch. Er möchte sie sich austreiben, möchte zurückkehren zu Liddy, die ihn zwar ebenso herausforderte wie diese Christel, aber es nie so weit kommen ließ. Vielleicht, weil sie unter ähnlichen Ängsten litt wie er, oder weil es ihr genügte, in Gedanken geliebt zu werden.

Er spürt ihr Lachen durch die Haut. Bist du nun ein Mann, oder bist du bloß der verrückte Schumann?

Bloß? Er stemmt sich auf den Armen hoch, berührt sie nicht mehr. Ich bin mir schon genug.

Sie schweigt, folgt mit ihrem Leib dem seinen, holt ihn zu sich zurück, streichelt ihn, zeigt ihm mit ihrer Umarmung, daß sie ihn nicht noch einmal loslassen wird. Er ist gefangen, die Lust wühlt sich in sein Hirn und stiehlt ihm den Willen. Er wehrt sich nicht mehr. Ich bin eine Maschine, geht es ihm durch den Kopf, und er schämt sich. Er bewegt sich mechanisch, wie in einem Schüttelkrampf, irgendwann hört er sie schreien und sich, sehr entfernt, aufstöhnen.

Sie gibt ihn frei. Er rollt von ihr herunter, liegt auf dem Rükken, atmet gegen die Atemlosigkeit, faltet die Hände über der Brust und stellt sich vor, er liege auf dem Totenbett. Nein, sagt er.

Doch, doch, sagt sie. Sie sagt: Lieber Robert – und bricht mit ihrer Hand seine gefalteten Hände auf. So möchte er immer angeredet sein, so zärtlich und so verwandt, von allen, die ihn begleiten, gern haben, lieben werden, nur wird er sich schon wenig später beklagen, es nicht mehr zu hören, was ihn freundlich stimmt, beschwichtigt und stärkt: Lieber Robert.

Er schläft mit ihr ein und wacht ohne sie auf. Sie hat sich, wohl kundig in solchen Abschieden, irgendwann nachts lautlos davongestohlen.

Von nun an wird sie ihn besuchen kommen. Nicht, wenn er es wünscht, sondern wenn es ihr paßt. Es verlangt ihn mehr und mehr nach ihr. Sie hat ihn süchtig nach der Liebe gemacht, aber auch krank von ihr.

Manchmal, wenn er sie aus seinen Gedanken vertreiben möchte, endgültig, wie er sich befiehlt, erzählt er den Wieckschen Kindern Gutenacht-Geschichten. Der »zweiten Mutter«, Clementine Wieck, sind diese Geschichten zwar nicht geheuer, Wieck hingegen findet, Schumanns Albernheiten könnten den Kindern nicht schaden.

Insgeheim wendet er sich auch nur an Clara, nicht an Victor und Gustav. Inzwischen hat er sie in ihrem ersten Konzert gehört, nur wenige Tage, nachdem er bei Wiecks eingezogen war. Sie hat auch eine eigene Komposition gespielt, Variationen über ein originales Thema. Sie saß ferngerückt auf dem Podium, und er erinnerte sich an die erste Begegnung bei Carus. Trat hier noch immer das aufziehbare Püppchen auf, Olympia? Er versucht sich, gegen sein Erstaunen, seine Bewegung einzureden, bis er der Zwölfjährigen gratuliert, sich über das klare Gesicht beugt und über das alte Lächeln in ihren Augen erschrickt. »Kaum drey Schuh hoch liegt ihr Herz schon in einer Entwicklung, vor der mir bangt.«

Christel, die es verschmäht, ihn nach der ersten Nacht gleich weiter zu verwöhnen – dir geht's doch nicht gut, hast du alle

Welt wissen lassen –, taucht unerwartet in dem Paganini-Konzert auf, das ihn umtreibt, das anregend in ihm nachklingt und, wie er glaubt, ihn auch heilt.

Ich bin umgezogen, sagt er, an »Rudolphs Garten«.

Sie steht nah vor ihm, den Mund spöttisch verzogen. Ich hab's gehört, von dir, im »Kaffeebaum«. In der neuen Wohnung lauschen wohl nicht mehr so viele Ohren und Öhrchen, wenn die Bettlade knarrt.

Brüsk wendet sie sich ab und läßt ihn stehen. Er hat ihr nicht antworten können, wieder einmal nicht. Ich verachte dich, schreit es in seinem Kopf, und ebenso laut widerspricht er dieser einen Stimme, nun ein anderer: Nein, ich liebe dich. Er hört sie »lieber Robert« sagen.

Zuerst nahm er die Schmerzen, das Jucken und Brennen nicht ernst. Sie plagten ihn genau dort, wo er sich nicht geheuer war, trachtete, sie wenigstens tagsüber zu vergessen. Wem konnte er sich anvertrauen? Abends jedoch, wenn er sich schlafen legte, nachdem er den Eiterpickel und die offenen Stellen, die Rötungen an seinem Glied mit einem schnellen Blick betrachtet hatte, abends wurden die Qualen unausstehlich.

Als Glock ihn mit einem Bündel Schubert-Noten überfiel – das könnten wir miteinander versuchen! –, überwand er seine Scham, redete stotternd auf den Freund ein: Schließlich bist du ja jetzt fertig mit dem Studium, fast fertig, mußt dich also in der Medizin auskennen. Vielleicht kannst du Abhilfe schaffen oder so ähnlich, sagte er, vielleicht, sagte er und verwirrte Glock derart, daß er sich verabschieden wollte.

Bleib, Glock, sagte er.

Du hast Schmerzen, Robert, du fühlst dich krank. So weit hab ich dich verstanden.

Schau, sagte er, und zog mit einem Ruck Hose und Unterzeug herunter. Dabei starrte er auf das Glied mit der Eiterpustel. Es war angeschwollen, blau und rot gefärbt.

Du lieber Himmel. Glock ließ sich aufs Sofa fallen und musterte mit offenem Mund, was Schumann ihm demonstrierte. Wo hast du dir das geholt? Bei wem? Glock senkte die Stimme, als fürchtete er, belauscht zu werden.

Nun drückte der Gaumen wieder auf die Zunge, schlimmer noch: Die Wörter zersprangen schon im Kopf, und anstelle jener hörte er eine Art Tanz, Veitstanz, Totentanz, zweistimmig oder zweiköpfig oder vierbeinig. Er zog die Hosen hoch, ohne sie zu binden, lief ans Klavier: Hör zu, Glock. Er spielte einen auftrumpfenden und schrecklich stolpernden Tanz. Glock, der ihm entgeistert mit den Blicken folgte, rief in Schumanns Spiel hinein: Das ist grandios und macht mir zugleich Angst. Schreib es doch auf, Schumann.

Ich und ich. Schumann zog, als fiele es ihm sehr schwer, die Hände von den Tasten. Du hast gefragt, Glock, bei wem ich mir das geholt haben könnte.

Ja, mein Lieber, mir schwant schon was.

Aber ich liebe sie.

Glock schüttelte sich, stand auf: Zeig mir die Wunde nochmal. Ich bitte dich.

Es fiel ihm nicht mehr schwer.

Glock brachte ihm noch am Abend ein Gläschen mit Narzissenwasser, mit dem er die offenen Stellen befeuchten solle. Es lindere den Schmerz und sorge für rasche Heilung. Allerdings könnte es in den nächsten Jahren immer wieder zu Ausschlägen kommen, warnte ihn Glock.

Er hat es ihr mitgeteilt. Er sei krank von ihr.

Sie habe ihm blaß und erschrocken zugehört.

»Nur Schuld gebiert die Nemesis«, schreibt er nach dem Gespräch ins Tagebuch.

Glock fragt ihn gelegentlich nach dem Befinden, hält ihm aber nicht vor, daß er sich weiter mit dem Mädchen abgebe.

Ich nenne sie jetzt Charitas, verbessert er den Freund, als er auf Christel zu sprechen kommt.

Warum das, Robert? Sie gehen über den Markt, zum »Kaffeebaum«. Glock ist stehen geblieben und blickt dem Freund kopfschüttelnd nach. Der kehrt nach ein paar Schritten um, spuckt die halbgerauchte Zigarre auf den Weg, nimmt Glock in die Arme: Charitas, die Barmherzige! Ich brauche sie, Glock. Niemand liebt mich so wie sie.

Sie tat es über Jahre. Erschien, wenn sein Verlangen nach ihr schon umschlug in verzweifelte Wut, erlöste ihn, wie sie behauptete, und ging. Da hatte er sich schon mit Ernestine verlobt und wieder getrennt von ihr. Da war das Kind Clara ihm schon entgegengewachsen.

Jedesmal, wenn er mit ihr schlief, vermerkte er es in seinem Tagebuch. So, wie er es später bei Clara tat. Mit einem Geheimzeichen, das den mechanisch zappelnden Leib verschweigen, an die Liebe aber doch erinnern möchte.

Sie klopft nicht an die Tür, sie lehnt sich gegen sie, und er hört sie atmen.

Komm, bittet er leise.

Bist du heute Florestan? fragt sie.

Ich weiß, dir ist Eusebius lieber. Er steht am Fenster, schaut ihr entgegen: Meine Charitas, sagt er.

Sie hebt warnend die Hand. Nicht, bitte nicht. Ich will, was immer du auch anstellst mit mir, die Christel bleiben.

Er hat mit ihr, wenn sie Atem schöpften und sich, nebeneinander liegend, voneinander ausruhten, im »Buch der Lieder« Heines gelesen, nach dessen Gedichten sie süchtig sei. Eines konnte sie nicht genug oft aufsagen. Es sei ihr Lied:

> »Ich hab im Traum geweinet,
> Mir träumte, du lägest im Grab.
> Ich wachte auf, und die Träne
> Floß noch von der Wange herab.«

Er fragte sie nur einmal, wer in diesem Lied um wen weine.

Ich hab dir's doch gesagt. Es ist mein Lied. Und ich hab im Traum geweinet.

Je unglücklicher ihre Liebe wurde, umso heftiger begehrte er sie.

Bis sie sich im »trüben Sommer« 1836 wieder trafen. Sie hatten sich seit längerem nicht gesehen. Nun brauchte er sie. Das Verhältnis zu Clara, zu dem Kind, hatte sich verändert, trotz der Einwände Wiecks. Er war entschlossen, sich mit ihr zu verbinden, gegen den Vater.

Noch einmal: Charitas.

Er ist ihr zufällig, an der Pleißenburg, in die Arme gelaufen, und sie haben sich, obwohl sie längst über jeden Abschied hinaus waren, verabredet. Er fragt sie nicht, wie sie lebe und wo. Sie schweigt ohnehin.

Sie schlafen miteinander. Die Wunde, die verschwunden ist, beginnt wieder zu schmerzen.

Erinnerst du dich an mein Gedicht? fragt sie.

Ich höre es. Oft.

Vergiß mich, bittet sie zum Abschied.

Wie könnte ich es, Charitas.

Sie verschwindet im Morgengrauen, ein durchsichtig werdender Schatten.

»Charitas vorgesucht und Folgen davon im Januar 1837«, steht im Tagebuch.

11

Endenich, 7. 6. 1855 – 11. 7. 1855

Sobald Klingelfeld sich aus dem Zimmer entfernt, beginnt Schumann neuerdings nach ihm zu rufen, zu lärmen, zu greinen. Hält er sich jedoch bei ihm auf, beklagt er sich über seine Anwesenheit und möchte allein sein.

Klingelfeld störe ihn beim Komponieren, beim Briefeschreiben, beim Ordnen der Noten. Außerdem begreife Klingelfeld nicht, daß er, wenn er mit ihm rede, nicht mit ihm rede, sondern mit einem anderen, den er nicht kenne und deshalb auch nicht erkennen könne. Dieser andere habe, wie er, Töne im Ohr, diese verflixte falsche Musik, und sie könnten sich gegenseitig trösten. Das könne Klingelfeld nicht.

Doktor Richarz, dem Klingelfeld das merkwürdige Doppelgängerspiel Schumanns schildert, gibt ihm den Rat, den Kranken nicht zu ärgern, indem er sich in die Scheingespräche mische, er solle sich vielmehr zurückhalten und nur eingreifen, wenn der Patient außer sich gerate und sich womöglich selbst verletzen könne.

Der Unsichtbare trat zum ersten Mal nach einem glücklichen Moment auf: Doktor Richarz überraschte den Patienten mit Briefen von zu Hause. Post von Ihrer Frau, lieber Herr Schumann. Und der Kranke schloß ihn vor Freude in die Arme, ließ ihn eine Weile nicht mehr los, schnaufte, bis er ihn bat, ihn mit den Briefen allein zu lassen. Er müsse sich ohnehin erst einmal aufs Sofa setzen und beruhigen, ehe er lesen könne. Ich habe so lange gewartet, seufzte er.

Richarz ging, und Klingelfeld verschwand im Schatten neben

der Gardine, um den Kranken nicht durch seine Gegenwart zu verdrießen.

Lange hielt Schumann die Blätter nur in der Hand, ohne sie zu lesen. Ab und zu drückte er sie an die Lippen. Einmal sagte er, das Papier noch vorm Mund: Und keiner kennt mich hier.

Am Abend ließ er sich ohne weiteres zu Bett bringen, doch in der Nacht stand er mehrmals auf, weckte Klingelfeld, bat ihn, mit ihm umherzugehen, legte sich aber nach einigen Gängen durchs Zimmer widerstandslos wieder hin und seufzte dabei jedesmal: Wenn ich's nur wüßte, Klingelfeld.

Er ging nicht darauf ein, sondern achtete nur darauf, daß Schumann gut zugedeckt lag.

Den Tag darauf hielt er das Sofa besetzt, schien auf einen Besuch zu warten, der ihm allerdings nicht angekündigt war, blätterte in Noten, die er sich von Klingelfeld heraussuchen ließ, die Kulmann-Lieder, opus 104 und die Dritte Symphonie, opus 97. Als Klingelfeld zwar Kulmann-Lieder fand, doch unter opus 103, wurde er wütend. Ob er nicht lesen könne. Dies sei das falsche opus.

Klingelfeld geriet in Panik, wühlte in dem Notenstapel und atmete auf, als er die anderen Kulmann-Lieder fand.

Dann, in der Nacht, erscheint der Unsichtbare zum ersten Mal.

Kannst du's sehen, hört er Schumann, schau her, schau her, du Wicht.

Klingelfeld setzt sich schlaftrunken auf und sieht im Frühlicht Schumann neben dem Bett stehen und die Nachtkommode über den Kopf stemmen.

Siehst du! Ich habe mehr Kraft, als du mir zutraust, du alter Wüstling.

Erst jetzt begreift Klingelfeld, daß Schumann nicht ihn meint, er diesen Kraftakt jemandem vorführt, der nicht zugegen ist: Einem Unsichtbaren. Er hält mitten im Zimmer regungslos an, um den Patienten nicht zu erschrecken.

Ich bin ein Wüstling, hört er, sag es mir nur immer wieder. Es wird nicht besser mit mir.

Schumann sackt unter dem Nachtkasten zusammen, der polternd vom Bett auf den Boden rutscht.

Von da an ist Klingelfeld sprachlos, schweigend zehn Tage mit zweien unterwegs. Nach dieser Frist verabschiedet sich der Unsichtbare plötzlich wieder für immer und ohne Grund.

Schumann besteht darauf, obwohl ihm eben das Mittagessen gebracht wurde, Klavier spielen zu müssen. Er könne ihn nicht warten lassen, auf keinen Fall. Gehen Sie mir aus dem Weg, Klingelfeld.

Die Arme an den Körper gedrückt, hetzt er in trippelnden Schritten an ihm vorüber. Zum Klavier!

Klingelfeld folgt ihm, achtet auf den Abstand. Als er im Musikzimmer ankommt, spielt Schumann schon.

So hat ihn Klingelfeld noch nie gehört. Es ist eine Musik, die in kindischen Tanzschritten hüpft und jäh von einer schönen, ergreifenden Melodie unterbrochen wird, die aber kein Ende findet und in einzelnen Tönen versickert.

Dabei spricht Schumann ununterbrochen über den Flügel hinweg, als stünde dahinter jemand.

Warum hat sie es nie gespielt? sagt er. Sag es mir. Das sechste Stück. Ist es das sechste? Es ist das sechste. Ich habe mich schlecht benommen. In meinem Kopf stinken Kröten. Es fährt mir in die Ohren. Kannst du mich hören?

Er nennt keinen Namen, spricht seinen eingebildeten Gast nicht mit Namen an.

Einen Tag lang liest er nur Noten, ohne Klingelfeld um Hilfe zu bitten. Er eilt geschäftig im Zimmer hin und her, zwischen Schrank und Couch, fällt ein Notenblatt, ein Heft auf den Boden, läßt er es achtlos liegen.

Die sind mir gestohlen worden, das weiß ich. Es ist mir von der oberen Behörde mitgeteilt worden. Gestohlen. Gestohlen. Weißt du, warum? Ich bin ein Wüstling. Wärest du auch nur einer, aber du schweigst und schweigst.

Er blättert heftig in den Noten, ohne sie zu lesen.

Ich wollte früher sterben, sagt er, nachdem er längere Zeit geschwiegen hat, mit einer veränderten, hellen Jungenstimme. Und auch sein aufgedunsenes, blasses Gesicht scheint sich bei den Worten zu verjüngen. Ich wollte schon früher sterben, nun bin ich erst jetzt gestorben. Gestorben. Geh lieber fort. Ich stinke.

Abends, nach dem Essen, legt er den Finger auf die Lippen, winkt Klingelfeld an seine Seite, geht auf Zehenspitzen zum Fenster und sagt gegen die Scheibe: Sie schauen mir jeden Tag in die Pupillen, Herr Doktor Richarz schaut mir in die Augen und erklärt mir, daß meine Pupillen verschieden groß sind, die eine riesig, die andere winzig. Hörst du. Sie sind alle verrückt. Und er schüttet sich aus vor Lachen.

Kommen Sie, sagt er zu Klingelfeld, ich muß unbedingt spazieren gehen, doch unterwegs wendet er sich ausschließlich an seinen Doppelgänger: Nun haben wir's, kaum sind wir dort gewesen. Oder noch nicht lange. Petersburg ist bombardiert worden. Diese Stadt. Sie haben sie bombardiert. Verschwunden sind ihre Spuren.

Klingelfeld könnte fragen, wessen Spuren denn verschwunden seien, hält sich jedoch zurück, nickt nur, als sei auch er angesprochen.

Petersburg! Petersburg! Schumann beruhigt sich nur allmählich. Ich möchte Sie nicht weiter belästigen. Schumann gibt ihm einen kleinen Schubs, und sie wandern, ohne daß noch ein Wort gesprochen wird, zurück in die Klinik.

Als er wieder einmal Klavier spielt, stört ihn der Unsichtbare sichtlich. Lassen Sie mich in Frieden, herrscht er ihn an. Ich habe Sie nicht gerufen. Wie kommen Sie überhaupt dazu, sich in meine Angelegenheiten zu mischen. Meine Gedanken gebe ich nicht preis. Sie sind schmutzig, schmutzig. Gehen Sie.

Er springt auf, läuft in den Garten, wo ihn Klingelfeld einholt und von Schumann erfährt, daß er unglücklicherweise zu lange abwesend gewesen sei. Nun habe er wahrscheinlich vieles versäumt.

Unterwegs, zum Beethoven-Denkmal, das er nun regelmäßig besuchen wolle, fällt ihm Brahms ein, der nicht mehr nach ihm sehe, ihn wohl vergessen habe, denn schließlich stünde er im Leben und habe, wie er wisse, Erfolg, also mit ihm habe er Beethoven, natürlich das Denkmal, des öfteren begrüßt, wie Klingelfeld sich wohl noch erinnern könne. Unvermittelt stößt er Klingelfeld zur Seite und spricht mit einem, der sich zwischen sie gedrängt hatte: Ich müßte nach Wien, dort zu Schubert und zu Beethoven. Sie halten mich aber auf. Immer dieser gleiche Weg. Lassen Sie mich endlich reisen. Bitte!

Kaum hat er am Morgen ein frisches Hemd angezogen, zerrt er es wieder über den Kopf. Diese boshaften Geister sudeln sofort alles ein. Nichts als Dreck und Kot und Scheiße. Laufen Sie, Klingelfeld, holen Sie mir mein altes Hemd. Das hat auch gekratzt, aber nicht so widerlich.

Auf einem Gang zum alten Zoll versucht er, den Unsichtbaren loszuwerden. Dabei gestikuliert er so heftig, daß Fußgänger stehen bleiben und ihm nachschauen. Obwohl Klingelfeld diese Neugier gewohnt ist, möchte er ihn dieses Mal schützen und bittet ihn, sich nicht so zu alterieren. Worauf Schumann nur Klingelfeld! brüllt und sogleich auf den Anderen einschimpft: Jetzt reicht es. Sie vergällen mir meine Gedanken. Sie fressen sich in meinen Kopf. Sie sind von der oberen Behörde dazu bestellt. Ich weiß es. Ich werde das melden. Ich werde das melden.

Der Speichel tropft ihm über das Kinn, und er hat die Augen weit aufgerissen, als habe er eine riesenhafte Erscheinung vor sich, die ihn zu erdrücken drohe. Bitte nicht, stammelt er.

Endlich wagt Klingelfeld, ihn am Arm zu fassen. Zu seiner Verwunderung reagiert Schumann freundlich, wie erlöst: Sie hier, Klingelfeld? Wie freundlich von Ihnen. Bringen Sie mich nach Hause. Nach Endenich. Begleiten Sie mich.

Ein letztes Mal setzt er sich auf dem Kreuzberg mit dem Unsichtbaren auseinander, sichtlich erschöpft, und der Andere scheint seine furchtbare Kraft verloren zu haben.

Du hast mich geplagt über alle die Jahre. Du kannst nun gehen. Er verbeugt sich nach allen Richtungen, wobei ihm Klingelfeld, den er nicht beachtet, ausweichen muß.

Ich habe deine Stimme nie gemocht. Sie geht mir in die Ohren, in den Kopf. Sie schreit. Sie kann nicht singen. Geh!

Den Tag darauf bekommt Klingelfeld die Wut Schumanns wieder zu spüren. Er ist beinahe dankbar dafür. Schumann wühlt zusammen mit Fräulein von Reumont im Kleiderschrank, als Klingelfeld, der von Doktor Peters zum Bericht gebeten war, das Zimmer betritt. Ehe er sich noch erkundigen kann, wonach gesucht werde, springt Schumann ihm entgegen, will ihn schlagen, trifft ins Leere: Sie haben mich bestohlen, Klingelfeld. Mein bester Anzug ist verschwunden. Nur Sie können es gewesen sein. Er könnte Ihnen passen. Sie könnten sich als mich ausgeben, frech und gewissenlos, wie Sie sind. Verschwinden Sie, ich werde die obere Behörde verständigen. Sie werden schrecklich bestraft werden, das können Sie erwarten.

Fräulein von Reumont, die hinter Schumann steht, gibt Klingelfeld den Wink, erst einmal zu verschwinden.

Kurz darauf, als er, nicht ohne Furcht, die Tür zum Zimmer öffnet, erwartet ihn der Kranke, auf dem Sofa sitzend, die Hände im Schoß und fragt, sehr ruhig, nach der »Kölner Zeitung«, die er aber jetzt gar nicht holen müsse, weil alles, was in der Zeitung stehe, völlig unwichtig sei.

12
Davidsbündlertänze
(*In großer Bewegung*)

Die Übungen mit Wieck strengen ihn an. Sie reden kaum über Musik. Alle Aufmerksamkeit gilt der Technik. Wieck achtet nur auf die Hände, die Motorik der einzelnen Finger. Will er über Musik sprechen, über Ausdruck, Harmonien und Tonartenwechsel, wiegelt Wieck ab. Es sind wahrhaft Exerzitien. Wiecks Fixierung auf die manuelle Fertigkeit schränkt ein. Schumann würde sich nicht wundern, wüchsen ihm Finger aus dem Kopf. Sitzt er am Klavier und Wieck neben ihm, schnurrt das Musikzimmer mit seinen beiden Schränken, dem für sich stehenden Notenpult, dem Schreibtisch neben der immer etwas knarrenden grauen Tür zu einem Käfig zusammen. Gerade geräumig genug, um ihn, das Klavier und Wieck zu fassen. Erst wenn eines der Kinder oder Clementine Wieck notgedrungen stören, mit einer Frage kommen, einem Wunsch oder einem Auftrag – was Wieck allerdings nur Clara mürrisch nachsieht, alle anderen werden gerüffelt –, hat er Gelegenheit, von den Händen aufzublicken, und der Raum weitet sich wieder. Als er in einem solchen Moment aufseufzte und erklärte, endlich wieder atmen zu können, begriff Wieck ihn nicht: Also zum Atmen kommen wir allemal, mein Lieber. Ich wünschte mir, mir blieb mal der Atem weg, wenn Sie spielen. Doch so weit sind wir noch lange nicht.
Er begann von den Exercisen zu träumen. Während er spielte, wuchsen ihm Arme, Röhren, an denen riesenhafte Hände hingen, Oktavenschaufeln, und jedesmal riß ihn Wieck vom Schemel auf den Boden. So weit müsse er kommen, so tief

müsse er sinken, ehe er seine Kunst vollkommen beherrsche.

Einmal wurde er im Traum wach, die Schmerzen machten seinen Rücken brettersteif, und er stöhnte: Aber Clara muß das doch auch nicht. Worauf er wieder vorm Klavier lag und Wieck über ihm, der ihm ins Ohr zischte: Kommen Sie mir bloß nicht darauf, sich mit Clara zu vergleichen.

Wird die Plage zu groß und Wieck zu übermächtig, bricht er aus, erzählt den Kindern von seinen Freunden, als seien sie Figuren einer endlosen Geschichte, die nicht mehr in Leipzig spielt, sondern in einer Stadt, die er nach Belieben umbauen kann, deren Straßen zwischen Tag und Nacht zu fließen beginnen, Flüsse, auf denen Boote dahintreiben, Dampfer oder Papierschiffchen. Kommt Wieck dazu, weist er ihn zurecht, ähnlich, wie die Mutter früher. Sie haben Flausen im Kopf, Schumann, nichts als Flausen. Ich verstehe ja noch, wenn Sie meine Kinder auf diese Weise unterhalten. Mich verdrießen Sie damit nur.

Er hat keinen Humor, versucht ihn Clementine Wieck zu trösten, versetzt ihn jedoch nur in Grübeleien. Er habe wohl auch keinen. Was sich bei ihm wie Humor ausnehme, habe mit seiner hoffnungslosen Sehnsucht zu tun, sich zu entgehen.

Die Freunde im »Kaffeebaum« beschweren sich, sie könnten, wenn er ihnen etwas erzähle, nicht mehr die Wahrheit von der Dichtung unterscheiden. Das vergnügt und beunruhigt ihn zugleich, denn manchmal gelingt es ihm ebensowenig, und er gerät in einen Schwebezustand, der ihm unheimlich ist: Ist mir das nun zugestoßen, habe ich es erlebt? Oder ist es mir eben eingefallen? Ihm fällt ein, was seine Stimmung, wenigstens für den Moment, aufhellt, was ihn stärkt. Manchmal wachsen sich solche Stichworte zu Abenteuern aus. Darin bleibt seine Phantasie musikalisch. Sie wird von Motiven, Themen angeregt, variiert, wiederholt und verarbeitet sie.

Doktor Carus gibt ihm, bei einer abendlichen Einladung in der Wieckschen Wohnung, ahnungslos das Stichwort für eine gewagte und gänzlich erfundene Erinnerung, die auch Agnes Carus treffen soll. Sie ist nicht dabei, sie vermeidet es, ihm zu begegnen.

Paganini, wirft Carus ein, als die Rede auf dessen phänomenale Technik kommt, Paganini bin ich vorgestellt worden. Was Schumann sofort auffängt, geradezu traumwandlerisch, dem gegebenen Motiv nachhorchend und ihm echogleich antwortend: Das gibt mir die Gelegenheit, von meiner italienischen Reise zu erzählen. Es ist zwei Jahre her. An einem Montag im September kam ich in Venedig an, bei scheußlichstem Wetter. Drei Tage lang goß es wie aus Kübeln. Die Wasserstadt ersoff im Grau, und ich hörte nicht auf zu frieren, bis am Mittwoch ein blanker, tiefblauer Himmel über die Stadt gespannt war. Ein königlicher Baldachin. Endlich. Ich lebte auf. Jetzt sah ich die Stadt funkeln. In den Galerien öffneten sich die Bilder, und ich ging in ihnen spazieren. Eine schöne Frau nach der andern versprach mir Glück und Geheimnis. Ich bekam, um Jean Paul nicht zu vergessen, dessen »Hesperus« mich auf der Reise begleitete, »Seelenaugen«. Und mit denen, ich versichere es Ihnen, schaut sich die Welt an, wie wir sie uns in den seligsten Augenblicken denken. Ich also, beschwingt und voller Erwartung, steuerte auf ein Café zu, trat einer Schönen, die meinen Weg kreuzte, unglücklicherweise auf die Ferse. Blitzschnell machte sie auf ebendieser eine Kehrtwendung und überschüttete mich mit einer italienischen Suada, deren ich mich nicht erwehren konnte und wollte. Ich lauschte ihr wie einem volkstümlichen Gesang, einem zornigen, sich selbst genießenden Liedchen. Die Dame fand kein Ende. Ich sagte also: Ich bitte um Vergebung, Signora. Und ihre Augen, die noch eben blind gewesen waren, nahmen mich zur Kenntnis, weiteten sich ein wenig, und sie sagte mit einer sehr wohltönenden Stimme: Ah, Sie kommen aus Deutschland. Ich brachte kein Wort heraus, glauben Sie es mir.

Carus und Wieck nickten zustimmend. Das glaubten sie ihm in der Tat.

Aus Deutschland, wiederholte die Dame und fügte hinzu: Ich verzeihe Ihnen Ihre Ungeschicklichkeit. Fragen Sie mich nicht, meine Herren, ob sie groß oder klein gewesen ist, zierlich oder pompös. Für mich konnte es, in einer der Gassen Venedigs, kein schöneres, rätselhafteres und leidenschaftlicheres Geschöpf geben. Wissen Sie, wie es endet? Denn die Begebenheit endete im Nu, wie immer, wenn die Wirklichkeit zum Traum wird. Die Dame sagte leise, als verrate sie mir eine ungehörige Neuigkeit: Ich bin, müssen Sie wissen, Madame Paganini und werde bald mit meinem Gemahl nach Deutschland reisen. Mir blieb als Antwort nichts als ein Ach. Sie ging. Sie war einfach nicht mehr da. Ich bin mir noch immer nicht sicher, ob sie Madame Paganini gewesen ist.

Ihre Geschichten, Schumann! Wieck bittet, sichtlich verärgert, seine Gäste zu Tisch. Doch Clara, die auf Wunsch von Carus länger aufbleiben darf, wagt es, für Schumann zu sprechen: Ich kenne Madame Paganini auch. Ich bin ihr vorgestellt worden.

Ihr Einwurf beschämt ihn.

Er könnte ihr gestehen, Madame Paganini gar nicht zu kennen, diese venezianische Geschichte erfunden zu haben, aber wieder auch nicht: Sie ist ihm eingefallen wie ein tatsächliches Erlebnis.

Sie achten nicht mehr auf ihn. Er sucht sich seinen Platz an der Tafel, sackt in sich zusammen, schweigt, nimmt sich vor, seine Gefühle nicht mehr so ungeschützt sehen zu lassen, beobachtet Wieck und Clara, die neben ihm sitzt, diese »sehr romantischen Figuren«, denen, denkt er, etwas Paganinisches anhaftet. Nur wollte er sich solche Gedanken und Vergleiche nicht mehr gestatten, da sie doch bloß zu Mißverständnissen und Ärger führten.

Marschner und Langenschwarz wetteifern um die Gunst von Henriette Wieck, eine Nichte des Alten, die neuerdings zu Gesellschaften eingeladen wird, vor allem zur Unterhaltung von Clara. Er ärgert sich über die Gockelei der beiden, denn eigentlich hat er sich vorgenommen, Henriettes Aufmerksamkeit zu gewinnen, so bleibt ihm nichts anderes übrig, als sich ihr in Gedanken zu nähern und ihr zu gestehen, wie reizend er sie finde, daß er sie womöglich jetzt, an diesem Tisch, an dem geschmaust und geschwätzt wird, heftig begehre.

Er hört Wieck: Sag es doch, was wir vorhaben, Clara.

Der Lärm legt sich. Alle Blicke sind erwartungsvoll auf das Kind gerichtet, dieses Köpfchen auf dünnem Hals, das ihn immer von neuem rührt, weil es alle Lebensalter zusammenfaßt.

Vater, sagt sie, und schaut fragend zu ihm hoch, Vater hat eine große Reise vor, mit mir. Ich soll in Paris Konzerte geben. Vorher auch in Weimar, und ich weiß gar nicht, wo überall.

In Paris? Alle fragen durcheinander.

In Paris, spricht Schumann nach. Er wird sie vorführen, es wird ihm gleichgültig sein, wenn sie müde ist, erschöpft.

Im September brechen wir auf. Längst führt Wieck das Gespräch wieder.

Schumann hat den Kindern ein paar Abende zuvor erzählt, wie es ihm manchmal gelinge, auf Wolken zu reiten. Der Einfall war ihm während des Spielens gekommen. Der Wolkenreiter! Er hatte um ein großes, dickes Kissen gebeten.
Wer holt mir mal eines! Viktor war der Schnellste.
An schönen Tagen, wenn nur Schäfchenwolken über den Himmel fliegen und in Glücksfällen, kann ich auf Wolken reiten.
Die Kinder lachten und kreischten. Er schwindle. Sie glaubten es ihm nicht. Kein Mensch könne auf Wolken reiten.
Doch, ich! Es war ihm ernst.
Noch hier, zwischen den Gästen Wiecks, wiederholt sich die Laune, die ihn damals mitriß. Clara, die zuhört, wie ihr Vater eine Reisestation nach der anderen nennt, schon in der Aufzählung eine Strapaze, hat womöglich seine Spielerei schon vergessen. Am liebsten würde er sie hier wiederholen.
Er war auf einen Stuhl gestiegen und hatte das Kissen zwischen die Beine geklemmt.
Also das geht so. Voraussetzung für einen gelungenen Wolkenritt ist, wie schon gesagt, Schäfchenwölkchenwetter und warme Sonne. Außerdem, das ist selbstverständlich, ein freundlicher Wind. Nun muß dich noch die Wolkenreiterlaune packen. Sonst passiert gar nichts. Ist es der Fall, geschieht alles wie von selbst. Du legst den Kopf in den Nakken.
Das tat er so heftig, daß er aus dem Gleichgewicht geriet und beinah vom Stuhl fiel, ohne geflogen zu sein. Die Kinder hatten ihn geistesgegenwärtig gehalten.

Ach Robert!

Er bat sie, nun zu gucken und zu wünschen und zu wünschen und zu gucken. Aber sie verstanden sich nicht auf das richtige Wunschgucken.

Eine Wolke kommt jetzt direkt auf mich zugeschwebt. Darauf muß unsereiner vorbereitet sein. Schon ist das Wölkchen bei mir. Ich hab gar nicht viel Zeit. Ganz wenig. Schwups ist es zwischen meinen Beinen. Schwups muß ich die beiden Beine hochreißen, und schon sitz ich wolkenweich und fliege dahin. Nicht hoch. Das Wölkchen trägt dich zwar, doch es hat Mühe, mit dir auf Baumeshöhe zu fliegen. Gerade eben.

Er machte es vor, das Kissen zwischen den Beinen. Redend hat er die Kinder derart verzaubert, daß Viktor ihn warnte, aufzupassen, und nicht irgendwo anzustoßen.

Wieck hebt die Tafel auf. Carus erkundigt sich bei Schumann, ob er sich in seiner neuen Wohnung an den Rudolphschen Gärten eingerichtet habe.

Er habe den Flügel von zu Hause, den ihm sein Vater geschenkt habe, erzählt er und bittet Carus, Agnes zu grüßen.

Clara stupft ihn: Kommen Sie heute wieder zum Wolkenfliegen? fragt sie, was Carus erstaunt, doch Schumann läßt ihn, ehe er fragen kann, stehen.

Heute nicht, ruft er Clara nach.

Vor ein paar Tagen hat ihn Glock, wie er feierlich erklärte, freigegeben. Er müsse nicht mehr behandelt und nicht mehr beobachtet werden, sei, wenn er acht gebe, wenigstens für eine Weile gesund.

Beim Verlassen des Zimmers, schon im Treppenhaus, verabschiedet er sich von Marschner mit der Ankündigung, demnächst die Besprechung eines Werkes von Chopin zu veröffentlichen, die er nicht allein, sondern in geistreicher Gesellschaft verfaßt habe. Was Marschner mit einem geknurrten Adieu und einem nachgeknurrten Quatsch quittiert.

Du bist mir unheimlich, Robert, Christel hat sein Lorgnon gegen die Abendsonne gehalten. Ihre Strahlen brachen sich in den Gläsern. Er sagte: So beginnt die Magie. Auf der Nase hilft mir dieses scheußliche Instrument nichts. Ich gebe es ja zu, eitel zu sein, hat er rasch, um ihrem Vorwurf zuvorzukommen, hinzugefügt.

Du bist manchmal sehr komisch, hat Clara festgestellt, als er mit ihr am Klavier saß, sie einen Schubertschen Ländler zu vier Händen spielten und er plötzlich unterbrach, weil ihm – guck mal, Clara! – der Zeigefinger unterwegs im linken Nasenloch stecken geblieben sei. Sie lachte nicht. Gut, daß es der Vater nicht weiß, sagte sie.

Was wissen sie überhaupt von ihm oder von denen, die er ist. Seit er Vult und Walt kannte, seit er die Rollen tauschte zwischen Robinson und Freitag, hat er nie ein Hehl daraus gemacht, sich zu spalten, aus sich herauszutreten und sich als der oder als jener zu betrachten, mit sich zu reden, zu streiten. Am liebsten wäre ihm eine Welt, die nur aus seinen Erfindungen, den Abspaltungen seiner Phantasie bestünde.

Ist es dir nie aufgefallen, fragt er Glock, wie gehemmt ich mich unter Menschen benehme? Da bin ich mir selber im Weg. Ich versteh mich nicht zu bewegen, ich stottere und bin vor Verlegenheit stumm.

Übertreib nicht, Robert. Manchmal, geht es um schöne Weiber, kannst du sehr charmant sein.

Weißt du, woher das kommt? Weil ich miserabel sehe, mein blödes Auge mir nicht hilft. Ich tappe und bin täppisch. Ich sehe schlecht und sehe doppelt. Manchmal ist es mir, als wolle sich mein objektiver Mensch vom subjektiven ganz trennen oder als stünde ich zwischen meiner Erscheinung und meinem Sein, zwischen Gestalt und Schatten.

Wo lasse ich sie dieses Gespräch führen? In Schumanns Dichterstübchen am Rudolphschen Garten? Auf einem Spaziergang? In einer der Kneipen, die sie regelmäßig besuchen? Oder womöglich am Rande einer Gesellschaft, bei Wieck, bei Dorn? Es gefiele mir auch, wenn Christel dabei wäre, zum Beispiel im »Kaffeebaum«. Sie wird immer wieder gerufen, von anderen Gästen, kann die Unterhaltung nur in Bruchstücken verfolgen, weiß aber, weil sie Robert nur zu gut kennt, wohin das will und wie es sich am Ende ausnehmen wird.
Du zweie, lasse ich sie zu ihm sagen.
Da erscheint sie von neuem, die leeren Biergläser auf dem Tisch mit vollen austauschend, beugt sich über Schumanns Rücken, legt flüchtig ihren Kopf gegen den seinen und sagt: Du zweie. Sie hat die beiden schon mit Namen kennengelernt, die beiden, die er ist: Eusebius und Florestan.
Es kann sein, sie ist an der Verdoppelung schuld. Nur ist Eusebius, der sanftmütigere, von der Phantasie durchtränkte, nicht fähig, Christel allein auszuhalten, diese »Charitas«. Also muß am Ende Florestan in der Wirklichkeit handeln. Dieser Florestan, der sich nicht mehr an seine Gefangenschaft im »Fidelio« erinnert, gibt vor, ohne Eusebius nicht existieren zu können, aber manchmal hat er so wenig eigene Kraft wie das Echo.
Ruf und Echo, Vult und Walt, Florestan und Eusebius. Der immerfort mit sich spielende Schumann kennt den Schluß der »Flegeljahre« nur zu gut: »Vult...nahm die Flöte, und ging, sie blasend, aus dem Zimmer – die Treppe hinab – aus dem Hause davon, und dem Posthause zu. Noch aus der

Gasse herauf hörte Walt entzückt die fliehenden Töne reden, denn er merkte nicht, daß mit ihnen sein Bruder entfliehe.«

Als Schumann sich zum ersten Mal anredete, war er allein. Er lag auf dem Bett, schaute Sätze und Noten an die Decke, hörte den Juan-Variationen Chopins nach, die er zuvor gespielt hatte, überrascht und voller Bewunderung. Er führte, wie so häufig, ein Selbstgespräch. In seinem Eifer begann er in verteilten Rollen zu sprechen. Er sprang aus sich heraus und kehrte zu sich zurück. Florestan! rief er sich zu und tat es schon als Eusebius.
An Glock probierte er Eusebius und Florestan aus.
Sie haben die Gartenlaube hinterm Haus erobert, die bis zum frühen Abend meistens von Kindern besetzt gehalten wird, und Glock hat eine Flasche Roten spendiert. Zu feiern gibt es mehr, als sie Gläser leeren können: Die Gesundung, die Entdeckung eines schönen Mädchens namens Ottilie, begonnene und gelungene Klavierstudien nach den Paganini-Capricen, den sternenüberzogenen Himmel, das erste Auftreten Claras... lange hält diese Hochstimmung nie. Er weiß es.
Weißt du, daß mir die Übungen bei Wieck mehr und mehr zu schaffen machen. Nur Klavierspiel, immer nur das.
Glock setzt an, ihm zu widersprechen. Das besorgt er schon selbst, oder, für ihn, Florestan: Du hast dich für diese Ausbildung entschieden, denke an deinen Brief an Mama. Und er gibt sich auch gleich, durchaus heftig, nun als Florestan, die Antwort: Ich lerne. Ich habe nie ahnen können, wie stumpf und stur das werden kann. Ich werde mehr komponieren und Dorn fragen, ob er mich darin ausbilden will. Ich werde schreiben, ich weiß auch schon was, ich weiß schon, wie ich anfangen werden, wie wir anfangen werden, Florestan und Eusebius.

Glock guckt durch das Glas ihn an, und er tut es ihm gleich. Du verdoppelst dich, Glock, im Glas, im Wein.

Und du hast dich schon verdoppelt, Robert. Nicht übel.

Eusebius und Florestan eröffnen die Kritik über Chopins opus 2 mit Sätzen, die er an diesem Abend im nächtlichen Garten aufsagt, oft gedacht und endlich ausgesprochen:

»Eusebius trat neulich leise zur Tür herein. Du kennst das ironische Lächeln auf dem blassen Gesichte, mit dem er zu spannen sucht. Ich saß mit Florestan am Klavier. Florestan ist, wie du weißt, einer von jenen seltenen Musenmenschen, die alles Zukünftige, Neue, Außerordentliche wie vorausahnen. Heute stand ihm aber dennoch eine Überraschung bevor. Mit den Worten: ›Hut ab, ihr Herren ein Genie‹ legte Eusebius ein Musikstück auf...«

Bravo. Glock ist aufgesprungen und geht, von diesem Ausbruch beschwingt, um das Gartenhäuschen herum und stellt schließlich, vor Schumann anhaltend und ihn mit einem Lächeln musternd, fest: Du bist sogar dreie.

Nein, nicht nur dreie. Schumann nimmt ihn in die Arme. Du gehörst auch dazu.

Das geht zu weit, Robert. Noch bin ich kein Teilchen von dir.

Noch! Schumann gießt sich den Rest aus der Flasche ins Glas und prostet dem Freund zu. Ich werde dich aufnehmen in meinen Bund, in dem alle Davids zusammengerufen werden, die ihren Goliaths den Garaus machen wollen. Die Psalmensänger. Die sanften Könige.

Die Gründungsurkunde hat er schon ein paar Tage vorher, am 8. Juni 1831, verfaßt, in einer ähnlichen Stimmung wie nun im Garten, unter den Sternen, die durch die Wolken brechen, wenn er es will.

»Von heute an will ich meinen Freunden schönere, passendere Namen geben. Ich tauf Euch daher folgendermaßen: Wieck zum Meister Raro – Clara zur Cilia – Christel zur Charitas – Lühe zum Rentmeister Juvenal – Dorn zum Musikdirektor – Semmel zum Justitiar Abrecher – Glock zur medicinischen alten Muse – Renz zum Studiosus Varinas – Rascher zum Student Fust – Probst zum alten Maestro – Flechsig zum Jüngling Echomein –
Sechs Einsylbige und fünf Zweysilbige Freunde!
Tretet denn näher u. betragt Euch schön romantisch.«
Hätte ihn das Ausdenken der Namen, das Verkleiden der Charaktere nicht ziemlich rasch erschöpft, wäre die Liste noch länger geworden. So war er mit Flechsig am Ende, gerade mit Flechsig, und der kommt an diesem Abend, wie gerufen, doch nicht sonderlich erwünscht.
Wo er die ganze Zeit gesteckt habe? Flechsig lacht und wiegelt ab. Wenn er anfinge zu erzählen, aufzuzählen, kämen sie nicht zum Trinken – und er habe Durst.
Weißt du, wie du insgeheim für Robert heißt?
Schumann fällt Glock verlegen ins Wort: Halt. Bring nichts durcheinander. Ich bitte dich, Glock.
Nicht Glock mußt du bitten, Eusebius. Oder fühlst du dich eben als Florestan? Du mußt die alte medicinische Muse zur Ordnung rufen. Warum hast du mir keinen ordentlichen Namen gegeben, Robert, wie ihm?
Das ist doch auch keiner, Glock.
Glock schaut ins Glas, nimmt einen langen Schluck, geht um den Tisch, spielt den Nachdenklichen, was Schumann sichtlich gefällt, denn endlich wird sein Gedankenspiel durch eine Szene belebt. Er nickt Glock aufmunternd zu, während Flechsig dessen Gang eher ratlos verfolgt.

So hab ich mir's gewünscht. Schumann klatscht in die Hände. Jetzt wäre Champagner das bessere Gesöff als dieser alltägliche Wein. Betrag dich nur weiter schön romantisch, medicinische alte Muse.

Flechsig zieht seinen Stuhl näher zu Schumann, so daß er sich gegen den Freund lehnen kann: Vermutlich befinden wir uns mal wieder in einer deiner Spinnereien, Robert.

Könnte sein.

Glock hält hinter den beiden anderen, stützt sich auf deren Schultern ab.

Da bilden wir nun eine romantische Dreieinigkeit. Florestan, der auch Eusebius sein könnte, mit Glock, der alten medicinischen Muse und dem Jüngling Echomein.

Flechsig und Schumann wechseln Blicke, und wie verabredet brechen sie in Gelächter aus, übertreiben es, schreien lachend, fallen sich in die Arme, was Glock, sich über sie beugend, mit Nachdruck fördert.

Trinkt, Freunde, der Wein wird warm.

Jüngling Echomein? Flechsig wiederholt die zwei Wörter, nun eher vorwurfsvoll.

Ja, der bist du. Schumann ist kaum zu hören. Er bestätigt den Freund nicht in seiner anderen, romantischen Existenz; er läßt ihm die Möglichkeit, daraus zu entwischen.

Dein Echo? Flechsig lehnt sich zurück, und Glock bleibt weiter wie ein Wärter hinter den beiden stehen.

Meinst du das im Ernst, Robert?

Schumann drückt das Weinglas gegen die Lippen. Ja, Emil. Von allen Davidsbündlern kenne ich dich am längsten, wir sind einander seit der Kindheit verbunden. Du weißt mich in- und auswendig und ich dich ebenso.

Flechsig will aufspringen, doch Glock drückt ihn zurück auf

den Stuhl und bittet ihn, sein Glas zu füllen. Du verstehst nichts, aber auch gar nichts, Flechsig. Ich allerdings auch nicht alles, nur verdursten mag ich nicht.

Ein Echo ist nichts ohne den Ruf, der es hervorruft, sagt Flechsig mehr für sich und schüttelt dabei den Kopf.

Schumann lehnt sich ein wenig fester gegen ihn. Ach Flechsig. Woher wüßte denn der Ruf, wie schön er klingt und wie tief er reicht, wenn das Echo ihm nicht anwortete. Er wäre arm. Wenn ich komponiere, höre ich mehr auf die Echos als auf die Töne, die sie auslösen.

Du hast mir schon allzuviel angetan, Robert. Flechsig springt so rasch auf, daß es Glock nicht gelingt, ihn einzufangen. Du erlaubst dir alles und fragst dich nie, ob du mich verletzt hast.

Aber Flechsig, mein Echomein.

Nenn mich, wie du willst, Robert, schmücke dich mit irgendwelchen Geheimbünden, die es nur in deinem Kopf gibt. Ich bin schon ausgetreten, daß du es nur weißt.

Nun gehen sie hintereinander her, rund um den Tisch, und Glock ist, um sie nicht aufzuhalten, an die Brüstung der Laube getreten. Schumann macht plötzlich auf dem Absatz kehrt und kommt Flechsig entgegen. Der hält an und wartet ihn ab.

Du kannst gar nicht austreten. Einen Schritt vor Flechsig bleibt er stehen. Niemand kann austreten. Ihr seid für ewig Mitglieder. Ihr seid verewigt.

Glock hat sich inzwischen wieder gesetzt. Er hebt theatralisch das Glas: Prosit, Freunde, Bürger. Auf alle Ewigkeit! Auf Roberts Ewigkeit! Und tretet denn näher und betragt euch schön romantisch.

Verflixt, seufzt Flechsig, sinkt auf den nächsten Stuhl, und Schumann schwingt sich auf die Brüstung.

Reich mir mein Glas, bittet er Flechsig.

Der tut's mit ausholender Geste, und es ist ihm egal, daß er dabei die Hälfte vergießt.

Mit dem Oberkörper deutet Schumann eine Verbeugung an: Allmählich wirst du großzügig, Emil.

Sie trinken, reden aufeinander ein, lachen, treiben in der weißen, vom Kerzenlicht flackernd beleuchteten Laube in die Nacht hinein, eine Gartenbarke, ein Bild mit einem Hintergrund, auf dem die Sterne wie aufgesteckt scheinen.

Der Davidsbund, dessen erste und ihm wichtigste Mitglieder er in der Deklaration aufzählt, wächst sich aus, wächst ihm über den Kopf und löst sich in seiner Erinnerung wieder auf, wie Sternschnuppen erlöschen. Sie nehmen meistens gar nicht erst Gestalt an, bekommen Namen, erinnern sich – wenn überhaupt – nur undeutlich an ihre Vorbilder, vertreten – wenn überhaupt – ein Prinzip, ein Gefühl, eine musikalische Farbe, oder sie werden schwärmerisch in die Nähe von Eusebius und Florestan gerufen.

Mitunter gelingt es dem Gründer und chaotischen Maestro des Bundes, die realen Vorbilder aus ihrer Figur zu stoßen, so daß eine Puppenhülle übrigbleibt, in die ein anderer nach Belieben schlüpfen kann. So treibt er Wieck den Meister Raro aus und belebt ihn selber. Andere haben gar keine Ahnung davon, daß sie zu den Davidsbündlern gehören. Er nimmt sie auf und nennt sie um: Mendelssohn wird Meritis, der Augsburger Musiker Stephen Heller wird Jeanquirit, der in Warschau lebende Komponist Zuccalmaglio wird St. Diamond. Schumann macht sie sich zu eigen und vergißt sie, sobald sie in seiner Schriftstellerei nichts mehr zu suchen haben oder seiner Musik lästig werden. Mir kommt diese Versammlung von wirklichen und erfundenen Personen, von Prinzipien und Launen, von Erfindungen und Funden manchmal vor wie ein Haufen zwitschernder und singender Dämonen, wie Fledermäuse mit winzigen Menschengesichtern oder wie klumpige Schatten, die sich bereits im geringsten Lichtschein auflösen und nur eine Stimme hinterlassen: flüsternd, kreischend, singend, schön und schrecklich.

Betrachte ich die Bilder und Fotografien Schumanns, werden Eusebius und Florestan mit einem Mal schwer und ungelenk, wachsame und leicht reizbare Beobachter ihrer Umgebung, nur erfüllt von der Sehnsucht, leicht zu sein, tanzen zu können, Jünglinge in schwarzem Samt.

Einer jedoch, eher ein Zaungast – allerdings in exquisiter Funktion –, bekommt einen Augenblick lang Kontur, wird zum Boten des Kapellmeisters Kreisler: Herr von Breitenbach, genannt »der alte Hauptmann«.

Sie hatten sich im »Kaffeebaum« verabredet, die Sichtbaren und Unsichtbaren. Schumann saß, wie es seine Gewohnheit war, am Rande des Tischs, rief auf und warf ein.

Ihn einsilbig zu schelten, sei heute geradezu eine Übertreibung, sagt Glock, worauf Florestan zu einer Standpauke über die Schwätzer ausholt, die gar keine Zuhörer benötigen, sich selbst lärmend genügen, und eine freundliche, dem Kreis neue Stimme, mit einem Bravo antwortet.

Er war ihnen nicht aufgefallen: ein älterer Mann, der sich mit einem gewissen Abstand, in der zweiten Reihe, zu ihnen gesetzt hatte. Er war glatzköpfig, so daß seine großen Ohren, wahre Lauscher, noch mehr auffielen. Er stellte sich nicht vor, und keiner – sie waren alle viel jünger, auch Wieck – wagte, ihn nach seinem Namen, nach seinem Herkommen zu fragen.

Da er straff und mit durchgedrückten Knien ging, nannte ihn Eusebius den »alten Hauptmann«. Der blieb er, bis zu seinem Tod.

Er kam nicht regelmäßig zu den Sitzungen der Davidsbündler, pausierte öfter. So wurde er nicht erwartet, aber jedesmal erfreut begrüßt. Wann immer er sich ins Gespräch mischte, verblüffte er durch seine umfassende Bildung – über Musik jedoch äußerte er sich nie. Setzte sich aber einer ans Klavier, veränderte sich die Haltung des alten Mannes. Er krümmte sich, schloß die Augen, und seine riesigen Ohren schienen noch weiter zu wachsen. Er lauschte. Schumann war von diesem Lauschen so hingerissen, daß er manchmal, wenn Wieck oder ein anderer spielte, nicht hinhörte, sondern dem Zuhören des alten Mannes zusah. Sie begannen, am Klavier um die lauschende Gunst des alten Mannes zu wetteifern. Sie steigerten sich in ihrem Spiel, rangen um seine hörende, gar nicht zu stillende Aufmerksamkeit. Obwohl der alte Hauptmann es vermied, über ihre Kunst zu urteilen – »das Wort Tadel kannte er nicht« –, wurde er mehr und mehr zu einer Art Kapellmeister, er weckte in ihnen Kräfte, die sie vorher nicht kannten. Sie spielten für ihn, sein einzigartiges Lauschen.

Nachdem er länger fortgeblieben war, erschien in der Zeitung seine Todesanzeige, und da jeder heimlich dem großen Lauscher nachgeforscht hatte, wußten sie, wie er in Wirklichkeit hieß.

Mich hat er an Goethes Harfner erinnert, fand Knorr.

Mich an meinen Großvater, spöttelte Glock.

Und mich an jemanden, an den ich mich noch nicht erinnern kann, warf Eusebius ein, womit er Florestan ärgerte: Immer Bruder, bemühst du dich, geistreich zu sein, selbst dann, wenn du ohne Not das Maul halten könntest.

Zu zweit aber verfaßten sie eine Grabschrift auf den alten Hauptmann:

»Unter diesen Blumen träum ich, ein stilles Saitenspiel; selbst nicht spielend, werde ich unter den Händen derer, die mich verstehen, zum redenden Freund. Wanderer, eh Du von mir gehst, versuche mich. Je mehr Mühe Du Dir mit mir nimmst, je schönere Klänge ich Dir zurückgeben will.«

Später, wenn er an den Paganinivariationen, an den »Kinderszenen«, der »Kreisleriana« schrieb, wuchs sich das Ohr des alten Hauptmanns aus, und er spielte, was er eben erfunden, in den lauschenden Raum, dessen Echo die Stille war.

Meister Raro, Wieck, besuchte eine Zeitlang die Treffen im »Kaffeebaum« regelmäßig. Dort setzten er und Schumann die Übungen fort, allerdings theoretisch, das Klavier brauchten sie nicht, die Klaviatur hatten sie im Kopf. Schumann war überdies darauf aus, die rechte Hand zu schonen. Sie schmerzte, sobald er sie spannte. Er hatte sie überspannt, um sie griffweit und kräftig zu machen, und damit das Gegenteil erreicht. Immer häufiger fielen ihm Gegenstände aus der Hand.

Mit Glock hat er darüber gesprochen. Ich habe Angst. Wahrscheinlich ist es aus mit dem Traum vom Klavierlöwen. Glock drückt die Hand, walkt sie, zieht und bestätigt ihn in seiner Furcht.

Ich möchte wissen, was du mit deiner Pfote angestellt hast, Robert.

Geübt habe ich, bloß geübt.

Das glaubt dir nicht einmal ein Blöder.

Da ich ausnahmslos mit Blöden umgehe – sie sitzen auf der Treppe vor der Wohnung. Das Haus hallt wider von Kindergeschrei und dem beharrlichen wie falschen Gesang einer Frau. Glock legt den Arm um seine Schulter.

Auch wenn du mich für blöd hältst, Robert, rat ich dir, die marode Hand als ein Zeichen zu verstehen. Vergiß den Virtuosen und komponiere.

Beides sei ihm wichtig.

Die Dressur der rechten Hand hatte er spielerisch begonnen, besonders sich des zweiten und dritten Fingers angenommen. Das alles noch in Heidelberg. Ein paarmal hatte er die »Gouvernante« mit »faustischen Übungen« erschreckt, indem er dem zweiten und dritten Finger das Tanzen mit Hilfe einer Schlinge beibringen wollte. Sie sollen nicht, wenn die andern wollen. Sie sollen wollen, wenn die andern nicht sollen.

Charlotte schimpfte mit ihm. Er bekomme, treibe er es so weiter, womöglich eine verkrüppelte Hand.

Wieck ließ ihn zuerst gewähren. Er neigte ohnehin zu mechanistischen Vorstellungen. Mit der Zeit aber hielt er Schumanns Anstrengungen doch für übertrieben. Da versuchte er bereits, das selbst angerichtete Übel zu kurieren, besuchte auf Empfehlung Glocks mehrere Ärzte, die einen verschrieben ihm Salben, die anderen Branntweinspülungen, und einer versetzte der ruinierten Hand Stromschläge.

Vorsichtig windet er sich aus Wiecks harter Lehre. Die Hand ist hin. Er kann als Komponist nicht mehr nur dilettieren. Er muß lernen. Wieck verschafft ihm ein Entrée zu dem Komponisten Heinrich Dorn. Der könnte ihn im Studium des Kontrapunkts weiterbringen.

Dorn kommt ihm nicht entgegen. Er läßt ihn warten. Am 12. Juli 1831 darf er mit den »versprochenen Stunden« anfangen. Den Abend zuvor hat ihm Wieck noch ein paar Ratschläge gegeben, wie er Dorn freundlich für sich stimmen könnte. Er solle es vermeiden, dem Meister zu widersprechen. Schumann lag es auf der Zunge, das habe er schon bei ihm, bei Wieck, geübt.

Dorn empfing ihn nicht allein. Er befand sich in Gesellschaft eines kleinen, gedrungenen Mannes, dem der große und schwere Kopf etwas Gnomisches verlieh.

Dorn stellte sie einander vor: Wagner; Schumann.

Schumann erinnerte sich, Wagner im »Kaffeebaum« gesehen zu haben, aus der Ferne und nicht ohne Aversion. Der kleine Kerl machte sich groß, und sei es nur, daß er die Augen zusammenkniff, um die buschigen Augenbrauen wirken zu lassen, oder das Kinn herrisch nach vorn trieb.

Was haben Sie mir denn an Eigenem zu bieten, Herr Schumann? Dorn winkte Schumann gleich ans Klavier. Verzeihen Sie, wir haben nicht viel Zeit und wollen sie nutzen.

Er habe Variationen über ein Thema mitgebracht, sein opus 1, das demnächst im Druck erscheine.

Dorn bat Wagner, sich neben Schumann zu setzen und die Noten zu blättern, während er sich ans Fenster zurückzog.

Wagners Kleider rochen stark nach Tabak und waren ungelüftet.

Ich komponiere auch, sagte er und überflog neugierig die erste Seite der Partitur.

Schumann nickte. Ach so.

Wagner nickte mit und fügte dann hinzu: Schon länger.

Worauf Schumann in sich zusammensank, auf die Hände starrte und sich von neuem sammeln mußte.

Dorn räusperte sich ungeduldig.

Wagner machte nun eine aufmunternde Geste: Nun machen Sie doch schon, Schumann.

Der hätte ihm eine kleben können. Aber die Wut förderte seine Spiellaune. Er vergaß beinahe die Mängel der rechten Hand.

Hier können wir fortsetzen. Dorn schien nicht unzufrieden.

Wagner verabschiedete sich. Morgen bringe er seine Symphonie mit, versprach er.

Kennen Sie ihn? fragte Dorn.

Nur sehr flüchtig.

Ohne Zweifel eine tolle Begabung. So von sich überzeugt, daß er Gebirge versetzen könnte. Das fehlt Ihnen etwas, Schumann.

Das fehlte ihm mehr als nur etwas. Und es mußte ihm nicht bescheinigt werden. Er wußte es, litt darunter. Er brachte kein Wort über die Lippen, obwohl er gern eine kleine Gemeinheit über Wagner losgeworden wäre. Zum Beispiel, daß es dem kleinen Kerl an Manieren fehle.

Wagner sei gerade mal achtzehn, hörte er von Dorn, und mache schon viel von sich reden.

Das allerdings, das wußte er, das tat er auch.

Nicht nur die Abegg-Variationen sollten bei Kistner erscheinen, ebenso die »Papillons«, die Studien nach den Paganini-Capricen und die »Intermezzi«.

Clara verspricht, seine »Intermezzi« zu spielen, doch er schreibt schon an einer Symphonie und hört gar nicht hin. Die Arbeit strengt ihn über die Maßen an, besonders die zunehmenden Reibungen mit Dorn, der nichts anderes im Sinn hat, als ihn mit Fugen zu traktieren. »Mit Dorn werde ich mich nie amalgamieren können; er will mich dazu bringen, unter Musik eine Fuge zu verstehen.«

Unvermutet taucht Charitas auf. Es ist ihr gleichgültig, ob er Besuch von Freunden hat. Sie beansprucht ihn einfach, und seine Verlegenheit stimmt sie noch überschwenglicher und besitzergreifender. Jedesmal gibt er ihr nach. Jedesmal läßt sie die Angst zurück, er könne wieder krank werden, und dazu eine pechschwarze Traurigkeit, die zu überwinden ihm nur gelingt, wenn er sich bis zur Besinnungslosigkeit betrinkt.

Und manchmal springt ihm Clara über den Weg. Er müht sich, heiter und erfolgreich zu erscheinen, erzählt von Dorn, kopiert ihr seine Kompositionen und hofft, daß sie auf diese Weise auch Wieck zur Kenntnis nimmt.

Sie war ihm sowieso mit einem eigenen Werk zuvorgekommen, hatte ihm ihren Erstling geschenkt: Vier Polonaisen, bei Hofmeister herausgekommen und mit einer in schönster Handschrift gemalten Widmung: »Herr Schumann, der seit Michaelis bei uns wohnt und Musik studirt.«

Jetzt wohnt er nicht mehr bei Wiecks.

Clara sieht er trotzdem regelmäßig. Oft ist sie allerdings mit dem Vater unterwegs, gibt Konzerte.

Sie sind berühmt, schmeichelt er ihr.

Sie ist noch nicht dreizehn. Ein Kind ist sie nicht mehr. Noch vor ein paar Monaten erzählte er ihr und ihren Geschwistern Märchen, erfand Abenteuer. Nun mißtraut sie seinen Phantasien.

Sie erzählt ihm, wie sie mit dem Vater nach Weimar reiste, in der Hoffnung, Goethes Aufmerksamkeit zu gewinnen: Wissen Sie, Herr Schumann, der große Goethe, er ist ja auch schon sehr, sehr alt, zweiundachtzig Jahre, und kein Mensch auf der Welt so berühmt wie er.

Zur Zeit, verbessert er sie leise.

Sie wirft ihm irritiert einen Blick zu, läßt sich aber nicht drausbringen, fährt fort: Wir haben eine Weile abwarten müssen, weil, was den Vater verdroß, wichtigtuerische Bekannte von Goethe uns nicht angemeldet haben. Sie legt den Finger an die Nase und spricht mit ein wenig gehobener Stimme: Es geschah am 1. Oktober 1831.

Ihr Anblick rührt ihn. Wie sie die ohnehin großen Augen in Erinnerung an die Begegnung noch mehr aufreißt, als könnte sie zurückblicken und alles noch einmal sehen. Und dazu ihr ebenmäßiges, etwas angestrengtes, bleiches Mädchengesicht.

Dieses Datum werden Sie Ihr Lebtag nicht vergessen, Fräulein Clara.

Sie überhört seinen Spott und antwortet mit naivem Enthusiasmus.

Wir haben überhaupt nicht warten müssen. Ein Diener führte uns gleich zu ihm. Mir war's ganz ungemütlich, ich habe Angst gehabt. Goethe hat erst den Vater begrüßt, dann mich, besonders lange, und ich hab ihm in die Augen geguckt, von denen die Leute immer reden. Sie sind wirklich groß und blau und leuchten. Vielleicht, weil er sie so aufreißt.

Was haben Sie ihm vorgespielt?

Gleich, erwidert sie. Erst habe ich mich neben ihn aufs Sofa setzen müssen. Und ich hab aufgepaßt, daß ich mein grünes Kleid nicht knülle. Die junge Frau Goethe, die Frau von Herrn August von Goethe, kam mit ihren beiden Kindern. Das Mädchen ist fast so alt wie ich. Wir haben uns unterhalten sollen, nur ist uns nichts eingefallen.

Erst jetzt merkt er, daß Clara ihn an der Hand genommen hat. Er drückt sie behutsam.

Und nachdem Ihnen nichts eingefallen ist, haben Sie sich ans Klavier gesetzt?

Sie nickt, zieht ihre Hand zurück. Verspotten Sie mich nicht, Herr Schumann.

Nein, versichert er, sehr ernst, und stellt sich ihr in den Weg. Sie wirkt noch zarter und durchsichtiger als sonst. Oder doch! verbessert er sich. Vielleicht habe ich doch spotten wollen. Dann entschuldige ich mich, Clara, für meine Ungezogenheit.

Seine Abbitte bringt sie in Verlegenheit. Blut schießt ihr unter die Augen. Sie legt eine Hand vor den Mund, als wolle sie sich jedes Wort verbieten. Mit einem Schritt ist sie an ihm vorbei, hascht nach seiner Hand und sagt, als wäre nichts gewesen: Also ich habe gespielt. Nur nicht gleich. Weil mir der Klavierstuhl nicht paßte. Er war zu tief. Da hat Goethe selber nach einem Kissen gesucht, eins gebracht und auf den Stuhl gelegt. Der Vater hat sich später noch darüber gewundert. Ich hab »La Violetta« von Herz gespielt.

Und Goethe?

Er hat in die Hände geklatscht und ein paar Damen und Herren, die noch ins Zimmer getreten waren, aufgefordert, Platz zu nehmen und mir weiter zuzuhören. Dem Kind zuzuhören, hat er gesagt. Er ist ans Klavier gekommen, hat mir übers Haar gestrichen und mich aufgefordert, noch ein Stückchen zu spielen. Ich hab die Bravour-Variationen von Herz gespielt. Die sind verflixt schwer. Der Vater war zufrieden mit mir, Herr von Goethe wohl auch.

Und was hat er gesprochen?

Lauter gescheite Sachen, hat Vater gefunden.

Ja, was denn, Clara?

Zu mir hat er gesagt, ich hab noch am Klavier gesessen: Mädchen, du hast ja mehr Kraft als sechs Knaben zusammen. Das fand ich nicht so gut.

Aber er hat doch recht!

Meinen Sie das wirklich auch, Herr Schumann?

Am Klavier auf alle Fälle.

Und im Leben?

Mit dieser kinderhellen Frage überrumpelt sie ihn. Er schnappt nach Luft, fürchtet ins Stottern zu geraten, drückt ihre Hand und sieht auf die Schatten, die sie vor der kalten Herbstsonne werfen, ein schwerer sich vorwärts schiebender und ein sehr leichter, den der Wind vom Weg heben könnte.

Leise sagt er: im Leben vielleicht auch, und fragt gleich, um sie nicht dreinreden zu lassen: Und hat er sich über Ihr Spiel geäußert?

Sie läßt sich Zeit, ihm zu antworten. Ihre Schatten rücken ein wenig näher zusammen.

Ja, sagt sie, darüber bin ich stolz. Er hat gesagt – sie bleibt stehen, läßt seine Hand los, wölbt die Brust und verzieht das Gesicht, als könnte es ihr gelingen, wie der alte Goethe auszusehen – er hat gesagt: Über Claras Vorstellung vergißt man die Komposition.

Womit sie Schumann von neuem verblüfft, aber dieses Mal durch Goethe.

Soviel musikalischen Geschmack hätte ich ihm gar nicht zugetraut.

Doch, doch.

Er kann ihrem Ernst nicht widerstehen.

Adieu, Herr Schumann. Plötzlich läuft sie fort, läßt ihn stehen. Er möchte festhalten, was mit ihr fortläuft, diesen Anflug von versprochenem Glück, nur ist es ihm nicht geheuer, so, wie er sich selber nicht geheuer ist: Da läuft dieses Kind, das mehr Kraft hat als sechs Knaben zusammen.

Er fängt eine andere Geschichte an, redet sich eine neue Liebe ein, und er schafft es, gegen Dorn, alle jene winzigen Bewegungen, die ihn verwirren, mitnehmen, erheitern und schmerzen, in Musik umzusetzen. Er findet seine Sprache, schreibt die zwölf »Papillons« ohne Mühe, schreibt gleichsam sein Befinden ab, das er, um es sich selber nicht schwierig zu machen, romantisch nennt. Er könnte es auch als sprunghaft bezeichnen, als brüchig, als angenehm aufgeregt. So, wie er jetzt, Ende 1831 und Anfang 1832, gestimmt ist.

Die neue Liebe darf keine sein. Sie ist ihm nicht erlaubt. Darum liebt er, wie er als Leser Jean Pauls Jakobine geliebt hat, mit sich selber redend, ohne sich der Geliebten zu erkennen zu geben. Es ist Rosalie, die Frau seines Bruders Carl. Ihretwegen reist er öfter nach Zwickau, ist Gast bei der Mutter, läßt sich von ihr verwöhnen, spielt ihr die »Papillons« vor, die er ihr und zugleich Rosalie in »Prachtausgaben« geschenkt hat, läuft der Geliebten über den Weg, wirft ihr gelegentlich Blicke zu, spricht, was er ihr sagen möchte, in sich hinein, bis jedes Wort ein Echo bekommt, ihn aus dem Gleichgewicht bringt, er sich entschuldigt und verzieht. Ins Tagebuch schreibt er: »Der Künstler muß sich immer im Gleichgewicht mit dem Außenleben halten, sonst geht er unter wie ich.«

Carl und Rosalie halten sich für mehrere Tage zur Messe in Leipzig auf. Die Gassen der Stadt beleben sich, werden laut. Im »Kaffeebaum«, in den anderen Weinstuben drängen sich die Gäste mehr denn je. Der Frühling wird Verkäufer von guten und schlechten Nachrichten.

Schon in Zwickau hatte er Rosalie, als er sie durch die Buchhandlung führte, zu seinen Kinderverstecken, seine Liebe erklärt. Im nachhinein fragt er sich, ob sie ihn verstanden hat. Es ist eigentlich mehr eine Klage über die Veränderungen gewesen, die nach dem Tod des Vaters im Geschäft stattgefunden hatten. Die Gänge zwischen den Regalen waren nun so eng, daß sie beide sich zwischen ihnen drängen mußten. Immer wieder berührte ihre Schulter die seine, sein Arm den ihren, und in besonders köstlichen, zufälligen Augenblicken rieb ihr Handrücken den seinen.

Genau hier stand das Regal mit dem Schreibbrett, an dem ich für Vater exzerpierte. Sehen Sie, hier, Rosalie.

Sie starrt die Bücher an, die dicht aneinandergereiht stehen.

Ja, hier. Aber, sagt er, ich müßte Ihnen – Was?

Er befindet sich schon woanders, schnurrt zusammen im Erinnern: Da stand Vater, als ich ihm von meiner ersten Stunde bei Kuntsch erzählte.

Ja?

Jaja, sagt er. Und: Ich liebe.

Ja? fragt sie von neuem.

Er hastet ihr voraus, fort aus ihrer Nähe, die ihn fiebrig und verrückt macht.

Sie holt ihn wieder ein.

Ich, sagt er. Die Zunge rollt sich zusammen. Noch einmal: Ich.

Umgäbe nicht ihre freundliche Arglosigkeit sie wie ein Schutzwall, würde er auf der Stelle sich zu ihr umdrehen, sie in die Arme reißen – doch er tritt zur Seite, schluckt, schaut sich zu ihr um, verzieht sein Gesicht zu einem Grinsen, das ihr sichtlich nicht gefällt – Was ist mit Ihnen, Robert? –, und er entschuldigt sich für diese alberne Führung: Mit Zwickau mache ich es mir schwer. Halten Sie mich nicht für exaltiert, Rosalie. Nur habe ich hier allzuviel verloren, die Schwester, den Vater, die Kindheit auch. Daß ich alles verändert vorfinde, sollte mir selbstverständlich sein.

Sie faßt nach seiner Hand. Er zieht sie zurück.

Hier, sagt er, in dieser Stadt hat sich in alle Ecken die Trauer zurückgezogen und wartet darauf, über mich herzufallen.

Aber Robert, was haben Sie nur für abwegige Vorstellungen.

Er reißt die Tür zwischen Buchhandlung und Hausflur auf, macht ihr Platz und sagt sehr leis, im Tonfall eines Verschwörers: Romantisch würde ich die Vorstellungen nennen, Rosalie. In seinem Kopf kreist ein Vogel mit Knabenstimme: Ich liebe dich, ich liebe dich.

Da mischt sich Clara ein. Nicht, daß sie Rosalie seiner Phantasie streitig machen wollte. Noch nicht. In der Musik jedoch sind sie verbündet.

Der ehemalige Diakon an St. Marien, Richter, hat Wieck oder genaugenommen Clara eingeladen zu einem Konzert. Die Zeitung kündigt das Ereignis an: »Clara Wieck, die *dreizehnjährige* berühmte Virtuosin auf dem Pianoforte wird mit ihrem Vater, Herrn Wieck, den 18. Nov., in dem Saal des Gewandhauses, unter Mitwirkung des Singvereins, ein großes Klavierkonzert geben. Herr Robert Schumann wird einige Sätze seiner ersten von ihm komponierten Symphonie dabei zur Aufführung bringen.«

Wieck und Clara treffen bereits am 14. November ein. Sie steigen im »Hotel Post« ab. Durch einen Boten erfährt Schumann von ihrer Ankunft. Er wohnt zu Hause, hat für zwei Wochen sein altes Zimmer beziehen dürfen, das seine Mutter sonst benützt. Die Unruhe treibt ihn um. Am Klavier hält es ihn nicht lang mit dieser verdammten Hand. Er könnte alten Gespenstern begegnen, alten vergessenen Liebschaften.

Ich komme dir nicht nach, Robert, klagt die Mutter.

Er lacht. Das hast du mir schon vor zehn Jahren gesagt. Er müsse zum »Hotel Post«. Wieck und Clara erwarteten ihn zu einem Vorgespräch mit Richter.

So kennt er Clara nicht. Alles dreht sich um sie. Sie wünscht, fragt, weist an. Ihre Kinderstimme bekommt einen scharfen Rand. Wieck fügt sich ihr, mit kurzen ironischen Ausbrüchen:

Auch wenn du eine weitere Probe anordnest, Clara, wird dieses Orchester um kein Jota besser. Alle Musiker sind blöde, ich auch, aber denen mangelt es noch an Witz.

Sie wolle gleich morgen vormittag mit dem Orchester die Bravour-Variationen von Herz proben.

Richter bittet, die Probe um einen Tag verschieben zu können.

Die Probe sei ihnen aber schriftlich zugesagt.

Schon. Schon.

Richter behandelt sie wie ein ungezogenes Kind, redet von oben herab, schnalzt begütigend.

Sie sitzt hochaufgerichtet, die weißgestärkte Bluse knistert, und ihre Augen werden immer größer.

Ich bestehe darauf, Herr Richter. Sie sagt es so »erwachsen«, daß Robert sie erstaunt anstarrt, Wieck beifällig nickt und Richter nun ohne weiteres zustimmt. Es wird sich machen lassen, Fräulein Clara.

Und ich? fragt Robert, nachdem das Gespräch sich beruhigt hat, sie sich mit dem Zwickauer Publikum beschäftigen, seinem musikalischen Geschmack, den Richter lobt – und ich, wann kann ich mit dem Orchester proben? Die Noten haben die Musiker seit einer Woche.

Oh, Sie können mir böse sein, Robert. Ich habe vor lauter Eifer nicht aufgepaßt. Sie kommen zuerst dran, morgen früh. Clara legt betroffen die Hand vor den Mund und kräuselt die Stirn. Sie dürfen mir nicht böse sein.

Aber nein! Er könnte ihr versprechen, demnächst die neuesten Geschichten von E. T. A. Hoffmann vorzulesen, das paßte aber nicht hierher. Darum beteuert er, ihr gewiß nicht gram zu sein. Ich bin morgen pünktlich zur Stelle, verspricht er.

Erzählen Sie von den Berühmten, denen sie begegneten, Fräulein Clara. Ich bin gewissermaßen ein bissel neugierig. Richter traut sich, von Clara zum Lakaien degradiert, nun endlich in der Rolle des braven Zwickauers zu, ihr Nachrichten aus der großen Welt abzufragen.

Anstelle von Clara antwortet Wieck, der, um Richter zu imponieren, in dem engen Hotelzimmer hin und her stapft und tänzelt und alle Größen, die er nennt, in Posen zitiert: Chopin, mit einer halben Pirouette und einem folgenden Hüsteln; Goethe, indem er tief einatmet und drei Schritte mit hochgewölbter Brust geht; Mendelssohn, mit gefalteten Händen unter der Nasenspitze; und Moscheles, mit kurzen Schritten. Alle haben ihrer Kunst am Pianoforte gehuldigt, alle! donnert Wieck und macht für diesen Abend einen Punkt.

Richter und Schumann sind entlassen.

Der Wirbel verstärkt sich bis zum Konzert. Clara wechselt mit den Kleidern die Launen. Der Flügel klinge dumpf und kalt. Er müsse vor dem Konzert gestimmt werden.

Einen Stimmer gebe es jedoch nur in Greiz. Und das Klavier ist vor den letzten Konzerten nie gestimmt worden.

Sie staunt, kann es nicht glauben.

Das könne der Singverein sich nicht leisten.

So kann ich nicht spielen. So nicht.

Wieder gibt Richter nach. Die Angelegenheit koste ihn neun Taler.

Viel später, schon in Dresden, wird Clara Robert an die Zwickauer Misere erinnern. Weißt du noch, dieser Richter hat das Stimmen eine Angelegenheit genannt. Eine Angelegenheit! So verstehen die Musik. Als Angelegenheit!

Jetzt, eine halbe Stunde vor dem Konzert, gibt ihm Clara einen Kuß auf die Backe.

Sie warten zu dritt in dem Zimmer, in das ihm vor ein paar Jahren die Mädchen folgten, Liddy und Nanni. Vielleicht trifft er sie im Publikum.

Sie werden alle da sein.

Wer? fragt Clara.

Er zieht stumm die Schultern hoch, und Wieck gibt für ihn Auskunft: Vermutlich meint er alle die Zwickauer, die er von Kind auf kennt. Seine Freunde, seine Geschwister, seine Mama und natürlich, wie ich ihn einschätze, die Mädchen von damals auch.

Clara schaut fragend zu ihm hoch.

Er schnieft, zieht Grimassen, drückt die Noten an die Brust.

Sie werden erwartet, Clara.

Hüpfend, mit roten Backen, kommt sie nach einer halben Stunde von der Bühne, der Applaus hastet ihr nach und verlangt sie zurück, und es braucht Zeit, bis er sie freigibt.

Wieck hat ihre Kleider zurechtgelegt. Sie läßt sich aufs Sofa fallen, streckt die dünnen Beine von sich.

Das Orchester ist gräßlich, sagt sie. Und tröstet Robert: Es wird sich Mühe geben.

Er sitzt neben dem Spiegeltisch, beobachtet sie, denkt, daß alle diese Aufregungen und Erregungen längst selbstverständlich für dieses Kind sind, das er anschaut wie eine Frau oder wie ein Geschöpf, das nicht mehr Kind ist und noch nicht Frau, aber doch schon so viel, daß es ihn plötzlich und überraschend erregt.

Wie bestellt und nicht abgeholt, kichert sie.

Was ist? fragt Schumann, aus den Gedanken gerissen.

Sie sitzen da, wie bestellt und nicht abgeholt.

Wieck schüttelt ärgerlich den Kopf: Solche Bemerkungen gehören sich nicht, Clara.

Aber er ist doch der Dirigent und wird seine eigene Symphonie dirigieren.

Wieck lauscht an der Tür. Im Saal sei es ruhiger geworden. Gleich wird Richter Sie holen. Ich wünsche Ihnen Erfolg, Schumann. Eine leise Stimme kommt flüsternd hinterher: Ich auch, Robert.

Es wird kein Erfolg. Das Publikum will ihm wohl, applaudiert freundlich und kränkt ihn um so mehr.

Clara schreibt in ihr Tagebuch: »Erster Satz von Schumanns Symphonie wurde gegeben, aber nicht verstanden. Sie machte auch – für so ein Publikum wenigstens – zu wenig Effekt – ist aber gut gearbeitet und erfunden – aber zu mager instrumentiert.«

Die Familie feiert ihn. Seine Mutter ist stolz. Wie eine Lebensformel wiederholt er im Gespräch mit ihr mehrfach: Als Virtuose habe ich keine Zukunft, als Komponist werde ich groß herauskommen.

Sie glaubt ihm.

Von Rosalie träumt er in der Nacht nach dem Zwickauer Auftritt: Sie begleitet ihn auf einer Konzertreise, ohne Carl, lehnt sich in der Kutsche gegen ihn, macht ihn sehnsüchtig, doch in der Poststation oder im Hotel verschwindet sie jedesmal, worauf er verzweifelt nach ihr sucht, durch Gänge hetzt, Türen aufreißt, von Gästen und Bediensteten angeherrscht und gestoßen wird, schluchzt, sich schluchzen hört und sie erst in der Kutsche wiederfindet, zarter und anziehender und ferner denn je.

Als die Mutter ihm beim Abschied sagt: Wenn die Clara mal aus den Kinderschuhen gewachsen ist, könnte sie deine Frau werden, reagiert er nicht verlegen, sondern übermütig: Hast du eine Ahnung, Mutter. Clara lebt ja schon auf großem Fuß.

Rosalie folgt ihm, nicht im Traum, doch redet er sich ein, um der Wirklichkeit zu entkommen, die Szene geträumt zu haben.

Wieder hat sie Carl zur Messe begleitet. Schumann leidet unter Schnupfen und Kopfschmerz. Clara, die er auf der Straße trifft, findet er spöttisch und kalt. Er rennt in die Stadt hinein wie auf eine überfüllte Bühne. Nur mit Rosalie hält er es hier aus. Seine Empfindungen kommen ihm in ihrer Gegenwart wie zugespitzt vor, wie ein einziger Nerv, der bei jeder Berührung schmerzt.

Sie schlendern miteinander über die Messe, besuchen Carl, der an einem Stand die Bücher seines Verlages anpreist, darunter die des Vaters.

An diesen Biographien habe ich mitgeschrieben. Er reicht Rosalie einen umfangreichen Band. Carl erzählt, wie er ihn beneidet habe um Vaters Vertrauen.

Es könnte tatsächlich Vertrauen gewesen sein, sagt er.

Rosalie findet, daß er immerfort an sich zweifle.

In einem Konzert – Carl hat sich mit Buchhändlern in Auerbachs Keller getroffen – hören sie gemeinsam Adelaide Schiasetti und den Kammersänger Vestri Duette aus Rossinis Opern singen.

Rossini komponiere eine geistreiche Musik, vor allem im »Barbier«.

Geistreich? fragt Rosalie zweifelnd und gibt sich selber die Antwort: Sprühend und launisch, das ja. Um zu beweisen, wie die Musik auf sie wirkt, nimmt sie seine Hand und drückt sie an ihre Brust.

Darauf ist er nicht gefaßt. Sie überrumpelt ihn, macht ihn hilflos. Erschrocken entzieht er ihr die Hand, läuft ein paar Schritte von ihr weg, weg auch von den wilden und wüsten Gedanken, die ihm durch den Kopf gehen.

Nicht, sagt er. Ich, sagt er. Er stottert und schweigt. Rosalies
argloses Lächeln sammelt sich unter dem großen Hut zu
einem Lichtflecken.

Natürlich kenne ich mich in der Musik längst nicht so aus wie
Sie, Robert.

Den andern Morgen erscheint sie, ohne daß sie sich verabredet haben.

In der Nacht hat ihn Christel überrascht.

Meine Charitas.

Vielleicht hat sie gespürt, daß er sie nötig habe. Sie kam zur
rechten Zeit. Mit ihr konnte er sich die falsche Sehnsucht
nach Rosalie austreiben, alle die Wünsche, die nichts als Verrat bedeuteten.

Die Morgendämmerung ist ihre Zeit. Sie bewegen sich langsam aufeinander zu, fallen in sich hinein. Er ist nie ohne
Angst, wenn Charitas bei ihm ist. Unsere Liebe ist krank, sagt
er, macht krank. Sie will ihm ausreden, was er weiß und woran
er leidet. Du Romantiker, schimpft sie ihn. Das Wort hat sie
von ihm. Sie lädt es mit ihrem Zauber auf.

Sie sind früh aufgestanden. Er lehnt am Fenster, schaut in
das Gärtchen hinunter. Charitas wäscht sich das Gesicht,
den Hals und zieht laut den Atem ein. Du hast mal wieder
die Sprache verloren, Robert. Sie beugt sich tiefer übers
Lavoir. Ich möchte nur wissen, wo du mit deinen Gedanken
bist.

Dieses Mal könnte er es ihr verraten, denn er hört eine Musik,
die sie ihm eingegeben hat, einen Walzer, der im dritten
Schritt ein wenig irre klirrt und der sich in einer Wiederholung fortsetzt, die das Klirren nicht mehr braucht. Coquette
könnte das Stückchen heißen.

Willst du noch bleiben? fragt er und beginnt einen Wortwechsel, den sie geübt haben, der, wenn sie über Nacht bei ihm war, stets den Morgen beendet.

Ist das ein Rausschmiß, Herr Schumann?

Das kommt auf Ihr Feingefühl an, Mademoiselle Charitas.

Soll ich das haben?

Ich bitte Sie.

Dann, lieber Robert, geh ans Klavier. Doch vorher gib mir einen Kuß zum Abschied.

Dazu kommt er nicht mehr.

Es hat geklopft. Sie erstarren, werden Figuren in einem Bild. Rosalie tritt ein, tritt in das Bild, belebt es wieder, vorsichtig, als könnte es durch zu heftige Bewegung zerstört werden, begrüßt erst Robert, dann Charitas mit einem Kopfnicken und trippelt danach Schritt für Schritt rückwärts zur Tür, beide nicht aus den Augen lassend, hält einen Moment an, sagt: Pardon, und schließt die Tür zwischen sich und ihnen wie einen Vorhang.

Ein Jahr darauf stirbt Rosalie.

An Clara, die wieder einmal konzertierend unterwegs ist, schreibt er im Januar 1832: »Haben Sie denn recht componirt? und was? Im Traume höre ich manchmal Musik – so componieren Sie. – Bei Dorn bin ich bis zur dreistimmigen Fuge; außerdem ist eine Sonate in h-Moll und ein Heft Papillons fertig; das letzte erscheint binnen 14 Tagen, im Drucke nämlich. Dorn gibt in 4 Wochen ein Conzert... Das Wetter ist heute herrlich. – Wie schmecken denn die Äpfel in Frankfurt? Und wie befindet sich das dreimal gestrichene F in der Springvariation von Chopin? Das Papier geht zu Ende. – Alles geht zu Ende, nur nicht die Freundschaft, mit welcher ich bin Fräulein C. W.s wärmster Verehrer R. Schumann.«

Alles geht zu Ende. Die Studien bei Dorn haben ihm schon eine Weile nicht mehr genügt. Dorn will ihn nicht ausbrechen lassen. Stur beharrt er auf dem Formalen. An Fugen solle er seine Phantasie schleifen. Alles andere bleibe Dilettantismus. Was er Dorn vorschlagen möchte, schlägt nun der vor. Es scheine ihm, als ob er in seiner Sprunghaftigkeit, seiner Angst von einem selbstgespannten Seil stürzen wolle. Wir kommen nicht weiter miteinander. Gehen Sie, bittet er ihn freundlich und unnachgiebig.

Schumann bleibt wieder einmal die Sprache weg. Stumm macht er sich davon. Erst ein paar Wochen später holt er die Frage, den Vorwurf nach, obwohl er dankbar für die endlich geschenkte Freiheit ist: »Verehrter Herr Direktor! Was konnte Sie zu einem so plötzlichen Abbrechen unsres Verhältnisses veranlassen? Freilich bat ich so lange um Nachsicht und Entschuldigung, daß Ihnen die Sache lästig wurde. Aber daß mich der Führer so kurz vor dem Ziele verlassen konnte, glaubte ich kaum; denn erst jetzt, nachdem ich zwei meiner Bekannten bis zu den Ligaturen verholfen habe, sah ich Ihren gründlichen Lehrgang. -- Glauben Sie nicht, daß ich seit Ihrer Trennung stillgestanden oder faul gewesen bin.«

Das ist er nicht. Er hat die Abegg-Variationen komponiert und veröffentlicht, die »Papillons«, die Paganini-Capricen und nicht zuletzt die »Intermezzi«.

»Wer weiß, was aus einem, wenn auch allzu vorzeitig wilde Funken sprühenden jungen Künstler, wie Herrn Schumann, noch werden kann?« fragt ein Kritiker im »Allgemeinen Musik-Anzeiger« von Wien.

13

Klingelfeld stellt fest, daß er neuerdings wetterfühliger als sonst sei und von einem schneidenden Kopfschmerz geplagt werde, sobald sich ein Gewitter nähere. Da dieser Sommer sich durch besonders viele Gewitter auszeichne, bekomme er die Schmerzen gar nicht mehr los. Doktor Richarz gibt ihm für zwei Tage frei, obwohl er anderer Ansicht ist, die Kopfschmerzen für Anzeichen von Erschöpfung hält, und obwohl er befürchtet, die Anwesenheit eines anderen Wärters könnte Schumann beunruhigen.

Klingelfeld genießt die beiden freien Tage, ist aber auch sicher, daß der Patient sie ihm heimzahlen werde. Er wandert den Rhein entlang bis Königswinter, übernachtet in einem billigen Gasthof und kehrt am zweiten Tag spätabends zurück. Unterwegs versucht er sich von den schönen Aussichten auf andere Gedanken bringen zu lassen. Das gelingt ihm nicht. Schumann folgt ihm auch hier. Trotzdem habe er sich auf dem kurzen Ausflug erholt, redet er sich ein. Fräulein von Reumont, die ihm nachts noch über den Weg läuft, findet, sein Blick habe wieder einen schönen, natürlichen Glanz.

Schumann hat, erzählt ihm Doktor Peters am Morgen, bevor er das Zimmer betritt und den Ersatz ablöst, den Neuen erst einmal nicht zur Kenntnis genommen, ihn mit Klingelfeld angesprochen, doch nach ein paar Stunden sei seine Laune böse umgesprungen, er habe den Mann gestellt, ihn gefragt, weshalb er ihn täusche und den Betrüger Klingelfeld spiele, der ihn sowieso bestohlen habe, und den Mann so in die Enge getrieben, daß der Doktor Richarz um Hilfe gerufen habe.

Nur mit Mühe habe man Schumann überreden können, den Wärter auch in der Nacht im Zimmer zu dulden.

Zu Klingelfelds Überraschung sitzt Schumann in sich zusammengesunken in der Ecke des Sofas und schläft. Sonst pflegt er nach dem Frühstück im Zimmer auf und ab zu gehen. Seit wann schläft er? fragt er seinen Ersatz.

Er hat nur wenig gefrühstückt, sich danach entsetzlich aufgeregt, über das dreckige Hemd, das man ihn anzuziehen zwänge, und sich aufs Sofa zurückgezogen. Vielleicht, sagt der Mann, sorgen auch die Medikamente für Müdigkeit. Er erhält, weil er gestern ständig außer sich geriet, mehr *Ipecacunha* als gewöhnlich.

In diesem Moment öffnet Schumann die Augen. Der Vertreter verschwindet lautlos, und Klingelfeld sagt leise: Guten Morgen, Herr Schumann. Ich bin zurück.

Schumann bewegt die Lippen, öffnet den Mund. Mehr als nur ein Gurgeln ist nicht zu hören. Mit einer heftigen, wegwischenden Bewegung des linken Arms versucht er zur Sprache zu kommen.

Klingelfeld hält Abstand, sieht sich im Zimmer um, ärgert sich, daß sein Vertreter das Matratzenlager in Unordnung zurückgelassen hat, geht hin, ordnet die Decke, läßt dabei aber Schumann nicht aus dem Auge, der erhebt sich auch oder versucht es, denn zuerst fällt er zurück, ehe er es schafft und etwas wankend sich an den Tisch klammert, auf dem ausgebreitet Noten liegen: Klingelfeld! Er stößt mit dem Bein den Tisch zur Seite. Mir wurde gesagt, Sie seien tot. Was suchen Sie hier? Warum erschrecken Sie mich?

Ich hatte zwei Tage frei, Herr Schumann.

Schumann kommt auf ihn zu, finster, die Hände vor der Brust verschränkt und geht an ihm vorüber. Von nun an nimmt er ihn nicht wahr. Bei den Mahlzeiten, wenn er ihm den Löffel führt, sieht er durch ihn hindurch, beim Auskleiden behandelt er ihn wie einen hilfreichen Apparat.

In der Nacht schreit er; aber er bleibt liegen.

Um von Schumann nicht überrascht zu werden, steht Klingelfeld früh auf, setzt sich abwartend auf den Stuhl neben der Tür, eilt sofort zum Bett, als Schumann sich aufrichtet: Guten Morgen, Herr Schumann, erwartet Beschimpfungen und Vorwürfe – der Patient hat alles vergessen.

Er lehnt es ab, sich beim Waschen helfen zu lassen.

Fassen Sie mich nicht an, Klingelfeld.

Während er mit dem Waschfleck sich über Gesicht und Brust fährt, immer wieder, schaut er in den Spiegel, zieht Faxen, redet ganz und gar unverständlich, bis ein Wort deutlich wird: Lügner. Das wiederholt er viele Male.

Klingelfeld reicht ihm das Handtuch. Er trocknet sich ab. Greift nach dem Hemd, versucht es sich über den Kopf zu ziehen, spricht in sich hinein, voller Zorn, wirft das Hemd auf den Boden und beginnt sich von neuem zu waschen, dieses Mal so heftig, daß es über Klingelfeld hinwegregnet.

Den ganzen Tag über spielt er mit Klingelfeld, spielt er ihm mit. Unausgesetzt sucht er nach Dingen, die Klingelfeld versteckt, verlegt oder an sich genommen haben soll, wobei er ihn oder sich weiter einen Lügner schimpft, in den verschiedensten Lautstärken, und sich darin auch nicht von Fräulein von Reumont unterbrechen läßt, die dem Spiel eine Weile zuschaut, Klingelfeld einen mitfühlenden Blick zuwirft und das Zimmer wieder verläßt.

Es wird schlimmer mit ihm. Richarz hat Klingelfeld vor die Tür gebeten. Sie gehen den Korridor auf und ab. Schumann winselt hinter der Tür wie ein geschlagenes Hündchen.

Er vertraut Ihnen, Klingelfeld, selbst wenn er sich nicht danach benimmt. Als Sie fort waren, hat er oft nach Ihnen gefragt. Nicht den Wärter, sondern mich oder Doktor Peters. Er braucht Sie, hat sich an Sie gewöhnt. Also sammeln Sie alle Ihre Kräfte, Klingelfeld.

Er verspricht es dem Professor, doch sagt er ihm nicht, was er später Doktor Peters sagt: Auch wenn er manchmal wie ein Tier scheint und bitterböse, so ist er doch ein Mensch, den ich verehre, vielleicht sogar liebe, wenn das unsereinem gestattet ist, der ja seine Pflicht tut, sonst nichts.

Klingelfeld! Er brüllt, daß die Wände wackeln. Nichts kann ich finden! Meine Uhr nicht, die Noten nicht, mein Notizbuch nicht. Wo haben Sie meinen Atlas?

Klingelfeld stürzt ins Zimmer. Schumann sitzt auf dem Boden, die Beine von sich gestreckt wie ein Kind, das nicht spielen will. Er schaut zu Klingelfeld auf. Seine hellen Augen, oft matt und blutunterlaufen, leuchten überraschend klar.

Da sind Sie ja. Helfen Sie mir hoch. Es geht mir nicht gut. Mein Magen schmerzt. Wahrscheinlich habe ich Scheiße verschlingen müssen.

Klingelfeld zieht ihn hoch. Der schwere Mann lehnt sich gegen ihn, drückt den Kopf gegen seine Brust: Sie mischen mir Gift ins Essen. Ich bin sicher.

Er wird ruhiger. Als er jemanden im Saal Klavier spielen hört, springt er auf. Wie kann das sein, Klingelfeld, das ist niemandem außer mir erlaubt?

Entgegen Klingelfelds Erwartung will er jedoch nicht spielen. Er lacht, gurgelt, setzt sich an den Tisch, bringt die von Klingelfeld nach opera geordneten Noten durcheinander.

Wonach suchen Sie, Herr Schumann?

Die »Papillons«. Das ist Kinderarbeit. Ich möchte auf keinen Fall, daß sie gespielt werden.

Klingelfeld sucht, wobei ihn Schumann mißtrauisch beobachtet.

Sie bringen alles durcheinander.

Er findet das Heft. Schumann hat schon kein Interesse mehr.

Jaja, sagt er, und danach redet er in einer Sprache, die nur er versteht.

Vom 28. Juli an findet der Patient keine Ruhe mehr. Er schimpft fortwährend auf die Giftmischer, brüllt unverständlich, hört, selbst wenn er erschöpft ist, nicht auf zu jammern und zu lallen, brüllt erneut, schläft kaum; Klingelfeld schafft es nur mit Mühe, ihn zu waschen, ins Bett zu bringen; er weigert sich, sich anzuziehen, sich umzuziehen, zu essen, bis Doktor Richarz am vierten Tag anordnet, ihn mit Gewalt zu füttern. Drei Wärter bändigen ihn, und Klingelfeld flößt ihm mit dem Löffel Brei ein, den er nicht im Mund behält, übers Kinn rinnen läßt, ausspuckt und schließlich doch ab und zu schluckt, nachgibt und, als die Wärter ihn loslassen, in Weinen ausbricht, murmelt, er werde vergiftet, vollgestopft mit Unrat, ganz still wird, sich zum Sofa führen läßt – Klingelfeld erschrickt über sein weißes, aufgedunsenes Gesicht, in dem die Augen blicklos stecken.

Es ist schon gut, Herr Schumann.

Stundenlang klingt das Geschrei in Klingelfelds Kopf weiter. Er bittet Fräulein von Reumont, den Kranken zu beruhigen. Sie liest ihm vor. Klingelfeld geht hinaus in den Garten. Es ist heiß. Die Sonne sticht. Er setzt sich ins Gras, in den Schatten eines Baumes; nur allmählich läßt das Gebrüll in seinem Kopf nach. Zu Doktor Peters sagt er: Es könnte sein, ich werde verrückt wie Schumann.

Peters beruhigt und lobt ihn. Es sei außerordentlich, was er mit dieser Pflege auf sich genommen habe. Lang werde es mit dem Patienten nicht mehr gehen. Nie dürfe er vergessen, mit wem er es zu tun habe. Es sei ein edler Geist, der hier zugrunde gehe.

Endlich beschäftigt der Patient sich wieder. Er meidet zwar das Musikzimmer und hat die Noten vom Tisch auf den Boden verlagert, doch die neue Beschäftigung erheitert ihn sogar: Über einen Atlas gebeugt, sucht er nach Flüssen und schreibt sie in einer alphabetischen Liste auf. Das Verfahren verfeinert er im Laufe der nächsten Tage, indem er auch die preußischen Gebirge und Berge notiert.

Sehen Sie, Klingelfeld! Er fährt mit dem Finger über die Karte: Ich reise, ich verreise, und wenn Sie nicht auf mich achten, werde ich verschwinden.

Doktor Richarz stellt fest, daß sich sein Aussehen bessere, die Haut sich wieder straffe und er einem Gespräch aufmerksam folgen könne.

Konzentriert er sich bei seiner »geographischen Beschäftigung«, wie Richarz sie in seinem Tagebuch bezeichnet, raucht er eine Zigarre nach der anderen.

Obwohl Klingelfeld froh sein könnte über Schumanns Beruhigung, verfolgt er besorgt den Verfall der Sprache, meistens ist der Patient nicht mehr zu verstehen. Hin und wieder werden Wörter im Gelall verständlich. Sie bekommen im Fluß der dumpfen Laute jedoch keinen Sinn.

Die Sommerhitze, die den Patienten sehr plagt, läßt nach. Er muß nicht mehr so heftig schwitzen. Die Flüsse und Berge hat er alle aufgeschrieben. Es verlangt ihn ins Freie.

Begleiten Sie mich, Klingelfeld. Und Klingelfeld ist froh, daß sie das dampfende, stinkende Zimmer verlassen, für ein paar

Stunden spazierengehen können, über die Poppelsdorfer Allee oder hinein nach Bonn.

Doktor Peters bringt Schumann einen Brief von Clara. Freuen Sie sich, Herr Schumann, Ihre Frau hat Ihnen geschrieben.

Schumann nimmt ihn, bedankt sich und legt ihn zur Seite. Er werde ihn lesen, wenn ihn niemand störe. Dann gibt er doch seiner Neugier nach, reißt ihn auf, liest, erregt sich, schimpft, wedelt mit dem Papier durch die Luft, lacht, den Kopf in den Nacken gelegt, die Augen geschlossen.

Als Klingelfeld ihn anderntags auffordert, Clara mit einem Brief zu antworten, wehrt er ab. Ich habe nicht die Kraft dazu. Nicht die Kraft. Er pocht sich gegen den Kopf. Das wissen Sie doch, Klingelfeld.

Er ist nicht dazu zu überreden. Klingelfeld drängt Doktor Peters, Frau Schumann über das Befinden ihres Mannes zu unterrichten.

Anstatt daß er Clara schreibt, sitzt er den nächsten Tag am Sekretär, berechnet auf mehreren Seiten seine Vermögensverhältnisse – was meine Werke einbringen werden, Klingelfeld, für meine Frau, für die armen Kinder –, verbraucht ein Blatt nach dem andern, verwirft die Kalkulationen, gerät aus dem Rechnen ins Erinnern, schreibt, was ihm einfällt, Jahreszahlen, Namen, und Klingelfeld, der gelegentlich einen Blick auf die Schreibereien wirft, zeigt, nachdem er Schumann zu Bett gebracht hat, Doktor Richarz einen Zettel, der ihm auffiel: »1831 war ich syphilitisch«, steht da. Und weiter: »Ward mit Arsenik curiert.«

14
Novellette und drei Intermezzi
(*Markiert und lebhaft*)

Er regt sich auf, bestürmt und begeistert die Davidsbündler mit seinem Zorn über Kritiker wie Rellstab. Die seien nicht imstande, Schubert oder Chopin zu begreifen, geschweige denn Schumann. Bei Virtuosen und Rezensenten herrsche der Schlafmützenstil vor, und Legionen von Mädchen vergafften sich in Czerny.

Er sitzt unter ihnen, schwenkt das Glas, schwenkt eine der Musikzeitungen, die »Iris« oder die »Allgemeine musikalische Zeitung«: Wie können wir es zulassen, daß die musikalischen Zustände mehr und mehr verrotten? Wer herrscht denn auf den Klavieren? Herz und Hünsten! Wer auf der Bühne? Rossini! Inzwischen treten andere hervor, Neuerer und Romantiker, und die grauborstige Sauherde der Musikverwalter nimmt sie einfach nicht zur Kenntnis, hört sie mißgünstig oder verhöhnt sie.

Er redet und schaut sich zu. Er hätte auch auf den Stuhl springen können, ein Musikjakobiner, doch das hätte er nur im Rausch gewagt, und da wäre ihm keine Rede gelungen.

Wie gerufen, stellen sich Gleichgesinnte ein. Die Davidsbündler bekommen Zulauf, zum Vergnügen Florestans, zur Besorgnis von Eusebius.

Wir sollten nicht vorlaut werden, Florestan, bevor wir unsere Anschauung nicht formuliert haben.

Ach was, Eusebius, wir haben sie ja, wir praktizieren, komponieren sie. Philosophen sind wir nicht.

Der Musikschriftsteller Ernst August Ortlepp zählt zu den

neuen Bundesbrüdern. Seine Aufsätze erscheinen vor allem in der »Zeitung für die elegante Welt«, die Florestan, um Clara zu ergötzen, in »Die Elefantenwelt« umgetauft hat, da er deren Leser zur Genüge kenne.

Wenzel, den Wieck in die Runde eingeführt hat, kann Florestan nicht leiden. Er benutze seine Liebenswürdigkeit wie eine Salbe, nur für sich selbst, und in diesem Fall widerspricht ihm Eusebius bloß halbherzig: Der Wenzel beherrscht, mein lieber Bruder, alle Klaviaturen, nicht allein die von Wieck geschätzten, auch die für unsere Pläne nützlichen.

Über Stegmayer, den Komponisten und Pianisten, ebenfalls ein Wieck-Zögling, wissen beide nichts zu sagen. Julius Knorr dagegen haben sie sich, ohne Einwände, zum Freund gewählt. Er liebt Chopin wie sie, und er ist originell, wie sie es von einem wahren Davidsbündler erwarten. Er säuft, doch nicht auf Kosten des Verstandes. Er versteht es, über Musik nachzudenken und dabei eine Anschauung, eine musikalische Ästhetik zu vertreten. Allerdings verärgert er die Freunde mitunter durch Unpünktlichkeit, die einen realen Grund hat: Er muß die vom Vater geerbte, goldene Taschenuhr aus Geldnot immer wieder ins Leihhaus bringen.

Das sind einige der Bundesbrüder. Alle kennt nicht einmal ihr erfinderischer Wortführer. Den einen oder andern kann er sogar von einem Tag auf den andern vergessen. Er wirft Sterne an seinen Himmel, und sie leuchten, solange er sie denkt.

Der Plan, eine Zeitschrift zu gründen, als Stimme gegen die überkommenen Vorstellungen von Musik, als Organ einer neuen Ästhetik, gedeiht allmählich.

Wieck fragt, woher das Geld kommen solle.

Das schert Schumann nicht. Noch verfügt er über sein Erbe,

und die Brüder, Carl, Eduard und Julius, könnten ihm als Buchhändler beistehen.

Und wie findest du einen Verlag? wirft Glock, die alte medicinische Muse, ein.

Auf Glock hört Schumann nicht mehr. Seit er ihn behandelt hat, maßt er sich eine Nähe an, die Schumann stört. Dennoch versucht Glock, die alte Vertrautheit zu erneuern. Auch wenn er schneidend zurecht- und zurückgewiesen wird. Er begreift Schumann nicht.

Was habe ich dir angetan, Robert?

Nichts. Wieso fragst du mich das?

Du behandelst mich schlecht, übersiehst mich, verhöhnst mich. Merkst du das nicht?

Doch.

Schumann lächelt durch ihn hindurch, sieht ihn wie auf einem Bild, das er sich zum Abschied von ihm gemacht hat: Den großen, schweren, von kurzen, blonden Locken gerahmten Bauernkopf mit den auffällig zur Nasenwurzel gerückten Augen, deren argloser Blick ihn, es ist nicht lange her, gerührt und angezogen hat.

Du tust ihm weh, wirft Eusebius Florestan vor.

Nicht mehr als er mir.

Was bist du für ein Egoist.

Kein größerer als er.

Immer mußt du spielen, auftreten.

Weil es mich sonst nicht gäbe, Eusebius.

Und mich, Florestan?

Dich eben auch nicht.

Solche Gedankensprünge helfen ihm, er läßt sie nicht laut werden. Die Freunde ahnen bloß, daß seine beiden Wesen miteinander streiten. Dann sitzt er bei ihnen, stumm, auf seinem Lieblingsplatz am Rande, hört nicht zu, sondern horcht in sich hinein, und wenn er ausdauernd wegbleibt, richtet sich die Aufmerksamkeit aller auf ihn: Schaut mal, Eusebius und Florestan treiben wieder mit Robert um.

Wieck, Meister Raro, bestärkt ihn in seinen Planungen. Er schlägt vor, einen Freundeskreis zu gründen – nicht nur Davidsbündler, Robert, die du dir einbildest –, der für den Anfang Kapital beisteuern könnte.

Um die Brüder für das Projekt zu gewinnen, reist er eigens nach Zwickau. Seine Mutter hat er vorgewarnt: »Die neue musikalische Zeitschrift nimmt vor der Hand unsere ganze Tätigkeit in Anspruch.« Die möglichen Hilfen der Brüder, auch die finanziellen, werden nebenbei abgesprochen, und mit seiner Mutter kommt er gar nicht dazu, über die Zeitung der Davidsbündler zu reden, sie überschüttet ihn mit verspäteten Vorwürfen. Er trinke unmäßig, das höre sie immer wieder von guten Bekannten. Er habe Frauenbekanntschaften. Sie spuckte das Wort aus wie einen Knorpel: Frauenbekanntschaften. Die Nächte mache er zum Tag.

Liebe Mama. Es stimmt. Ich habe gesoffen. Hörst du? Ich habe gesoffen. Das ist vorbei. Welche Frau deine Gewährsleute im Sinn haben, kann ich dir nicht sagen.

Und was soll aus dir werden, Robert?

Ich schrieb dir doch. Mit der Gründung der Zeitschrift hoffe ich mir eine Zukunft zu sichern. Außer Ruhm und Ehre erwarte ich auch noch ein gutes Einkommen.

Und die Musik, Robert?

Sie kann so boshaft sein, beklagt er sich bei Carl. Erkläre ich ihr, wie ich mir meine Zukunft vorstelle, fragt sie mich nach der Musik, mit der ich meinen Unterhalt bestimmt nicht bestreiten kann.

Ehe er mit der Post nach Leipzig zurückreist, spaziert er durch die Stadt. Was nur wenige Jahre zurücklag, die Schulzeit, die Lehre bei Kuntsch und die Lese- und Schreibstunden mit Vater, sinkt in einen Abgrund, aus dem Stimmen tönen, wie von Geistern, von Verlorenen. Sie finden zusammen zu harmonischen Verwegenheiten, auf die er komponierend zurückkommen wird.

Die Mutter sagt: Robert kann lachen, daß es mir eiskalt wird.

Carl widerspricht ihr: An seinem Lachen ist mir nichts aufgefallen. Sein Schweigen, seine Wortlosigkeit finde ich jedoch entsetzlich.

Dabei hat er in diesen beiden Jahren, 1834 und 1835, kaum eine Gelegenheit, in Gesprächen stumm zu bleiben. Er muß berichten und überreden.

Heinrich Dorn, den verlorenen Lehrer, lädt er ein, Davidsbündler zu werden.

Er muß ihn gar nicht einladen. Niemand, ob tot, ob lebendig, kann sich entziehen. Sie werden Davidsbündler, wenn er sie dazu bestimmt – wie in dem Brief an Dorn: »Der Davidsbund ist nur ein geistig romantischer, wie Sie längst gemerkt haben. Mozart war ein ebenso großer Bündler als es jetzt Berlioz ist, Sie es sind, ohne gerade durch Diplom dazu ernannt zu sein.«

Fotografiert, in Kupfer gestochen, kann man sie heute in ihrem Eck im »Kaffeebaum« betrachten. Ich hab's getan, in der Hoffnung, stimuliert zu werden von diesem Bildchen, etwas von dem Aufbruchsgeist mitzubekommen oder wenigstens Echos zu hören. Seine Echos. Jedesmal war das Lokal überfüllt und in dem Getöse eine Unterhaltung nicht möglich. Lauschte ich rundum, blieben die Wörter und Sätze ohne

Sinn. Nicht ganz. Eine bestimmte Klangfarbe setzte sich durch. Sie half mir zwar nicht, die Palaver der Bündler zu beleben. Doch sie führte zu einer Einsicht, mit der ich überrascht und vergnügt die Kneipe verließ: Die Davidsbündler haben, mit wenigen Ausnahmen, sächsisch gesprochen.

Intermezzo I

Dem Davidsbund fehlt noch ein Engel, einer, der nicht bleiben kann, der fremd kommt und angebetet geht, einer, der unanfechtbar ist, hell wird durchs Anschauen, der seine Musik bringt wie ein Geschenk.

Er taucht im Winter auf, erst nur flüchtig, und Schumann nimmt ihn nicht gleich wahr. Aber »dann, im Dezember, Ludwig Schuncke wie ein Stern«.

Schumann ist umgezogen, aus Rudolphs Garten in das Helfersche Haus an der Burgstraße. Er haust in Unordnung und droht in ihr unterzugehen. Wie stets, wenn er an den Rand gerät, fühlt er sich gespannt und besonders wohl. Die Einfälle kommen ungerufen. Er kann komponieren. Er kann sich, zum Vergnügen der Bündler, in Eusebius und Florestan verwandeln, in seine ständigen, kontradiktorischen Begleiter.

Schumann bekommt ein paar Hinweise auf seinen Engel, Federn aus seinen Flügeln, und einmal, im November, streift er ihn: Im Salon von Wieck. Er kommt, und Schuncke geht gerade. Blicke folgen dem jungen Mann, und danach wird ein Getuschel laut, das Schumann neugierig macht. Von wem da so beteiligt gesprochen werde? Es handle sich um einen jungen Klaviervirtuosen und Kompositeur, zu Gast oder auf Dauer in Leipzig, das wisse man nicht, der allein durch seine Gegenwart beeindruckt, eine schöne, geradezu unwirkliche Gestalt, die aber, am Klavier, wirklich und faßbar werde, durch ein phänomenales Können und eine große Musikalität.

Für ein paar Tage verliert er den Stern aus dem Gedächtnis. Er verträgt die feuchte Novemberkälte nicht, hustet sich durch einen flachen Schlaf, trinkt literweise Punsch, wird von einem krampfenden Kopfweh gepeinigt. Entschließt er sich, den »Kaffeebaum« zu besuchen, verliert er schon auf halbem Weg den Mut, überquert, zum Erstaunen mancher Passanten, den Markt mehrfach in einem unschlüssigen Hin und Her, genießt dann doch das Mitleid der Freunde, ist schon wieder, wenigstens für ein paar Stunden, obenauf.

Du kannst uns nicht im Stich lassen, Robert!

Knorr droht mit einem Einfall, der ihn zum Opfer seiner eigenen Phantasiewelt macht. Wenn du dich zurückziehst, nehmen wir Eusebius gefangen, und du kannst sehen, wie du allein mit Florestan zurechtkommst.

Sie haben sich nicht, wie üblich, im »Kaffeebaum« getroffen, das Lokal gewechselt. In Krauses Keller ist es enger und wärmer. Reden sie durcheinander, versteht keiner auch nur ein Wort. Er mag Krauses Kakaphonien. Ich finde es herrlich, wenn unser Gequatsche ohne unser Zutun die Tonarten wechselt.

Plötzlich ist er da. Niemand hat ihn die Treppe herunterkommen sehen. Das Geschrei bricht ab. Sie starren ihn an. Er lächelt verlegen, zieht die Kappe vom Kopf.

Er ist schön, katastrophal schön.

Mit dem ersten Blick verschaut sich Schumann in ihn. Nie wird er sich trauen, die jähe Empfindung Liebe zu nennen.

Er liebt diesen Engel. Er erzählt von ihm wie ein Liebender. In seiner Musik wird er, liebend, die Rollen wechseln, vom Mann zur Frau, und die Sterne wird er mit Hilfe der Dichter an seinen Himmel rufen:

»Wandle, wandle deine Bahnen;
Nur betrachten deinen Schein,
Nur in Demut ihn betrachten,
Selig nur und traurig sein.«

Das ist der, den wir suchen, hört Schumann einen der Freunde sagen. Oder sich selbst.

Ludwig Schuncke aus Stuttgart, stellt sich der junge Mann vor, mit einer leisen, einer Melodie nacheilenden Stimme.

»Alle Augen waren auf ihn gerichtet. Einige wollten eine Janusgestalt an ihm finden, andere meinten, grübe man in Pompeij einen ähnlichen Statuenkopf aus, man würde ihn für den eines römischen Imperators erklären. Florestan sagte mir ins Ohr: ›da geht ja der leibhaftige Schiller von Thorwaldsen herum, nur ist am lebendigen vieles noch Schillerscher‹.«

Schuncke setzt sich zu ihnen, hört zu. Wie von seinem guten Geist inspiriert, diskutieren sie über die jüngsten Konzerte, besonders aber, wer in der Zeitschrift schreiben solle, wer auf keinen Fall.

Schumann kann den Blick nicht von ihm lassen. Was er fürchtet, geschieht. Nach nicht einmal einer halben Stunde verabschiedet sich Schuncke, und keiner weiß, wo er zu erreichen ist, wie. Woher er kommt, wird in Gerüchten kolportiert. Sein Vater sei Hornist in Kassel gewesen, später in Stuttgart und habe den Jungen am Klavier unterrichtet. Mit achtzehn habe er in Paris bei Herz gelernt. Gerade bei Herz, diesem hirnlosen Feuerwerker. Er spiele ausgezeichnet, aus romantischem

Geist. In Paris habe er zwei Kompositionen drucken lassen, ein Scherzo und Variationen über ein eigenes Thema. Bei den Voigts gehe er ein und aus.

Von denen wurde er bisher nicht eingeladen, vielleicht, weil er dem Wieckschen Umkreis zu eng verbunden oder weil sein Ruf als Rauf- und Saufbold zu übel ist.

Wir werden den Stuttgarter Halbgott schon wiedersehen.

Ich bin mir nicht sicher.

Ein alberner Zufall hilft. Er hat bei Wiecks zu Mittag gegessen. Seit er nicht mehr im Haus wohnte, kam er mit dem Alten etwas besser zurecht. Mit Clara wechselte er Briefe, spielte den Lehrmeister, den Belesenen, und jetzt, am Tisch, fragt sie ihn, warum er, wenn er ihr schon schreibe, so schmiere, daß die Mutter ihr beim Lesen helfen müsse. Sie haben aber auch eine Klaue!

Solch eine Attacke gefällt Wieck, auch, wie sie ihn mit Wagners Erfolg ärgert, mit dessen eben aufgeführter C-Dur Symphonie.

Die ist wirklich ein Prachtstück, bestätigt Wieck seine Tochter, und Schumann weiß sich nicht anders zu helfen, als das Fräulein Clara zum Vierhändigspielen einzuladen. Wozu sie nicht mehr kommen. Glock, die alte medicinische Muse, läßt sich melden, betritt aufgeregt die Stube. Mit einem hastigen Gruß wendet er sich Schumann zu: Schuncke, sagt er, du weißt, dieser Junge, den wir in Krauses Keller kennenlernten, duelliert sich mit Otto Nicolai. Warum, habe er nicht in Erfahrung bringen können. Schuncke bitte Schumann, zu sekundieren.

Mich? Der Wunsch verwirrt ihn und erfüllt ihn zugleich mit Stolz. Er verabschiedet sich überstürzt, folgt Glock. Wenn er erregt ist, zieht sich die Stadt zusammen, rücken die Häuserzeilen aufeinander. Die Grimmaische Gasse verengt sich zum

Markt hin wie ein Trichter. Er könnte stürzen, doch noch ohne Lust.

Schumann hat einen Teil der Geschichte in seiner Zeitschrift erzählt, merkwürdigerweise als Rezension der großen Sonate in g-Moll von Ludwig Schuncke, auf die er kaum zu sprechen kommt.

Der verflixte Berliner hat Schuncke während eines Essens über den Tisch weg beleidigt. Vielmehr alle Hornisten. Die taugten nach Nicolai nichts, brächten es nicht einmal fertig, C G E sauber zu blasen. Die Wut sei ihm bis zum Kragen gestiegen, doch erst vor einer Stunde habe er Nicolai in einem Brief zu einem Duell aufgefordert.

Schumann fragt vorsichtig, ob er damit nicht übertreibe, und kann sich an dem flammenden Thorwaldsen-Kopf gar nicht sattsehen.

Auf Pistolen! Schuncke reißt die Tür auf. Ich muß mir noch eine Pistole beschaffen. Sie könnten mir dabei helfen.

Glock bewahrt die Übersicht und rät, erst einmal auf die Reaktion des Geforderten zu warten. Er öffnet eine Flasche mit Rotwein, schenkt ein. Sie machen es sich bequem.

Wer soll denn sekundieren, fragt Schumann, Florestan oder Eusebius?

Sie, antwortet Schuncke entschieden und ahnungslos. Sie und kein anderer.

Aber Schumann ist diese beiden. Glock geht auf Schumanns Vieldeutigkeit ein in der Hoffnung, daß die Pistole schon entschärft sei, bevor Nicolais Antwort sie erreichte.

Schuncke erweist sich ihnen als gewachsen, mustert Schumann, als habe er ein Porträt vor sich: Und wen habe ich eben vor mir? Florestan? Eusebius?

Schumann, sagt Schumann.

Nicolais Antwort wird gebracht. Auf Packpapier teilt er Schuncke mit, daß er, Schuncke, wohl nicht recht bei Verstand sei; daß er, Nicolai, sich trotzdem mit Vergnügen mit ihm schießen wolle, aber, wenn er, Schuncke, diese Nachricht bekomme, der Postillon ihn, Nicolai, längst zum Tor hinausgeblasen habe, auf der Eilpost direkt nach Neapel.

Erleichtert fallen sie sich in die Arme, spotten über das fliehende Großmaul.

Schumann lädt Schuncke zu einem Spaziergang ein. Wortlos gehen sie nebeneinander her.

Schumann legt seine Hand auf den Unterarm Schunckes, worauf der leise fragt: Ist es Eusebius, ist es Florestan?

Wir beide, bekommt er zur Antwort, und nach ein paar Schritten fragen die beiden einstimmig als Schumann: In meiner Wohnung ist ein Zimmer freigeworden. Hätten Sie Lust, zu mir zu ziehen?

Aber ja.

Das ist gut.

So erklären sie sich die Liebe.

Er beginnt ein Gespräch, wie er es bisher nie führen konnte, selbst mit Flechsig oder mit Wieck nicht. Sie sind einander ebenbürtig, in ihren Urteilen und Ansprüchen. Wie von selbst tauschen sie ihre Gedanken.

Es könnte sein, du träumst, was ich träume.

Sie spielen sich gegenseitig ihre Kompositionen vor, wechseln, verwechseln Themen. Schunckes Sonate, seine »Intermezzi«.

Schumann bittet den Freund, probeweise für die Zeitschrift zu schreiben, über Vorlieben oder Entdeckungen, doch stellt es sich heraus, daß Schuncke, der noch im Einschlafen mit fliegender Zunge redet, als Schreiber ein Stammler ist. So müssen sie auch hier ihre Gemeinsamkeit ausspielen. Schuncke skizziert, was Schumann ausführt.

Schuncke nimmt ihn mit zu Voigts. Schumann ist nicht ganz wohl dabei. Henriette Voigt gilt als »Beethovenerin«, sei wenig aufgeschlossen für Neues. Schuncke widerspricht ihm, überredet ihn und verschafft ihm Freunde.

Es ist kein gewöhnlicher Salon, wird er schwärmen. Es ist ein Raum, in dem Musik und Poesie die Menschen bewegt. Vor allem Henriette sorgt für den beschwingten Umgang. Ihre Gäste werden von einer heiteren Aufmerksamkeit ergriffen, und die Hausherrin ist nicht nur schön anzusehen, zierlich und beweglich wie eine Tänzerin, mit einem schmalen, kühnen Indianergesicht, sie spielt auch vorzüglich Klavier, hat es bei Ludwig Berger gelernt. Schuncke und sie treffen sich an diesem Abend mehrfach zu vierhändigem Schubert-Spiel, womit sie Schumann in einen »Schubertischen Zustand« versetzen, er habe mit seinen Anfängen zu tun, einem Kinderglück, das sich nur in der Musik wiederhole.

Schuncke schenkt Henriette seine Variationen über den Sehnsuchtswalzer; Schumann widmet ihr die g-Moll Sonate.

Da Carl und Henriette Voigt angeregt die Vorarbeiten für die Zeitschrift verfolgen, zählt Schumann sie längst zu den Davidsbündlern, zu denen, die nichts davon ahnen, zu den guten Begleitgeistern.

So gestimmt, erzählt er Schuncke und Henriette, wie er vor fünf Jahren Gottlob Wiedebein, dessen Lieder er damals hochgeschätzt habe –

und heute? fragt Schuncke –

ich bin etwas weniger enthusiastisch –,

wie er Wiedebein angeregt habe, Kerners Gedichte zu verto-

nen und ein paar von den eigenen Liedkompositionen beigelegt habe –

die wir nicht kennen, fällt ihm Henriette ins Wort –,

die ich auch für mich behalten werde, denn es sind, nach dem
Urteil des großen Wiedebein, Jugend- und Natursünden.

Wenigstens die Natursünden möchte ich kennenlernen,
Schuncke hängt sich bei ihm ein, die Jugendsünden kann ich
mir eher vorstellen.

Henriette blickt ihnen hinterher. Sie gehen aus dem Zimmer,
aus dem Bild, und es bleibt anstelle des Übermuts, der die jungen Männer verband, ein Schwall von Melancholie zurück.

Er stimmt sich hoch ein, muß es, er braucht den Schwindel,
den er als ästhetisches Wohlbefinden versteht. Die Stürze, die
unvermuteten Finsternisse und die Sprachlosigkeit erwartet
er sowieso.

Du stotterst wieder so oft, Robert.

Schuncke liegt neben ihm. Sie haben sich zusammengelegt,
weil ein Juligewitter das Haus beben läßt und sie beide Angst
haben.

Ich kann nichts dagegen tun, Ludwig.

Und ich?

Du auch nicht. Es ist meine verrückte Seele. Mit der hat mich
das Schicksal versehen.

In diesem gewittrigen Sommer, im Sommer 1834, wird Ludwig Schuncke krank. Er ist es schon vorher gewesen, hat freilich nicht darauf geachtet, gehofft, die Schmerzen und die
Schwäche würden ihn noch eine Weile auslassen. Die Schon-
frist hat nun ein Ende. Die Schwindsucht wird offenbar. Er
lebt sie aus. Er ist mit einem Mal süchtig, zu schwinden, zu verschwinden. Das geschieht nicht ohne Launen, nicht ohne un-
vermittelte Ausbrüche von Zuversicht.

Ich werde mich ein halbes Jahr einschließen und Mechanik studieren, sagt er. Ich spüre die Ideale Paganinis in mir.

Bei einem Spaziergang werden die Freunde wieder von einem Gewitter überrascht. »Es stand über uns mit allen Schönheiten und Schrecknissen; ich sehe noch die Blitze an seiner Gestalt und sein aufblickendes Auge, als er kaum hörbar sagte: einen Blitz *für* uns!«

Schuncke beschließt, nicht mehr aufzustehen. Die Voigts hören davon, laden den Kranken ein, zu ihnen zu übersiedeln. Bei ihnen fände er die nötige Pflege. Schumann stimmt erleichtert zu.

Ende Oktober flieht er. Er kann nicht mehr zusehen, hat die fixe Idee, mitgerissen zu werden. Ohne sich von Schuncke zu verabschieden, fährt er nach Zwickau, bittet jedoch die Voigts, ihn über jede geringste Veränderung zu unterrichten.

Henriette pflegt den Sterbenden. Er wird von Tag zu Tag leichter. Seine Stimme hat er schon verloren. In der letzten Nacht wachen Carl und Henriette Voigt gemeinsam.

Er stirbt am 7. Dezember 1834.

Emil Kirchner zeichnet ihn auf dem Totenbett, einen Kopf wie ein Zitat, edel und mit erschöpftem Mut, unter der knochig vorspringenden Nase ein Bärtchen, und die Stirn gerahmt von Locken. Petöfi könnte es sein, Lenau und der Thorwaldsensche Schiller auch. Es war jedoch ein Bote, den Schumann verstand und aufnahm – ein Doppelgänger.

Der Beerdigung bleibt er fern. Noch ist der Sog zu stark. Er muß sich fassen, ehe er dem Freund nachruft, mehrfach: in der Zeitschrift und in Briefen.

Einen Druck nach Kirchners Zeichnung hängte er sich über den Schreibtisch. Er wanderte mit, von Wohnung zu Wohnung.

»Der Himmel hat eine Träne geweint,
Die hat sich ins Meer zu verlieren gemeint.«

Am 3. April 1834 erscheint die erste Ausgabe der »Neuen Zeitschrift für Musik« im Verlag C. H. F. Hartmann, Leipzig. Das Ereignis wird von den Davidsbündlern gefeiert. Sie triumphieren. Endlich würde sich ihre Ästhetik durchsetzen, der romantische Geist, aus dem die Geschichte erneuert in Musik und Poesie aufbricht.

Eine Redaktionskonferenz folgt der andern. Anfänglich gehören dem engen Kreis noch Ludwig Schuncke, Wieck und Knorr an; für den nächsten Jahrgang zeichnet Schumann allein verantwortlich.

Sie rufen einander die Namen der schützenden Geister wie Kennworte zu. Mit ihnen öffnen sie Türen. Bach! Schubert! Chopin! E. T. A. Hoffmann! Jean Paul!

Aus der Ebene wächst das Gebirge.

Übertreib nicht, Robert.

Ich übertreibe nicht, Knorr, du kannst mich einen Narren schelten, ein Großmaul – eines weiß ich: Mit der Zeitschrift bahne ich unserer Musik, meiner Musik den Weg. Florestan und Eusebius werden mich anfeuern und mir beistehen.

Er lernt Chopin kennen, dessen aggressive Zartheit und hastige Weltläufigkeit schüchtern ihn ein.

Mendelssohn sieht er zum ersten Mal im Gewandhaus. Sie kennen sich schon durch ihre Musik und schließen eine Freundschaft, die vom musikalischen Austausch leben wird.

Es ist selbstverständlich, daß er Mendelssohn zu den Davidsbündlern ruft: F. Meritis.

Der Kreis weitet sich. Dennoch staunt er, wie rasch die Zeitschrift ihn berühmt macht. Als Schriftsteller setzt er Maßstäbe, als Komponist muß er sie noch bestätigen.

»In der kurzen Zeit unseres Wirkens haben wir mancherlei Erfahrungen gemacht. Unsere Gesinnung war vorweg festgestellt. Sie ist einfach, und diese: an die alte Zeit und ihre Werke mit allem Nachdruck zu erinnern, darauf aufmerksam zu machen, wie nur an so reinem Quelle neue Kunstschönheiten gekräftigt werden können, – sodann die letzte Vergangenheit (die nur auf Steigerung äusserlicher Virtuosität ausging) als eine unkünstlerische zu bekämpfen, – endlich eine neue poetische Zeit vorzubereiten, beschleunigen zu helfen.«

Intermezzo II

Im April 1834 tritt sie auf – es könnte Liddy sein, eine Erinnerung, die sich wieder meldet, so alt wie damals, nicht älter geworden. Es könnte Liddy sein, die ihn nach Hause lockt, nach Zwickau, wie es seine Mutter hofft.

Komm, schreibt Mutter, ich brauche dich nach dem Tod von Julius. Sprich für deinen Bruder, schreibt sie.

Er hört nicht hin. Er fürchtet, auch ein kurzfristiger Besuch in Zwickau könnte ihn aus dem Gleichgewicht bringen, das er sich einredet, das er nötig hat für die Arbeit, für die Zeitschrift.

Warte nicht auf mich, bittet er die Mutter.

Im April 1834 zieht Ernestine von Fricken bei Wieck ein, der sie im Klavier unterrichten soll. Ihr Vater, Baron von Fricken aus dem böhmischen Asch, bringt sie.

Sie achtet darauf, nicht aufzufallen, paßt sich dem Leben der Wieckschen Familie an, bewundert Clara, die manchmal mit ihr vierhändig spielt.

Die Beschaulichkeit hält nur ein paar Tage, bis er ihr vorgestellt wird, Robert Schumann und sie, die überhaupt nicht befangen ist – wenn Sie wüßten, Herr Schumann, wie oft in diesem Haus von Ihnen die Rede ist – , ihn in Verwirrung stürzt, als Liddy, als Nanni, als Ernestine, und er erst einmal stumm eine Art Veitstänzchen vor ihr aufführt, was sie wiederum für komische Absicht hält – Aber, Herr Schumann! – und er, nicht fähig zu sprechen, auf einmal ruhig vor diesen Mädchenbildern steht, Liddy, Nanni, Ernestine, in Gedanken durch sie hindurchgeht und am Ende Ernestine vor sich hat, sich noch einmal verbeugt, endlich wieder sprechen kann: Ich freue mich. Wir werden sicher die Gelegenheit haben, miteinander zu musizieren.

Diese Gelegenheiten nimmt er sich, und sie gewährt sie ihm, nicht ohne Erwartungen.

Manchmal, wenn er Ernestine abholt zu einem Spaziergang, huscht eine Zeitlang Clara neben ihnen her. Er hört sie weitersprechen, obwohl sie schon wieder verschwunden ist. Aber das könnte auch Liddy sein, die er doch nicht aus dem Gedächtnis zu scheuchen vermag, weil Ernestine ihr allzusehr gleicht.

Dafür taucht aus der nahen Vergangenheit Charitas auf. Sie nimmt seine neue Liebe nicht ernst, spottet über seine Schwärmerei für den Adel und fürs Geld, beschämt ihn, treibt es so weit, daß er sich wieder für sie erhitzt, sie eine Nacht bei ihm verbringt und er sich vorstellt, sie liebend mit Ernestine zu tauschen: Ich bitte dich, geh, sagt er in aller Frühe. Es könnte sein, er hat im voraus ein Lied gehört:

»Ich hab im Traum geweinet,
Mir träumte du lägest im Grab.
Ich wachte auf, und die Träne
Floß noch von der Wange herab.«

Er sagt: Ich bitte dich, geh. Und er ist entschlossen, nur die eine zu lieben, rechnet sich eine gemeinsame Zukunft aus, rechnet mit ihrer Liebe und mit dem Vermögen, das sie mitbringt, das ihm bei der Befestigung seines Leben helfen soll.

Er sagt es sich ein: Ich liebe sie wirklich. Sie gleicht nicht mehr Liddy und Nanni. Er genießt den Frühling. Die Nächte werden zu bestirnten Räumen, in denen er umhergeht wie in einer tönenden Halle. Die Stadt weitet sich wieder einmal zur Bühne für seine Phantasien, seine Gefühle. Er löst lauter Echos aus, mit denen er spielt.

Er verspricht Ernestine eine Zukunft, die ihm, sobald sie sich von ihm verabschiedet hat, unheimlich wird. Darum sucht er ihre Nähe, verärgert Wieck mit seinen häufigen Besuchen – Haben Sie denn nichts zu tun, Robert? –, und als sie sich, in verlegener Hast, zum ersten Mal küssen, verlobt er sich mit ihr, da es der Anstand verlangt, läßt es auch die Freunde und Wieck wissen, und an die Mutter schreibt er: »Ernestine, Tochter eines reichen böhmischen Barons von Fricken, ihre Mutter eine Gräfin Zedtwitz, ein herrliches reines kindliches Gemüt, zart und sinnig, mit der innigsten Liebe an mir und allem künstlerischen hängend, ausserordentlich musikalisch – kurz ganz so, wie ich mir etwa meine Frau wünsche – und ich sage Dir, meiner guten Mutter, in's Ohr: richtete die Zukunft an mich die Frage, wen würdest Du wählen – ich würde fest antworten: diese.«

Er plant und verwirft, plant von neuem. Die Echos aus der nahen Vergangenheit folgen ihm. Nicht Ernestine hat die Mutter, als er mit Clara in Zwickau konzertierte, empfohlen, wie hätte sie es auch können, sondern Clara, das altkluge Kind.

Jetzt hat er Ernestine gefunden und erfindet sie. »Habe ich jemals gewünscht, daß die Zeit still stehen möchte, so ist es jetzt.«

Die Nebengeräusche werden lauter. Die Freunde mischen sich ins Gespräch. Die Davidsbündler fordern seine tätige, sie belebende Phantasie. Noch gibt er ihnen nicht nach.

Wieck schickt Clara nach Dresden, fort. Ihm ist die aufgebrachte Ruhe, mit der das Kind die beiden Liebenden beobachtet, nicht geheuer.

Zweimal wird Ernestine vom Vater nach Hause geholt. Die Abschiede gleichen einander. Am Abend vor der Reise treffen sie sich. Manchmal kommt sie ihm mit dem Kuß zuvor.

Sagen Sie mir, daß Sie mich lieben, Robert. Das gelingt ihm nicht. Ihm scheint es, als gäbe es zu viel Text für zu wenig Musik.

Oft hat er ihr von Schuncke erzählt, den sie nicht mag, den sie für entsetzlich melancholisch hält. Ihm ist es unheimlich, daß er die Liebe zu ihm und zu ihr nicht auseinanderhalten kann. Wenigstens, solange er an beide denkt.

Im November 1834 schreibt er an Henriette Voigt: »Ernestine hat mir ganz selig geschrieben. Sie hat durch die Mutter den Vater erforscht und er gibt sie mir – – Henriette, er gibt sie mir.«

In dieser Hochstimmung bleibt er nicht lang.

Er versucht vorzubauen, sich abzusichern, für günstige Verhältnisse und Verständnis zu sorgen. Dem Baron, Ernestines

Vater, schmeichelt er, indem er ihn als Komponisten ernst nimmt und ein Thema von ihm in den »Symphonischen Etüden« variiert.

Und mehrere Stücke aus »Carnaval« wird er »über die Noten ASCH« bauen, »wo ich eine musikalische Freundin hatte, sonderbarerweise aber auch die einzigen musikalischen Buchstaben aus meinem Namen sind...«

Ich liebe Sie, Robert.

Ihre Stimme entfernt sich. Der Baron holt Ernestine endgültig nach Hause, nach Asch. Unterwegs besuchen sie Roberts Mutter in Zwickau. Worauf die Echos wieder insistieren. War es nicht doch Liddy? Nanni?

Der Winter vergällt ihm die Liebe mit doppeltem Frost. Nichts, worauf er gesetzt hatte, hält. Nichts ist wahr. Ernestine hat ihn beschwindelt. Er hat um ein Aschenputtel geworben. Denn sie wird nichts erben. Mit nichts kann er rechnen. Sie sei die illegitime Tochter des Barons, erfährt er, von ihm adoptiert.

Nun, da er panisch auszubrechen, die Verbindung zu lösen und Spuren zu tilgen versucht, begreift er diese Liebe erst.

Das Verlöbnis wird gelöst. »Im gegenseitigen Einverständnis.«

Noch Jahre danach wird er sie rufen hören: Ich habe Sie sehr geliebt, Robert.

Er tritt ins Wiecksche Haus an der Grimmaischen Straße.

Clara sitzt auf der Treppe. Es ist kalt. Sie hat sich einen dicken Schal um Kopf und Hals gewickelt.

Sind Sie schon aus Paris zurück?

Sie nickt und bläst den Atem vor sich hin.

Warum hocken Sie hier draußen in der Kälte?

Ich möchte meine Ruhe haben.

Er setzt sich neben sie, worauf sie sich erhebt.

Nun hab ich keine Ruhe mehr.

Er legt den Kopf in den Nacken und schaut zu ihr hoch. Sie ist wieder ein Stück gewachsen, denkt er. Er lacht hinter ihr her: Auf bald, Clara.

Sind Sie denn nicht sehr beschäftigt?

Antworten muß er ihr nicht mehr. Sie hat die Tür hinter sich zugezogen, an der er klopfen müßte.

Das läßt er bleiben.

Er ruft die Freunde auch dann zusammen, wenn sie keine Ahnung davon haben, in seinem Kopf findet so manche Redaktionskonferenz statt, und Florestan und Eusebius reglementieren die Meinungen nach Lust und Laune. In der Wirklichkeit werden die Sitzungen von Mal zu Mal lahmer. Wieck hat den Kreis bereits verlassen. Seine Ansprüche passen den Jüngeren nicht. Und die »Buben« gehen ihm wiederum auf die Nerven. Sein Mißtrauen gegenüber Schumann wächst ohnedies. Er wirft ihm vor, Clara mit Briefen zu belästigen, obwohl er doch die Gelegenheit habe, sie im Kreis der Familie zu sehen und ihre Kunst jederzeit zu genießen. Er bringe das Kind nur durcheinander. Das Kind, das ihm erst unlängst eine hübsche Tasse schicken ließ, begleitet von einem Billett: »Guten Abend, Vielliebchen! Sie lieben den Thee. Hierzu die Tasse. Von Ihrer Freundin Clara Wieck.« Das Kind ist noch nicht sechzehn.

Schumann versteckt sich hinter der Arbeit, schickt zu seiner Verteidigung, Wieck täuschend, Florestan und Eusebius vor, zieht sich schließlich zurück, besucht die Wiecks weniger, wartet auf unverfängliche Chancen, die ergeben sich von selbst, durch die Musik, durch Claras Ruhm und Wiecks Position: Chopin kommt nach Leipzig, steigt im »Hôtel de Saxe« ab, und allein die Ankündigung seines Besuchs versetzt die Musikfreunde in Erregung: »Hut ab: ein Genie!« Schumann rechnet damit, daß Chopin sich bei ihm ansage, doch der klopft bei den Wiecks an. Genaugenommen bei dessen Tochter, Demoiselle Clara, von deren imponierendem Klavierspiel er gehört habe.

Clara sorgt dafür, daß Schumann wenigstens mit seiner Musik anwesend ist. Sie spielt die Klaviersonate in fis-Moll, läßt ihn mitreden, seine Leidenschaft. Der Vater sagt kein Wort dazu, applaudiert nur ihrer Virtuosität.

Chopin bittet Schumann danach ins Hotel, rühmt die Ideen der Zeitschrift, sie spazieren miteinander, und Eusebius findet, die ganze Stadt schaue ihnen nach – nur daß Chopin mit seinem Lob für den Komponisten spart, betrübt Florestan und Eusebius.

Mit Mendelssohn kommen die beiden anders zurecht. Für ihn schwärmen sie. Und der läßt sich auch spielerisch auf die Doppelexistenz seines Freundes Schumann ein.

Im August 1835 hat er seine Stelle als Gewandhauskapellmeister angetreten. Die Davidsbündler erwarten das erste Konzert wie einen Putsch gegen die alte Musikherrschaft. Im Oktober ist es so weit. In auswuchernden Briefen hat er das Konzert »Chiara« erzählt, Clara, die nicht dabei sein konnte oder doch vielleicht teilnahm, nur nicht, wie üblich, in ihrer Loge saß, sondern von Wieck aus seiner Nähe verbannt war. Er hat zu allem Unglück die Eintrittskarte vergessen. Das schiebt er auf Florestan. Natürlich.

Mit sich und Florestan streitend, macht er es sich an seiner »alten Türecke« bequem, weiter phantasierend und disputie-

rend, bis er von »plötzlicher Todesstille des Publikums« aufge-
schreckt wird: »F. Meritis trat vor. Es flogen ihm hundert Herzen zu im ersten Augenblicke.« Mendelssohn dirigiert, neben
anderem, Beethovens Vierte. Daß er es mit dem Taktstock tut,
sich über die »Republik des Orchesters« erhebt, irritiert Florestan, und prompt muß sich Schumann, um seiner Erregung
Herr zu werden, von neuem teilen: »Eben zur Mitternachts-
stunde tritt Florestan herein mit Jonathan, einem neuen Davidsbündler, sehr gegeneinander fechtend über Aristokratie
des Geistes und Republik der Meinungen«, schreibt er Clara.
»Endlich hat Florestan einen Gegner gefunden, der ihm Dia-
manten zu knacken gibt. Über diesen Mächtigen erfährst du
später mehr.« Das verspricht er und vergißt es. Doch Clara hat
ihn gar nicht erst danach fragen müssen, wer sich hinter Jonathan verbirgt. Etwas später meldet sich Jonathan zwei Mal als
Autor in der Zeitschrift, und Clara weiß, wer geschrieben hat:
Ihr Robert.

Noch immer fürchtet er sich vor der Sprunghaftigkeit der
Gefühle. Ist er überzeugt, die eine Liebe zu Ernestine über-
standen zu haben, sucht ihn die andere, Christel, heim. Und
ohne daß er es herausfordert, beginnt Clara seine Aufmerksamkeit zu beanspruchen. Das Kind. Die Reisen haben sie
selbständig, die Erfolge selbstbewußt werden lassen.

Das Kind wächst mir entgegen, hat er einmal verblüfft festgestellt, als sie nach einem Hauskonzert auf ihn zutrat, stolz
über den Beifall, und sie hat so geistesgegenwärtig wie schnip-
pisch reagiert: Jetzt müssen Sie nur aufpassen, Herr Schumann, daß es Ihnen nicht über den Kopf wächst, das Kind.

Um sich von ihr abzulenken, die Nerven zu beruhigen,
schreibt er am »Carnaval«. Aber da hört er sie auch, ihre
Stimme, ihr Klavierspiel, und was er notiert – Masken, lauter

Masken! ruft er sich zu –, mündet in einer Liebeserklärung an sie, in einem Wiedererkennen: »Reconnaissance« nennt er das vierzehnte Stück und gibt ihm die Ausdrucksbezeichnung »animato«. Sie versteht diese Botschaft.

Die Begegnungen mit Mendelssohn, Chopin und Moscheles stimmen ihn sicher. Er wird nicht nur als Komponist ernst genommen – Moscheles hat ihm ausführlich, mit tiefem Verständnis über die fis-Moll Sonate geschrieben –, sondern als Wortführer der Jungen.

Seine Interpretation der »Phantastischen Symphonie« des siebenundzwanzigjährigen Berlioz wächst ihm unter der Feder zur Programmschrift aus. Er begreift das Auftrumpfende, Grelle, »Burleske« als Ausdruck des Zeitgeistes, des romantischen Geistes. »Wollte man gegen die ganze Richtung des Zeitgeistes, der ein *dies irae* als Burleske duldet, ankämpfen, so müßte man wiederholen, was seit langen Jahren gegen Byron, Heine, Victor Hugo, Grabbe und ähnliche geschrieben und geredet worden. Die Poesie hat sich, auf einige Augenblicke in der Ewigkeit, die Maske der Ironie vorgebunden, um ihr Schmerzensgesicht nicht sehen zu lassen; vielleicht daß die freundliche Hand eines Genius sie einmal abbinden wird.«

Er treibt ein tolles Rudel von Geistern zusammen: Heines bleichen Heinrich, Grabbes Faust, Hugos Esmeralda und den Glöckner von Notre Dame, Byrons Harold. Und er antwortet der »Symphonie fantastique« mit seinem »Carnaval«.

Wieder ist er umgezogen, in die Hallische Gasse. Hoch hinauf, in den vierten Stock. Dort schwindelt es ihm, die Nacht vorm Fenster hat einen bösen Sog.

In seinem Kopf sammeln sich, wie in kleinen Nestern, Schmerzen. Ist er beim Arzt, nimmt er seine Ängste und Beschwernisse schon nicht mehr ernst.

Im November fühlt er sich wohl. Der November ist ein Stadt-monat. Er sorgt dafür, daß die Straßenlampen früher angezün-det werden und alle Gassen durch den Dunst im Nebel vor-zeitig enden, ihr Geheimnis haben. Die Geräusche werden gedämpft, um so mehr rührt es, wenn von irgendwo ein Kla-vier spielt, jemand singt.

Mit dem November fröstel ich gerne, sagt er zu Clara.

Wiecks haben ihn zum Abendessen eingeladen, das, da Wieck übellaunig und schweigend das Brot hinunterschlingt, rasch zu einem Ende findet. Clementine verschwindet, die Kinder vor sich hertreibend, aus der Stube. Wieck macht es sich mit der Zeitung auf dem Sofa bequem. Clara bringt den Gast zur Tür.

Sie legt den Finger an die Lippen, setzt sich auf die Treppe. Wie oft hat er sie so angetroffen, hier, auf den Stufen, im Trep-penhaus.

Er hockt sich neben sie. Sie deutet mit dem Daumen warnend auf die geschlossene Tür. Er nickt und hört, wie ihr Lachen zwischen Brust und Hals erstickt.

Ihr kleines, ovales Gesicht beginnt zu leuchten. Welch aller-liebster Lampion, denkt er. Wenn sie wüßte, denkt er. Sie weiß vielleicht mehr von ihm, als er vermutet, denn sie nimmt seine Hand zwischen ihre heißen Kinderhände, die jedem Klavier auf der Welt das Singen beibringen können, und lehnt ihren Kopf gegen seine Schulter.

So daß er gar nicht anders kann, als ihr einen Kuß zu geben.

Sie fährt zusammen und zurück und küßt ihn wieder. Danach schüttelt sie, als könne sie es nicht wahr haben, den Kopf und richtet sich auf.

Wieder legt sie den Finger an die Lippen.

Er nickt. Am liebsten hätte er sie auf die Arme genommen und wäre mit ihr davongerannt.

Auf Zehenspitzen gehen sie die Treppe hinunter zur Tür.

Sie fragt leise: Ist dies nun ein Verlöbnis?

Ja, antwortet er, nach einer Schrecksekunde. Ja.

Doch wir behalten es noch für uns?

Er küßt sie auf die Stirn. Es fröstelt ihn wieder. Wir haben November, sagt er.

Schon zwölf Tage lang. Sie schaut ihn fragend an. Wie kommen Sie darauf?

Weil wir uns Tag und Monat merken sollten.

Sie läuft ihm fort, die Treppe hoch, vorbei an der Tür, hinter der sie den Vater weiß.

Intermezzo III

Wieck hat Banck, seinen neuen Günstling, als Boten geschickt, Schumann möge, wenn er es möglich machen könne, doch noch am selben Tag in die Grimmaische Straße kommen, es sei dringend, und Banck, sonst eher träge und in den Redaktionssitzungen der Zeitschrift ohne jeden Einfall, atmet heftig, wie ein Rennläufer, drängt, der Herr Wieck habe es wirklich dringend gemacht, was Schumann bewegt, sich Banck gleich anzuschließen: Wenn's schon unterm Dach brenne, wolle er den Alten nicht warten lassen, und Banck verduftet, kaum haben sie sich dem Haus genähert, und auch Frau Clementine, die ihm an der Tür begegnet, zieht den Kopf ein, warnt ihn, ihr Mann habe eine furchtbar gewittrige Laune, es sei nicht gut mit ihm Kirschen essen, also gibt er sich einen Ruck, klopft, betritt die Arbeitsstube Wiecks, der am Klavier sitzt, doch nicht spielt, vielmehr seinen Buckel rund macht und auf diese Weise einer schwarzen Schildkröte gleicht, wenn es die gibt, und Schumann, da Wieck sich nicht rührt, näher tritt, sich räuspert und mit einem »Guten Tag« offenbar die Lunte zündet, denn Wieck springt auf, dreht sich mit einer heftigen Bewegung zu Schumann hin, steht mit einem Schritt so nah vor ihm, daß sein übler Atem Schumann in die Nase fährt, der aber nicht daran denkt, zurückzuweichen, sie stehen sich gegenüber, und Schumann spürt, wie der Ältere nur mit Mühe an sich hält, wie er Gewalttätigkeit ausdünstet, und er mit Höflichkeit zu entgegnen versucht: Ich habe mich beeilt, Herr Wieck, nur kann ich mir nicht denken, was solche Eile fordert; was Wieck schon nicht mehr hört, nicht zur Kenntnis nimmt, er ihn, ohne weitere Vorrede und Erklärung schlicht und einfach einen Lumpen nennt: Sie sind ein Lump, Schumann, ich habe es im Grunde gewußt, als Sie das erste Mal zu mir kamen, ein Jüngelchen, dem die Frau Mama nachgegeben hat, und ich Esel ließ mich von Ihrer Begabung bestechen, die ich Ihnen ja nicht bestreite, vielleicht sogar Genialität, bloß ändert das für mich nichts daran, Sie einen Lumpen zu heißen – und das alles bringt er mit einer Geschwindigkeit vor, daß die Sätze ihm wie gepreßte Blöcke aus dem Mund fliegen, Schumann sich gegen seinen Willen duckt, nach Worten sucht, nur verliert er in solchen Situationen die Sprache, und das weiß auch Wieck, der ihn als hilflosen, stummen, als erbärmlichen Stotterer vor sich sehen möchte, und, um ihm seine Überlegenheit zu demonstrieren, gibt Wieck die drohende Nähe auf, umrundet gravitätisch den Tisch, geht, wie in Gedanken, auf den Sekretär zu, nimmt dort Platz, studiert nachdenklich einen Brief oder eine Notiz, wendet sich dann sehr langsam Schumann zu, der, sobald er Wieck wieder in die Augen sehen kann, nach der Stuhllehne vor sich greift, sich setzen möchte, von einem bellenden

Geräusch davon abgehalten wird, sieht, wie Wieck die Augenbrauen hochzieht, was er besonders gut kann und womit er immer beeindruckt: Sie bleiben stehen, Schumann, Sie setzen sich nicht, Sie werden in diesem Haus fürs Nächste oder auf die Dauer, das will ich jetzt nicht entscheiden, keinen Platz mehr angeboten bekommen, da Sie Ihr Gastrecht mißbraucht haben, und das wissen Sie, ich müßte gar nicht deutlicher werden, will es aber, worauf er wie ein Messer auseinanderschnellt, die Beine von sich streckt und die Arme über den Kopf reißt, auf dem Stuhl eher liegt als sitzt, und Schumann endlich die Zeit findet, ein Wort herauszuwürgen, sich herauszuwürgen: Ich, sagt er, ich, und das genügt, Wieck zieht sich zusammen auf dem Stuhl, beugt sich nach vorn, wie zum Sprung: Dieses Ich, das Sie stammeln, Schumann, aber so groß schreiben wollen, wie einen Kirchturm, damit die ganze Welt davon Kenntnis nimmt, wie dürftig kracht dieses Ich zusammen, wenn nur einer ernsthaft dagegen pustet, und Wieck muß zusehen, wie Schumann sich nun doch setzt, gegen ihn, den Stuhl zum Tisch heranzieht, an dem er so oft im Kreis der Familie gegessen und geplaudert hat, Clara neben sich, an die er nicht nur denkt, die er jetzt spürt, nach der er horcht, doch das Haus ist still, weil alle im Haus ihnen lauschen, das hört er, er hört das Hören rundum, Sie! droht Wieck und sticht mit dem Sie auf sein Ich ein, aber das macht ihm nichts mehr aus, und ohne Mühe, ohne daß seine Zunge Widerstand übt, sagt er: Womit, Herr Wieck, habe ich Ihren Zorn erregt? das haben Sie mir nicht verraten, und verblüfft Wieck, der mit einem vollständigen Satz seines einstigen Lieblingsschülers nicht gerechnet hat, sich erst einmal fassen muß, was er damit schafft, daß er Schumann höhnend nachspricht: Das haben Sie mir nicht verraten – nein, das habe ich Ihnen nicht verraten, Sie Lumpenkerl, aber das will ich sogleich nachholen, obwohl ich glaubte, ich müßte es gar nicht aussprechen, Sie kämen von selber darauf, daß ich Clara vor Ihnen behüten muß, Ihrem frivolen, nichtigen Einfluß, das Kind, sagt Wieck, das Kind, könnte Schumann sagen, das Kind ist nicht Ihr Besitz, Herr Wieck, dieses fabelhafte Klaviermaschinchen, das Sie aller Welt vorzuführen beabsichtigen, und Wieck brüllt, das Kind gibt sich ohnehin viel zu häufig mit Ihnen ab, und wer, Herr Schumann, hat Ihnen gestattet, mit Clara Briefe zu wechseln, Briefe, die sie auf dumme Gedanken bringen, er ist aufgesprungen, steht nun als bizarrer Schatten vorm Fenster: Wüßte ich nicht, was Ihre wahren Interessen an Frauen sind, welche entsetzlichen Begierden Sie mitreißen, daß Sie ein Liebesverhältnis nach dem andern anfangen und abbrechen – er holt tief Atem, und sein Schatten schwillt an: Ich muß Sie nicht an die Geschichte mit Ernestine erinnern und mich ebensowenig, denn ich mache mir den Vorwurf, die mir anvertraute Schülerin nicht vor Ihnen geschützt zu haben, und alle die andern, diese Christel, die, solange Sie bei uns wohnten, zur Unzeit hier auftauchte, und ich will mir nicht vorstellen, was Sie oben im Zimmer trieben, die Kinder im Haus und Clara, der Sie nun nachstellen, ein Tier sind Sie, ja, ein Tier – das genügt ihm, er bricht ab, schrumpft, und Schumann, endgültig sprachlos, erhebt sich langsam, gegen einen Widerstand, denn er möchte sitzen bleiben, diesen Platz für immer für sich beanspruchen und ins Haus horchen, auf die Stille, auf Claras angehaltenen Atem, aber auch hier macht ihm Wieck einen Strich durch die Rechnung, er sagt, nun sehr ruhig und Abschied nehmend: Clara ist nicht im Hause, und er strafft sich wieder, wächst: Ich will nichts von Ihnen hören, Schumann, ich halte viel von Ihnen als Musiker, es fällt mir nicht leicht, das Ihnen zu gestehen, aber Ihr Charakter ist mir ein Greuel, und nun gehen Sie, und meiden Sie mein Haus, und wehe, Sie halten weiter Verbindung mit dem Kind, sagt er, mit dem Kind, könnte Schumann sagen, wenn er es könnte, das Sie brauchen, Wieck, das Sie mißbrauchen für Ihren Ruhm, mit dem Sie sich Ihren Stolz erfüllen und die Welt erobern, die Ihnen sonst verschlossen wäre, aber das wäre schon wieder übertrieben, fällt er sich ins Wort, das er nicht über die Lippen bringt, und er verbeugt sich vor dem Alten und geht Schritt für Schritt rückwärts aus dem Zimmer, und auch Wieck verbeugt sich, ganz mechanisch, und folgt ihm Schritt auf Schritt, bis die Tür sich schließt und sie trennt.

Trotz der überdehnten Hand entzückt er, vor allem im Salon der Voigts, mit seinem Klavierspiel. Gäste, die ihn zum ersten Mal hören, loben ihn als einen der besten Virtuosen der Zeit. Er weiß es besser. Immer kundiger werdend und mit Melancholie nimmt er Abschied von dem Instrument. Er wird es stets lieben und brauchen, doch es wird seine Ideenwelt nicht mehr so ausschließlich beanspruchen wie bisher. Ständig kühner weitet er Tonfelder aus, überrascht mit seinen Erfindungen sich selber.

Oft genügt es ihm, wenn er, am Klavier probierend, Florestan und Eusebius neben sich hat und sich mit ihnen theoretisch erhitzt. Aber nicht immer. Ein paar Freunde fehlen ihm. Besonders Schuncke, Clara, die Wieck nach Dresden geschickt hat, weg, nur weg. Henriette Voigt, deren souveräne Freundlichkeit ihn bestärkt, hört ihm zu und ist imstande, seinen Ausflügen und Ausbrüchen am Klavier zu folgen: Warum, fragt er sie, sich und das Klavier, warum muß bei

Variationen das Thema nur durch alle möglichen Figurationen wandern, warum soll es nicht platzen, aufsplittern, warum sollte es nicht gesucht werden müssen. Er führt es Henriette auf dem Klavier vor: Wie Charaktere sich bilden, wie Stimmungen sich ausdrücken.

Ob er sich mit Wieck verstritten habe? will sie wissen.

Es könne sein.

Aber Robert! Sie kennt inzwischen seine Fluchten in den Konjunktiv, weiß, warum er sich und die Dinge gern in der Schwebe läßt. Aber Robert! Es fällt doch sehr auf, daß Sie Wieck aus dem Weg gehen.

Und er mir. Er läßt die drei Einsilber über die Tasten hüpfen, hinunter in die Bässe.

Als wolle er Wieck, den Lehrer, auf seinem Feld schlagen, stürzt er sich für die Zeitschrift in eine ausholende Auseinandersetzung mit Etüden für Pianoforte, spielt sie zum Teil mit hämmernder Ironie jedem vor, der ihn zufällig besucht, Stücke von Pixis, Kessler, Bertini, Mayer, Grund, Berger und alles, was ihm zu den Übungsmeistern einfällt, systematisiert er zudem noch in einem Katalog für Klavierschüler: Die Czerny-Mädchen sollten nicht ohne neue Traktate davonkommen; zum Beispiel könnten sie den vierten und fünften Finger mit Clementi und Potter üben; Vorschläge ebenfalls mit Clementi; Pralltriller mit Bach; Doppelterzen mit Moscheles.

Da er in seiner Stube friert, verlegt er den Arbeitsplatz wieder in den »Kaffeebaum«. Er reißt die Tür zum Lokal auf, schlägt sie schleunigst hinter sich zu. Dieser Februar, der sich mit seinem Frost in die Backen verbeißt, gehöre ausgesperrt. Seine gute Laune hält nur so lange an, bis er sich aufgewärmt hat. Dann hat er genug, zieht er sich aus den Gesprächen zurück, saugt an seiner Zigarre mit einer solchen Heftigkeit, daß die Freunde befürchten, er verschlucke sie.

Über seinen Streit mit Wieck wird nicht gesprochen. Alle versuchen, ihn zu schonen.

Am 4. Februar 1836 stirbt die Mutter.

Von Carl wußte er, daß sie krank sei. Dennoch wirft ihn die Nachricht aus der Bahn. Er flattert, scheucht Florestan und Eusebius vor sich her, spricht in Stimmen, schlägt so aufs Klavier ein, daß die Nachbarn in der Hallischen Gasse ihn zur Ruhe mahnen.

Zum Begräbnis fährt er nicht. Das kann er nicht. Eusebius bangt um Florestan, der in die Grube stürzen könnte. Oft bleibt er fern, wenn Menschen, die ihm nahe sind, beerdigt wurden: Schuncke, Rosalie, sein Bruder Julius. Die Erde ist gefroren. Die Totengräber werden Mühe haben, sie aufzubrechen, sagt er zu Henriette. Von ihr erfährt er, Clara befinde sich derzeit ohne Aufsicht in Dresden, und ihre herausfordernde Ironie hilft ihm auf die Sprünge.

Er wird über Dresden nach Zwickau reisen zur Testamentseröffnung. Er nimmt sich keine Zeit, abzuwägen, ist schon unterwegs. Die Bilder im Schnee bekommen starke, leuchtende Farben.

Claras Gastgeber erweisen sich als großzügig. Sie sollten die Stunden nutzen.

Das Kind erlaubt ihm, es zu küssen, und reißt ihn mit einer Heftigkeit in die Arme, die ihn erschrickt.

Sei leis, Clara. Ich bin ein alter Mann.

Ich weiß. Und ich bin gerade sechzehn Jahre alt geworden, und du hast mir zum Geburtstag die Werke von Bulwer geschenkt, von denen ich noch nicht eines las.

Claras Dresdener Freundin, Sophie Kaskel, drei Jahre älter

und mit einem Sechzigjährigen verlobt, hat ihren Spaß daran, die Liebe der Jüngeren zu schüren, besucht anstelle von Clara, getarnt mit deren knallroter Federboa, das Theater, damit die beiden Zeit für sich haben, denkt mit, träumt mit, wünscht sich auch einen Robert, aber der muß schon Abschied nehmen, Clara bringt ihn zur Poststation und winkt ihm nach, auf einem Bild, das er festzuhalten versucht, das ganze Jahr hindurch: »Clara im rothen Hütchen.«

Was er unterwegs Eusebius und Florestan plaudern läßt, schamlos, glücklich und wild auf die Zukunft mit Clara, denkt er schon in Musik, und die Klaviersonate in f-Moll wird ein Thema von Clara umspielen, wie einen erst versteckten, dann offenbarten Schatz.

Ehe er sich mit den Brüdern trifft, geht er zum Grab der Mutter, nun doch mit drückendem Gewissen, nicht beim Begräbnis gewesen zu sein. Er redet auf das Grab ein, bis er sich beobachtet glaubt und sich davonstiehlt, durch den hohen, harschen Schnee.

Sein ehemaliger Vormund Rudel hat nach der Testamentseröffnung Eduard, Carl und Robert zu sich geladen. Sie balancieren Teetassen, obwohl sie alle Bier oder Wein bevorzugen würden, beschwören die »lieben Eltern«, berechnen und teilen im voraus das Erbe und beschließen, die Buchhandlung bei der besten sich bietenden Gelegenheit zu verkaufen.

Er müsse aufbrechen, er versäume sonst die Post. Es ist Abend. Der Schnee begräbt die Stadt, alles was gewesen ist. An der Poststation kehrt, wie ein Wärmeschwall, die Erinnerung an das Dresdner Glück zurück. Die Eilpost ist noch nicht eingetroffen. Der Schnee habe die Wege verweht. Er muß warten. Es stört ihn nicht, daß er nicht allein am Tisch sitzt, andere ihm zusehen, wie er schreibt, selbstversunken:

»Liebe Du mich nur auch recht, hörst Du, – ich verlange viel, denn ich gebe viel.

Mein heutiger Tag war von mancherlei bewegt – ein offenes Testament meiner Mutter, Erzählungen von ihrem Sterben. Hinter allem Dunkel steht aber Dein blühend Bild und ich trag alles leichter…

In Leipzig wird mein erstes sein, meine äußern Angelegenheiten in Ordnung zu bringen; mit den innern bin ich im Reinen; vielleicht daß der Vater nicht die Hand zurückzieht, wenn ich ihn um seinen Segen bitte. Freilich gibt es da noch viel zu denken, auszugleichen. Indes vertrau ich auf unsern guten Geist. Wir sind vom Schicksal füreinander bestimmt; schon lange wußt ich das, aber mein Hoffen war nicht so kühn, Dir es früher zu sagen oder von Dir verstanden zu werden.

Es wird dunkel in der Stube. Passagiere schlafen neben mir. Draußen stöberts und schneits. Ich will mich aber recht tief in eine Ecke bergen, mit dem Kopf in das Kissen und nichts denken als Dich.«

Die Gedanken an sie werden ihm aus dem Kopf geschlagen. Von Wieck und von Clara selbst.

Er bekommt keine Antwort. Den Brief nimmt Wieck wohl an sich, als er, kurz nach Schumann, in Dresden eintrifft, Schumann auf die Spur kommt, all die kleinen und größeren Têtesà-Têtes entdeckt, aus Clara herausbrüllt, sie mit Unterstellungen peinigend: Womöglich habe der Kerl sie entjungfert.

Sie versucht es mit der Wahrheit, erzählt und weint. Er schleudert nur Dreck auf die Wintergeschichte. Es liege doch auf der Hand, daß Schumann sie vom Reisen abbringen wolle, von ihrer Kunst, damit er sich selber besser produzieren könne. Er werde sie sich dienstbar machen und brillieren.

Und dazu noch auf ihre Ersparnisse zurückgreifen, ein Habenichts.

Sie könnte widersprechen, aber sie duckt sich. Sie ist sechzehn und muß mit dem Vater auf Konzertreise gehen, nach Breslau und anderswohin.

Der Auftritt in Dresden mißlingt und bringt Wieck vollends aus der Fassung.

Nichts hast du zu deiner Verteidigung anzuführen.

Nein, nichts.

Nie wirst du diesen Haderlumpen wiedersehen.

Nein, nie.

Nie wirst du wieder mit ihm Briefe wechseln.

Nein, nie.

Du wirst allein für dich üben, für deine Kunst.

Ja, Vater.

Und ich werde einen ordentlichen Bräutigam für dich finden.

Ja, Vater.

Den will er ihr tatsächlich, als sie im April heimkommen, gleich nahebringen, damit sie nicht auf falsche Gedanken komme. Es ist Carl Banck, Mitherausgeber von Schumanns Zeitschrift, und nun der handzahme Ersatz für ihn, ein williger Flachkopf.

Wieder bestellt Wieck Schumann zu sich. Wieder wirft er ihm alle erdenklichen Gemeinheiten vor. Er teilt Schumann mit, er werde sich bei Ernestine von Fricken, seiner armen, einstigen Braut erkundigen, wie er mit ihr umgesprungen sei.

Worauf Schumann nichts zu sagen weiß. Er möchte zur Tür, möchte nur hinaus.

Ich bitte Sie, entlassen Sie mich, Herr Wieck, lassen Sie mich gehen.

Der hält ihn noch damit auf, daß er ihm sämtliche Briefe, die er Clara schrieb, in einem Bündel zurückgibt und ihn um die Briefe des Kindes bittet, aber schleunigst, ich möchte sie spätestens morgen haben.

Schumann verspricht es, um endlich sich verabschieden zu können.

Er wird die Briefe behalten, und Wieck wird nicht weiter mahnen.

Clara, die er ein paar Mal aus der Ferne sieht, bei Konzerten und auch einmal im Salon der Voigts, meidet es, mit ihm zu sprechen, grüßt mit gesenkten Lidern, bleich, und er sieht sie, wie er sie zum ersten Mal sah, ein Automatenmädchen, aufgezogen von einer bösen, harten Hand.

Er wird gestoßen und stürzt. Kopflos läuft er in der Stadt herum. Nirgendwo hält es ihn lang, bis ihn Henriette Voigt, die er neuerdings Leonore nennt, ernsthaft zurechtweist: Er bringe sich ins Gerede, mache sich lächerlich und helfe Clara so bestimmt nicht.

Er will ihr auch nicht helfen.

Sein Kopf droht vor Schmerz zu springen, und ungenaue Ängste pressen nachts seine Brust.

Er will krank sein. Er will ins Gerede geraten und Clara wenigstens auf diese Weise beleidigen und verletzen.

Er sucht nach Charitas, findet sie, sie hat sich verbessert, bedient im »Hôtel de Saxe« und denkt nicht daran, von neuem mit ihm zu beginnen. Sie könne seine Verrücktheiten nicht aushalten. Er hört ihr zu, paßt sie am Abend ab, läuft stumm und gestikulierend neben ihr her. Sie gibt nach, gibt auf, schläft mit ihm. Dieses eine Mal und nicht wieder, Robert, laß mich in Frieden.

Er hofft, Clara hört von der wiederbelebten Liebe, ihre alte

Eifersucht wird wach, der Kinderekel von damals, als sie, das wußte er, sich vor sein Zimmer im Wieckschen Haus schlich und lauschte, wenn Charitas bei ihm lag.

Zu Beginn des Jahres 1836 hat er zwei Zimmer im »Roten Kolleg« bezogen, bei Frau Devrient. Er kommt nach Hause. Ich kenne mich in diesem Zimmer aus. Ich kann mit geschlossenen Augen in ihm umhergehen und würde nicht gegen die Möbel stoßen. So oft habe ich Beschreibungen gelesen. Das »Rote Kolleg« wird zu einer Festung gegen Wieck und Clara. Von hier aus stößt er in die »Welt« vor und kehrt, so rasch wie möglich, in den Schutz der beiden Räume und in die Obhut von Frau Devrient zurück. Jetzt ruft er die Freunde zu sich. Das Haus gehört zur Universität, steht am Rand des alten Zwingers. Wer das Wohn- und Arbeitszimmer betritt, sieht sich einem Erker gegenüber, vor dessen Fenster Bäume und Büsche der Promenade eine bewegte, wechselnd belichtete Kulisse bilden. In der Nische stehen, auf einer Art Podium, ein Stuhl und ein Tisch mit dem Schreibzeug. Ich denke mir das Zimmer nie abends, stets tags: Im Winter klebt Schneelicht an der Decke und schmilzt allmählich, wenn der Kachelofen Hitze ausstößt, und im Sommer schwimmt das Licht durchs Zimmer, in kurzen Wellen, die feinen Staub mit sich wälzen. Rechts neben der Tür steht der Flügel, hat gerade genügend Platz, links von der Tür der Sekretär, über dem eine Karikatur von Paganini hängt; die linke Seitenwand wird geteilt durch die Tür zum Schlafzimmer, neben der Sofa und Tisch stehen. Neben dem Flügel befindet sich eine Bildergalerie mit Porträts von Bach, Beethoven, Schuncke, einem Bild von Clara, und sie alle werden gehütet von einer Madonna Raffaels. Das Zimmer ist groß genug, seine auf- und abwandernde

Unrast nicht zu ersticken. Wenn ich ihn mir in seiner Wohnung vorstelle, sehe ich ihn merkwürdigerweise nie allein, sondern mit den Freunden beim Quartettspiel oder ihnen am Klavier vorspielend; mit Chopin, der ihn überrascht und die Ballade in g-Moll spielt; oder in einem abnehmenden Licht, gegen Abend, mit Charitas.

»Trübes Jahr 1836, Trüber Sommer«, trägt er ins Tagebuch ein. Seine Stimmungen wechseln rapid. Er stemmt sich mit allem, was er arbeitet und tut, gegen die Gedanken an Clara. Sie ist nicht weit, er hört von ihr, liest über sie. In Gesprächen wird sie genannt.

Einer der Vertrauten Wiecks gibt als Posse zum besten, daß Wieck gedroht habe, Schumann zu erschießen, sobald er das Haus betrete.

Ihm ist nicht zum Lachen.

Er gibt ihr Zeichen, berichtet über die Quartettabende im »Roten Kolleg« – es könnte ja sein, sie meldet sich mit einer Botin, einem Billett. Einer in Leipzig gastierenden Pianistin, Robena Laidlaw, die so alt ist wie Clara, Schülerin von Herz und ein weißgeschminktes Aufziehpüppchen, widmet er seine »Fantasiestücke« opus 12 – Clara könnte sich aus Eifersucht rühren.

Im Mai schickt er ihr seine fis-Moll Sonate (es ist ja nur ein Weg über ein paar Straßen) mit der Widmung: »Clara zugeeignet von Florestan und Eusebius.«

Er erhält keinen Dank, keine Antwort.

Henriette Voigt hört zu. Nur vermitteln kann sie nicht, schon aus Furcht vor Wieck, aber auch, wie sie ihm sagt, weil sie sicher sei, daß er und Clara wieder zueinander fänden und sie darum den Unfrieden nicht stören wolle.

Vielleicht, sagt er, kennzeichnet dieses Wort – Unfrieden – den Zustand doch sehr genau: Nicht Krieg nicht Frieden, ein halber Tod dazwischen.

Mit Banck, dem verleumderischen Rivalen, wird er da und dort in seiner Zeitschrift abrechnen, diesem »Liederknirps von Jena«. Da ist er schon längst nicht mehr Mitherausgeber der Zeitschrift.

Verläßt Clara die Stadt, um mit dem Vater auf Konzertreise zu gehen, zieht er sich zurück in seine Wohnung, geht nicht aus, um die ausgestorbene Stadt nicht erleben zu müssen, aber ab und zu betrinkt er sich mit Freunden, bis er nichts mehr von sich weiß, nur noch eine Stimme in sich hört wie ein dumpfes Steinrollen.

Er erfährt, Christel habe ein Mädchen zur Welt gebracht.

Es schneit und schneit. Er könnte Clara überraschend besuchen und darauf warten, daß Wieck mit der Flinte in die Stube stürzt und ihn erschießt. Es wäre eine Szene nach dem Geschmack der Leipziger. Schon darum läßt er es bleiben.

»Clara liebt mich noch so warm wie sonst, doch ich habe völlig resigniert.«

Ab und zu spaziert er gegen seine Scheu, seine Scham, zu dem Wieckschen Haus und lauscht nach Claras Klavierspiel. Er kommt anscheinend immer zur falschen Zeit.

Es gelingt ihm, sie zu verletzen, ohne es zu wollen. Sie trägt es ihm nach. Bei Hofmeister kommt ihr Klavierkonzert heraus, und sie hofft, nein, sie erwartet, daß Robert es in der Zeitschrift bespreche. Er überläßt es einem andern, und der mogelt sich aus der kritischen Pflicht mit der blöden Wendung: »Weil wir es mit dem Werk einer Dame zu tun haben.« In einem parodistischen Aufsatz Roberts glaubt sie sich überdies als dummdreiste Pianistin Ambrosia porträtiert. Woran er nie gedacht hat.

Sie werfen Barrikaden auf und belauern sich. Und hören doch voneinander, sobald sie musizieren.

Das dauert eineinhalb quälende, verrückte Jahre, bis zum 13. August 1837.

15
Endenich, 18. 9. 1855 – 28. 10. 1855

Er summt vor sich hin, ohne Unterbrechung. Klingelfeld ist
es erst gar nicht aufgefallen. Es ist ein Geräusch von großer
Monotonie: Immer drei gleiche Töne im Terz-Intervall.
Ding-dong-dang. Sie werden erst lästig durch ihre Monotonie, die, hört man hin, dazu zwingt, auf einen Fehler zu warten. Schumann summt wie ein Apparat. Klingelfeld beobachtet ihn und kommt ihm dabei nicht zu nah. Das Summen
hat angefangen nach dem Frühstück, von dem der Patient
nur ein wenig und dies widerwillig zu sich nahm. Mit einem
Mal war es zu hören. So als hätte er etwas in sich angestellt.
Es tönt aus ihm, ohne daß er das Gesicht verzieht. Er sitzt,
bleich und schwer, steht auf, geht zum Fenster, wirft dabei
Klingelfeld, der seinen Platz auf dem Stuhl neben der Tür
eingenommen hat und zu lesen versucht, einen mißtraui-
schen Blick zu, schaut eine Weile zum Fenster hinaus,
summt, wobei es Klingelfeld vorkommt, daß das Summen
sich verselbständigt, den Körper Schumanns verläßt, das
ganze Zimmer erfüllt – immer diese drei Töne, diese Terzen.
Die Blicke kaum vom Buch hebend, verfolgt er, wie Schumann zum Tisch geht und in den Papieren und Büchern
wühlt, ohne, wie sonst, über die Unordnung zu klagen, daß
er etwas nicht finde. Irgendwann, hofft Klingelfeld, wird er
aufhören müssen, denn bisher ist er nie ausgekommen ohne
Klage und Gebrüll. Dieser Wunsch besetzt Klingelfelds Gedanken. Nichts wünscht er sich mehr, als daß dieses Summen ende, unterbrochen werde. Aber Schumann fährt damit auch bei der Visite von Doktor Richarz fort, zu dessen

223

Verblüffung. Er setzt sich auf dessen Bitte aufs Sofa, immer summend, wobei sein schlaffes Gesicht sich strafft, einen triumphierenden, impertinenten Zug annimmt und in die Augen ein spöttisches Glitzern tritt. Durch keine Frage des Arztes läßt er sich irritieren. Er hört auch nicht auf zu summen, als Doktor Richarz ihn auffordert, den Mund zu öffnen. Nur das Geräusch ändert seine Klangfarbe. Es hört sich nicht mehr dumpf und dunkel an, sondern quärrend wie eine Kindertrompete.

Also, was Ihnen alles einfällt, Herr Schumann, sagt Richarz, um den Patienten zu verärgern.

Der tut dem Arzt nicht den Gefallen, in Wut zu geraten, das Summen zu unterbrechen. Er erhebt sich statt dessen, geht um den Tisch, wirft Klingelfeld einen gleichgültigen Blick zu, achtet nicht auf den Arzt, legt sich aufs Sofa, verschränkt die Hände unterm Kopf und summt.

Gegen Mittag spricht Klingelfeld, der mehrmals das Zimmer verließ, um diesem Geräusch zu entkommen und sich zu beruhigen, ihn endlich an: Könnten wir nicht, Herr Schumann, vor dem Mittagessen noch etwas in den Garten gehen? Nur müßten Sie den Schal umlegen, es ist kühl heute.

Worauf Schumann ihn entsetzt anblickt, das Summen ihm im Hals, in der Brust stockt, er den Mund öffnet, aus dem ein stöhnender, würgender Laut dringt, und schreit. Er spricht nicht, er schreit. Klingelfeld weicht nicht zurück, legt die Hände an die Ohren und schüttelt den Kopf: Ich bitte Sie! brüllt nun auch er.

Aus dem Schreien wird ein Lallen. Schumann nickt, wischt sich mit offener Hand den Speichel vom Mund, sagt: Den Schal, Klingelfeld!

Am Nachmittag summt er von neuem.

Die Mahlzeiten werden für Klingelfeld zur Tortur, denn meistens weigert sich Schumann, etwas zu sich zu nehmen.

Es ist vergiftet, Sie wissen es, Klingelfeld. Die Dämonen scheißen mir ins Essen. Und auch die Zigarren werden mir geklaut. Ich muß mit ihnen so sehr sparen.

Gegen Abend summt er wieder.

Nachts unterbricht er, nachdem er sich im Bett aufgebäumt hat, das Gesumm durch ein irrwitziges Gebrüll, weckt die Patienten in den Nebenzimmern, ist nur schwer zu beruhigen.

Er bittet Klingelfeld, sich zu ihm ans Bett zu setzen. Der faßt beruhigend nach der Hand des Kranken. Sie ist kalt und naß und schlaff.

Doktor Peters schlägt vor, Schumann in ein Eckzimmer zu verlegen, wo er mit seinen nächtlichen Anfällen das Haus nicht störe.

Sie ziehen sofort um. Schumann hält es keine fünf Minuten in seiner neuen Bleibe.

Hier stinkt es infernalisch, Klingelfeld, als hätten sich tausend Fürze in der Tapete festgesetzt. Er würgt und reißt das Fenster auf.

Klingelfeld muß ihm zustimmen, auch die beiden Ärzte, von denen Schumann ausdrücklich eine Entscheidung wünscht.

Er darf zurück in sein altes Zimmer.

In den nächsten Tagen summt er, allerdings mit längeren Unterbrechungen.

Noch immer verweigert er das Essen.

Warum schickt mir niemand Briefe, warum besucht mich keiner? klagt er.

Es hilft nichts, daß Klingelfeld ihn an den jüngsten Brief Claras erinnert und daß Joachim ihm ein Kärtchen geschickt und Brahms seinen Besuch angekündigt habe.

Ich bin eingesperrt. Sie wollen nichts von mir wissen.

An manchen Tagen versteht Klingelfeld kein Wort. Es scheint, als versteinere die Zunge des Patienten.

Ich möchte Clara verständigen, wegen des Winters. Das ist der erste Satz, den er nach Tagen wieder deutlich ausspricht.

Ende Oktober beginnt er erneut zu summen, am Tag und in der Nacht. Die drei Töne verselbständigen sich. Wenn Schumann aufhört, summt es in Klingelfelds Kopf weiter.

Müde und verzweifelt bittet er Doktor Richarz, ihn wenigstens eine Nacht von Schumanns Gesumm zu befreien. Doktor Richarz erlaubt es ihm, doch es hilft wenig: Er bekommt das Summen nicht los.

Am nächsten Morgen ist Schumann still, in sich gekehrt, und nach einer Weile sagt er, jedes Wort für sich sprechend: Sie haben mir gefehlt, Klingelfeld.

16

Wie aus der Ferne
(Äußerst bewegt – Sehr innig –
Sehr langsam –Äußerst bewegt)

Der Bote heißt Becker. Er öffnet Türen, die von anderen zuge-
schlagen werden, handelt mit Hoffnungen, ohne zu ahnen,
ob sie sich erfüllen.

Schumann hat Ernst Adolph Becker schon in seinen ersten
Leipziger Wochen kennengelernt, einen Juristen, der als Bergschreiber – so hießen die Untersuchungsrichter an den Berg-
ämtern – in Schneeberg, später in Freiberg arbeitete. Er dilet-
tierte auf dem Klavier, verstand eine Menge von Musik und
war mehr als zehn Jahre älter als Schumann.

Mit seinem Ernst, seinen Kenntnissen und seiner Position
gewann er nicht nur das Zutrauen von Clara, auch das Vertrauen von Wieck. Ein Mittler, ein »Schutzgeist«.

Er hatte Wieck besucht und überraschte Schumann danach
mit einer Einladung: Clara bitte ihn herzlich zu ihrem Konzert am Sonntag, den 13. August, im Saal der Buchhändler-
börse.

Ob sie ihn, Schumann, ausdrücklich eingeladen habe?

Aber ja, mein Lieber.

Und der Alte, hat er es gehört?

Er war die ganze Zeit dabei.

Und hat kein Wörtchen, kein Sterbenswörtchen dagegen ein-
gewendet?

Ich habe nichts gehört.

Er reißt den verdutzten Becker in die Arme, lädt ihn in den
»Kaffeebaum« ein, wo sich am Stammtisch schon Freunde

festgesetzt haben, unter ihnen der englische Pianist und Komponist Bennett und Walther von Goethe, der noch Musik studiert, und er lädt sie alle zu Champagner ein, einer Vorfreude wegen, die er nicht verraten mag, denn dann wäre sie als Vorfreude hin.

Becker verläßt frühzeitig die Runde, doch Schumann kann nicht genug bekommen, hat sich festgesetzt, lauscht den andern, gräbt in Erinnerungen und redet mit sich selber – er hört, wie Bennett spottet, daß er mal wieder unterwegs sei, aber er wehrt sich nicht, wie sonst, prostet den andern zu, läßt sich von Bennett auf die Schläfe küssen, merkt, wie er schwer wird und Verzweiflung sich wie ein schwarzer Sud in ihm absetzt.

Bringt mich nach Hause, Freunde.

Das geschieht in einer lärmenden Karawane. Frau Devrient hat wieder Grund sich aufzuregen: ein so angesehener Mann wie Sie, Herr Schumann, ein Künstler mit Ihrem Namen. Ihre Klage erlaubt ihm, zwischen Tür und Angel, halb schon im Schlaf und dennoch sonderbar wach, eine Arie:

Ach, liebste Frau Devrient, haben Sie eine Ahnung, wieviele ich schon ihres Ansehens entkleidet sah, auf einmal pudelnackt und verdreckt wie kleine Jungen, nichts mehr, das an ihre Würde erinnert, an ihren Ruhm – und was ist denn Ruhm? frage ich Sie, liebste Frau Devrient, ist es zum Beispiel Ruhm, wenn ein miserabler Pianist vom Applaus eines unverständigen Publikums erhoben wird, ist es Ruhm, wenn Herr Robert Schumann sagen wir Herrn Berlioz oder Herrn Chopin Genie nachsagt, und das geschieht, ich kann Ihnen versichern, ohne Neid und Ranküne; ist es Ruhm, wenn Herr Wieck, den zu schätzen ich ganz und gar abgeneigt bin, einen Herrn Banck für einen vorzüglichen Komponisten hält und der nicht mehr kann, als ein Klavier zum Weinen zu bringen –, ich weiß nicht, ob ich mir den Ruhm mit gutem Wein und Champagner aus dem Leib spüle, um wieder anständig zu sein, es wäre möglich, und darum bitte ich Sie flehentlich, alles zu vergessen, was Sie von mir wissen, von mir gehört haben, alle die schauderhaften Geschichten und Gerüchte, und mich so vor sich zu sehen, wie eben jetzt, ziemlich betrunken und mit einer ausgefransten Seele.

Worauf er sich schwungvoll verbeugt, Frau Devrient einen angenehmen Rest der Nacht wünscht, einige Male die Türklinke verfehlt und sich wundert, daß es ihm danach gelingt, die Tür fast geräuschlos zu schließen.

Er nimmt sich vor, sich von der Erwartung nicht stören zu lassen, bei sich zu bleiben. Es gelingt ihm zu arbeiten. Ganz ohne Mühe, ohne daß er in Zweifel gerät und abbricht wie sonst oft, komponiert er die beiden letzten Stücke der »Davidsbündlertänze«. Er überläßt Eusebius das Wort, hört die Musik wie einen Abschied, obwohl die meisten Freunde noch gegenwärtig und neue hinzugestoßen sind. »Wie aus der Ferne.«

Es regnet. Er bricht mit Absicht spät auf. Zu albernen Gesprächen vor dem Konzert ist er nicht aufgelegt. Die Stadt wird von Glocken gewiegt; die Gottesdienste sind zu Ende, das Volk strömt aus den Kirchen.

Auf dem Markt läuft er Mendelssohn über den Weg und trottet schweigend neben ihm her. Er sei gespannt auf Meyerbeers »Hugenotten«, die am Abend gegeben würden. Das ist der einzige Satz, den Mendelssohn wagt.

Er bekommt seinen Platz, spürt seinen Körper wie unter einer Last. Er hat sie so lange nicht gesehen. Ohne allzu großes Interesse überfliegt er das Programm, und das wird überraschend zum Liebeszettel, zum Brief: Neben Quartetten von Stegmayer, einem Divertissement von Liszt, Stücken von Mendelssohn und einem Nocturne von Chopin sieht er drei seiner »Symphonischen Etüden« angekündigt, samt dem vorhergehenden Thema, das wiederum eine kaum vergangene Episode wiederholt, denn dieses Thema fand er in den Flötenvariationen, die Ernestines Vater ihm zur Beurteilung zugeschickt hatte, und er antwortete ihm, um ihn und die Tochter für sich zu gewinnen, mit den Etüden, »aus buntem Glas zusammengesetzten Scheiben«.

Das kann Clara nicht wissen. Sie spielt ihm zuliebe. Sie hat ihn im Saal schon entdeckt.

Wieck, in der ersten Reihe, schaut sich nicht ein einziges Mal um.

Wie hat sich Clara gegen ihn durchgesetzt? fragt sich Schumann. Ist er womöglich zu einer Verständigung bereit?

Als Clara mit dem Thema einsetzt, viel leiser, als er es erwartet, hat er die Vorstellung, einen kleinen, dicken Jungen gravitätisch gehen zu sehen, und so spielt sie ihm die peinliche Erinnerung an den Herrn von Fricken aus dem Kopf.

Er hat sie eine Weile am Klavier nicht gehört. Nur ein paar Fragmente, wenn er vorm Wieckschen Haus lauschte. Nichts erinnert mehr an das dressierte Kind. Alles, was sie vorträgt, hat sie sich angeeignet. Ihre unglaubliche Virtuosität hat nun einen warmen, singenden Grund.

Nachdem der Beifall sich gelegt hat, wartet er mit anderen vor der Garderobe auf ihr Erscheinen, wird angesprochen und stellt sich taub, spürt, wie der Gaumen dick und pelzig wird, ist nahe daran zu verschwinden, da kommt sie mit den Eltern, blickt sich suchend um, sieht ihn, tritt mit einer heftigen Bewegung auf ihn zu.

Sie ist wunderschön, denkt er. Ihr Gesicht ist ein wenig voller geworden, das Blau der Iris dunkler. Sie redet, er hört sie nicht.

Kommen Sie mich doch besuchen.

Erst mit dem Echo erreicht ihn die Einladung. Schon hat sie der Pulk der Bewunderer mitgerissen, und er bleibt, wie bestellt und nicht abgeholt, bis Mendelssohn sich bei ihm einhakt und ihn mitzieht: Ich lade Sie zum Essen ein, Schumann. Und er Mendelssohn einfach folgt, bei Tisch weiter schweigt, erst aufhorcht, als der große Freund Claras Kunst zu rühmen beginnt, wie er sich gefreut habe, wenigstens drei der Etüden von ihr zu hören, mit Bravour und Herz, Schumann, das können Sie nicht bestreiten, selbst wenn Sie Ihr Maß anlegen.

Aber nein.

Er ist in Gedanken bei einem Brief, den er ihr schreiben wird, jetzt, selbst wenn er Wieck damit von neuem verstimmt, denn einen Besuch im Haus traut er sich, nach dieser langen Zeit, noch nicht zu.

Es war wohl keine gute Idee, Sie mitzunehmen, stellt Mendelssohn lachend fest und wischt sich mit der Serviette den Mund.

Aber doch!

Aber nein!

Mendelssohn erhebt sich. Lassen Sie sich nicht stören, Schumann, trinken Sie allein weiter oder in Gesellschaft von Eusebius und Florestan. Die beunruhigen Sie anders als ich. Er legt die Hand auf Schumanns Schulter, streichelt sie kurz: Viel Glück, mein Freund.

Auf dem Weg nach Haus legt er sich Sätze für den Brief zurecht, redet sie vor sich hin und redet sie sich wieder aus. Jedes Wort erfüllt ihn mit Angst. Er könnte zu laut sein. Er könnte sie verletzen. Ihm ist auch nicht klar, wie der Brief ungesehen und unkontrolliert vom Vater in Claras Hände gelangen kann. Er wird ihn einem der Freunde anvertrauen, die Wieck sowieso besuchen.

Er muß einen Ton finden, der Anfänge setzt, nicht heftig, aber inständig, mit dem ein Lied beginnt, das noch lange nicht zu Ende gesungen ist, und sie muß es hören, als kennte sie es schon eine Ewigkeit, heute, am 13. August 1837:

»Sind Sie noch treu und *fest*? So unerschütterlich ich an Sie glaube, so wird doch auch der stärkste Mut an sich irre, wenn man gar nichts von dem hört, was einem das Liebste auf der Welt. Und das sind Sie mir. Tausendmal habe ich mir alles überlegt und alles sagt mir: es muß werden, wenn wir wollen und handeln. Schreiben Sie mir nur ein einfaches Ja, ob Sie Ihrem Vater gerade an Ihrem Geburtstage (zum 13ten September) einen Brief von mir selbst geben wollen. Er ist jetzt gut gegen mich gesinnt und wird mich nicht verstoßen, wenn Sie noch für mich bitten.

Dies schreibe ich gerade am Tage Aurora. Wäre es, daß uns nur eine Morgenröte noch trennte. Vor allem halten Sie fest daran: *es muß werden, wenn wir wollen und handeln.*

Von diesem Briefe sagen Sie gegen niemanden; es könnte sonst alles verdorben werden.

Vergessen Sie also das ›Ja‹ nicht. Ich muß erst diese Versicherung haben, ehe ich an etwas Weiteres denken kann.

Alles dies meine ich aus voller Seele so, wie es dasteht, und unterschreibe es mit meinem Namen Robert Schumann.«

Er siegelt den Brief sofort, liest ihn nicht noch einmal durch, er kann ihn auswendig, wiederholt ihn für sich weiter: »Ich muß erst diese Versicherung haben.« Nicht ein »Ja« von ihr, sondern eines vom Vater. Was für eine verquere Forderung, die er selbstverständlich voraussetzt. Er gibt Wieck nach, wenigstens fürs erste.

Becker, den er am Nachmittag trifft, ist der Bote, ein subversiver Postillon d'amour; die Übergabe gelingt.

Mit Claras Antwort tritt »die treue und verschwiegene« Nanny auf, Claras Zofe, die, findet Schumann, Clara merkwürdig gleicht, eine derbere und in ihrer Heiterkeit unanfechtbare Doppelgängerin, Claras Zerline. So empfängt er sie auch. Erst überrascht, denn er hatte bisher keine Ahnung von ihrer Existenz, dann aufgeräumt.

Fräulein Clara schickt mich.

Fräulein Clara? Sie!

Ja, mich.

So. Sie.

Und ich soll –

Ja, Sie müssen –

Ihnen einen Brief überbringen.

Sie sind ein Engel. Wie ist Ihr Name?

Nanny.

Der paßt, sagt er.

Mir paßt er schon, sagt sie.

Ich hoffe, Sie bald wiederzusehen, sagt er.

Ich werde es mein Fräulein wissen lassen, sagt sie. In bestem Sächsisch.

Clara antwortet ihm ohne Vorbehalt, mit ihrem Ja. Das ihres Vaters ist ihr gleichgültig. »Ein liebend Herz achtet der Gefahren nicht viel.« Sie schreibt, wie sie spielt. Es ist ihre Musik. Sie setzt alles aufs Spiel.

»Nur ein einfaches ›Ja‹ verlangen Sie? So ein kleines Wörtchen – so wichtig! doch – sollte nicht ein Herz so voll unaussprechlicher Liebe, wie das meine, dies kleine Wörtchen von ganzer

Seele aussprechen können? ich tue es und mein Innerstes flüstert es Ihnen *ewig* zu.

Die Schmerzen meines Herzens, die vielen Tränen, konnt' ich das schildern – o nein – vielleicht will es das Schicksal, daß wir uns bald einmal sprechen und dann – – Ihr Vorhaben scheint mir riskiert, doch ein liebend Herz achtet der Gefahren nicht viel. Also abermals sage ich ›Ja‹. Sollte Gott meinen achtzehnten Geburtstag zu einem Kummertag machen? O nein, das wäre doch zu grausam. Auch ich fühlte längst ›es muß werden‹, *nichts* in der Welt soll mich irre machen, und dem Vater werd ich zeigen, daß ein jugendliches Herz auch standhaft sein kann.«

Nur einen Steinwurf wohnen sie auseinander. Er kennt jeden finsteren Winkel in ihrem Haus. In ihren Briefen jedoch sehnen sie sich, als trennten sie Meere.

Clara drängt. Monatelang hat sie sich knebeln lassen. Nun nimmt sie einen möglichen Bruch mit dem Vater in Kauf. Sie mißtraut der Stiefmutter. Was hat sie in den letzten Monaten aushalten müssen. Ein häßliches Gerücht nach dem andern wurde ihr serviert. Alle diese Freundinnen, mit denen er gesehen wurde, die sie ihm andichteten. Und die undurchsichtigen Verhältnisse mit jungen Männern, mit Goethes dummem Enkel zum Beispiel. Sie beschmutzten sein Bild, und sie konnte nichts dagegen tun.

Jetzt setzt sie alles daran, aus der alten Geschichte zu fliehen. Nanny hilft, erkundet Möglichkeiten, spezialisiert sich auf Hintertüren.

Einmal läuft Clara voller Ungeduld aus dem Haus, aber in der Ritterstraße, vor dem »Roten Kolleg«, hält sie an, als wäre sie gegen eine Wand gerannt, und kehrt um. Sie hat es nicht gewagt. Worauf ihr Nanny gut zuredet: Es sei auch besser, sie begleite sie und halte sich in ihrer Nähe auf. Einen Tag darauf klopft sie an der Tür, holt Clara. Der Abend sei wie gemacht für ein Rendezvous. Herr Wieck sei aus und die gnädige Frau unpäßlich. Sie nimmt alles sehr ernst, und ihr Gesicht wird klein und faltig vor Anstrengung. Er warte, wie sie ausgemacht hätten, in Reichelts Garten.

Er wartet. Nanny verschwindet.

Solche Szenen gibt es viele aus der Zeit. Eine Generation von Kupferstechern hat sie billig gemacht: Ein junger Herr in schwarzem Anzug und eine junge Frau in hellem, sommerlichem Kleid mit großem Hut halten sich an den Händen, in schicklichem Abstand, doch auf eine Weise, daß der Betrachter auf unschickliche Gedanken kommen kann.

Clara hat sich vorgenommen, alles zu sagen, zu erzählen, was sich in den Monaten angestaut hat. Sie sagt: Es ist ein Glück, daß es nicht regnet.

Er sagt: Ja, das ist ein Glück. Es könnte sein, er meint nicht nur das schöne Wetter und diesen Augustabend, der noch hell ist und weich.

Lang halten sie es nicht aus. Er nimmt ihr Gesicht zwischen die Hände, sieht ihr in die Augen, kommt ihr immer näher, bis er mit seiner Stirn ihre Stirn berührt, sie die Augen schließt und er sie küßt.

Ich kriege keinen Atem mehr, sagt er lachend.

Es könnte uns jemand sehen, sagt sie.

Sie liebkosen sich mit den Händen, gehen und bleiben stehen. Aus den Zärtlichkeiten, die sie sich zuflüstern, wird allmählich ein Gespräch. Sie erzählt von ihren Reisen mit dem Vater, den Begegnungen unterwegs, doch auch von dem Heimweh, der Sehnsucht nach ihm und ihrem Verdacht, daß er sie längst vergessen habe. Er widerspricht ihr, ich habe viel gearbeitet, sagt er, und die Zeitschrift hat mit Friese einen neuen Verleger.

Das habe sie vom Vater erfahren. Ihr Ton ändert sich. Sie hängt sich fest bei ihm unter: Wollen Sie den Brief nicht an meinem Geburtstag dem Vater übergeben, lieber Robert? Dann erkennt er Ihren festen Willen.

Er blickt auf den Weg, nimmt sich Zeit für seine Antwort: Das kann ich nicht. Ich will Ihnen den Geburtstag nicht verderben und Ihren Vater nicht überrumpeln.

Vor ihnen, noch entfernt, tritt aus einer Laube eine zierliche, im Tanz kreisende Gestalt: Nanny.

Unsere Zerline, sagt er, was Clara mit einem Lachen bestätigt: Aber die Musik machen Sie ihr, Robert.

Er bleibt stehen, küßt sie aufs Haar. Nanny wird uns mahnen, daß es Zeit sei. Adieu, liebste Clara.

Es könnte sein, daß der Alte ihnen doch auf die Spur kam.

Schreib dem Vater vorsichtig, bittet sie Robert. Stelle ihm keine Forderungen. Sie traue ihrer Stiefmutter nicht, die sie merkwürdig frage und Nanny regelrecht verhöre.

Schumann hat sogar Gelegenheit, Wieck freundlicher zu stimmen. Neuerdings kehrt der wieder öfter im »Kaffeebaum« ein, gesellt sich jedoch selten zu den Davidsbündlern, sondern nimmt am Tisch von Poppe, dem Wirt, Platz. Immerhin grüßt der Alte und erkundigt sich mitunter nach den Aufsätzen, die Schumann für seine Zeitschrift geplant hat.

Schumann stellt sich vor, daß er den Brief als Ansprache während des Geburtstagsfestes halte, sieht sich an der Tafel, Clara und dem Alten gegenüber, und je länger er spricht, umso mehr entfernt er sich aus der Szene, gleitet weg, sieht Vater und Tochter nur noch sehr entfernt und nicht mehr am Geburtstagstisch, sondern auf einem Konzertpodium, und ihm versagt die Stimme.

»Am 13. September 1837

Es ist heute Claras Geburtstag – der Tag, an dem das Liebste, was die Welt für mich hat, zum ersten Male das Licht erblickt –, der Tag, an dem ich von jeher auch über mich nachgedacht, da sie so tief in mein Leben eingegriffen. Gestehe ich es, so dachte ich noch nie, so beruhigt an meine Zukunft, als gerade heute. Sicher gestellt gegen Mangel, soweit dies menschliche Einsicht voraussagen kann, schöne Pläne im Kopf, ein junges, allem Edlen begeistertes Herz, Hände zu Arbeiten, im Bewußtsein eines herrlichen Wirkungskreises und noch in der Hoffnung, alles zu leisten, was von meinen Kräften erwartet werden kann, geehrt und geliebt von vielen – ich dächte, es wäre genug! – Ach, der schmerzlichen Antwort, die ich mir darauf geben muß!...

Achtzehn Monate lang haben Sie mich geprüft, schwer wie ein Schicksal für sich. Wie dürfte ich Ihnen zürnen! Ich hatte Sie tief gekränkt, aber büßen haben Sie mich es auch lassen. – Jetzt prüfen Sie mich noch einmal so lange. Vielleicht, wenn Sie nicht das Unmögliche fordern, vielleicht halten meine Kräfte mit Ihren Wünschen Schritt; vielleicht gewinne ich mir Ihr Vertrauen wieder. Sie wissen, daß ich in hohen Dingen ausdaure...

Es ist nicht die Aufregung des Augenblicks, keine Leidenschaft, nichts Äußeres, was mich an Clara hält mit allen Fasern meines Daseins, es ist die tiefste Überzeugung, daß selten ein Bündnis unter so günstiger Überzeugung aller Verhältnisse ins Leben treten könne, es ist das verehrungswürdige hohe Mädchen selbst, das überall Glück verbreitet und für unseres bürgt...

Meinem Stand, meinem Talent, meinem Charakter sind Sie eine schonende und vollständige Antwort schuldig...

Seien Sie segnend, einem Ihrer ältesten Freunde wieder Freund und dem besten Kinde der beste Vater.«

Zwei Tage wartet er auf Antwort – oder wenigstens ein Zeichen. Nanny läßt sich nicht blicken, so bekommt er auch nichts von Clara zu hören. Sie hat ihren Geburtstag ohne ihn gefeiert. Ihm fallen die lustigen Feste ein mit dem Kind, wie sie zu ihrem vierzehnten Geburtstag in eine Gaststätte gefahren waren, der September sich sommerlich aufführte, sie noch am Abend im Garten sangen, sich mit Geschichten übertrafen, die sich nicht gerade für die Ohren des Geburtstagskindes eigneten, in einer Schlange, Lampions schwenkend, um die Bäume mäanderten, und Clara sich vor Lachen ausschüttete, es dann aber mit der Angst zu tun bekam, als sie nach Hause fuhren und keiner imstande war, die Rösser ordentlich zu halten. Sie waren unbeschadet davongekommen.

Er wartet, vorm Spiegel seine Rede haltend: »Meinem Stand, meinem Charakter, meinem Talent sind Sie eine schonende und vollständige Anwort schuldig.«

Ihn hält es nicht länger zu Hause. Er schlendert durch die Grimmaische Straße, gegen seine Scham und seinen Zorn. Ihn fröstelt, obwohl die Sonne scheint. Er sitzt früher als gewohnt im »Kaffeebaum«, die schweigenden Schatten von Florestan und Eusebius neben sich und die Hülse von Meister Raro, aus der er den Alten vertrieben hat, schon lang, und die er nicht wieder füllen wird. Er fragt Poppe, ob Meister Wieck sich angesagt habe.

Der kommt, wann er will.

Wieder spannt ihn der Alte auf die Folter, und als ein Unbekannter im »Roten Kolleg« erscheint, ihm Wiecks Einladung überbringt, ist er bereits so zermürbt, daß ihm sein Brief lächerlich vorkommt, jede Wendung ein unangebrachter Bückling, jedes Wort ein Verrat.

Clara zeigt sich nicht, als er das Haus betritt. Clementine öffnet ihm, ernst und schweigsam, und führt ihn in die Stube.

Alles wiederholt sich. So hat er sich schon einmal vorführen lassen: Der ungewollte Bräutigam.

Nur kommt er dieses Mal gar nicht zu Wort.

Er habe, sagt Wieck, der die Tür aufreißt und sie offen läßt, damit das Haus mithöre, er habe diesen Brief, seinen Brief, eben noch einmal gelesen und wundere sich über jeden Satz. Was maßen Sie sich an, sagt er. Sie haben nichts zu bieten, sind ein armer Schlucker, der dieser jungen Frau, die von aller Welt verehrt wird, nichts bieten kann.

Er sagt nicht mehr: das Kind.

Ich kenne Sie als Tagedieb, als Quartalsäufer, als Hurenbock, und wie könnte Ihnen Clara, die dies alles weiß, das beteure ich Ihnen, ihre Liebe schenken. Es muß sie ekeln, wie es mich ekelt.

Nicht einmal ein Aber gelingt ihm.

In einer Woche werden wir abreisen, nach Wien. Und Sie werden keine Gelegenheit haben, Clara heimlich zu treffen.

Wieck verläßt den Raum, ohne Abschied, und zwingt ihn, sich aus dem Haus zu schleichen, ohne Gruß:

»Die Unterhaltung mit Ihrem Vater war fürchterlich. Diese Kälte, dieser böse Willen, diese Verworrenheit, diese Widersprüche – er hat eine neue Art zu vernichten, er stößt einem das Messer mit dem Griff in das Herz ...«, schreibt er, kaum zu Hause, an Clara, und traut sich zum ersten Mal ein Du zu: »Ich lasse nicht von Dir. Verlasse Dich auf mich.«

Was beide nicht erhofft hatten, wird durch Wiecks Unrast

und Nannys Durchtriebenheit möglich. Am 3. Oktober reist der Alte überraschend nach Halle. Er kehre am nächsten Tag, abends, zurück.

Nanny plant, intrigiert in aller Eile, öffnet Türen und stopft Ohren.

Clara wird von den Voigts, die keine Skrupel haben, sich an der Verschwörung gegen Wieck zu beteiligen, eingeladen, ohne daß sie mit ihrem Kommen rechnen, denn ebenso ist Schumann alarmiert, der sich erst einmal nicht rühren darf und auf die beiden jungen Frauen zu warten hat, irgendwann »gegen fünfe«.

Er hat es Nanny nicht glauben wollen. Sie schwindeln.

Nein, nein.

Vielleicht haben Sie sich alles nur ausgedacht, damit wir drei, Clara, Sie und ich, wenigstens davon träumen können.

Auf solch eine Idee könne nur er kommen.

Später, beim Abschied, wird er Clara sagen: Vielleicht haben wir uns geliebt, damit Nanny davon träumen kann, und er braucht Clara diesen Einfall nicht einmal zu erklären.

Um das Warten zu verkürzen, will er Kritiken für die Zeitschrift durchsehen, selber einen Aufsatz beginnen, nur denkt er in Sprüngen, hört Tonfolgen, nimmt sich aber nicht die Mühe, sie zu notieren, denn inzwischen ist er mit seinem Atem beschäftigt, der heftiger und kürzer wird, und auch mit Kopfschmerzen, die er sich vielleicht nur einbildet, und wenn er ganz ruhig ist, hört er Wieck sagen: Sie sind ein Tagedieb.

Er fängt an, im Zimmer, das auf Clara wartet, Ordnung zu machen, rückt Stühle an den Tisch, hebt Bücher vom Boden auf, zerrt an dem Überwurf auf dem Sofa.

Gegen fünfe, hat Nanny versprochen.

Flinke Sechzehntel und ein zweistimmiges Geflüster unterbrechen ihn. Sie kommen vorzeitig, ungeduldig wie er.

Soll er sie anklopfen lassen?

Er kommt ihnen zuvor, öffnet die Tür, tritt erwartungsvoll zurück und sieht die beiden im Rahmen, ein wenig außer Atem und sehr verlegen, und schon tritt, als hätten sie jede Bewegung geübt, Nanny in den Hintergrund, sagt, sie werde Madame Devrient einen Besuch abstatten und hernach sich zurückmelden, sie sagt es ohne Anzüglichkeit, eher mit einer beiläufigen Geste, die ihnen Zeit schenkt.

Ach, wie freue ich mich.

Er bittet Clara ins Zimmer.

Daß wir uns doch noch sehen, bevor ich reise.

Sie bewegen sich aufeinander zu und voneinander weg.

Er möchte sie festhalten, in die Arme nehmen.

Sie haben gelesen?

Jean Pauls »Flegeljahre«.

Daraus lasen Sie uns vor. Sie zieht den Mantel aus, er hilft ihr, ungeschickt, legt ihn über den Stuhl. Die Luft im Zimmer wird spürbar, springende, elektrisierende Wellen.

Das ist schon lange her, vier Jahre.

Und Sie wohnten noch bei uns.

Ja – und selbst Wieck hörte manchmal zu.

Sie kreuzt die Hände vor der Brust: Wir sollten nicht von Vater sprechen. Dabei wirft sie einen Blick zur Tür, redet leise, als könnte er lauschen.

Wir können uns auf dem Klavier vorspielen. Sie mir. Ich Ihnen.

Er schüttelt den Kopf, geht zum Klavier und schließt den Deckel. So viel Zeit haben wir nicht.

Sie setzt sich aufs Sofa, wobei ihr Kleid raschelt und knistert, und ihm geht der Gedanke durch den Kopf, daß alle Geräusche, auch die Sätze, die sie gesprochen haben und sprechen werden, im Zimmer bleiben und daß er sie wieder hören kann, wann er will.

Sie legt die flache Hand neben sich aufs Sofa, hebt den Kopf in den Nacken, blinzelt, obwohl kein Licht sie blendet.

Er wartet mit angehaltenem Atem.

Sie sagt: Kommen Sie doch, Robert.

Er ist schon bei ihr, wirft sich aufs Sofa, so daß sie wie von einer Schaukel gelupft wird, drückt seinen Arm gegen den ihren, streckt die Beine von sich.

Sie rutschen ab, warnt sie.

Dann halten Sie mich fest.

Das läßt sie sich nicht zweimal sagen, sie nimmt ihn in die Arme, zieht ihn an sich. Er umarmt sie ebenso. Nur einen Moment schauen sie sich an. Sie öffnet ihre Lippen, nicht um zu reden, und ihm hat es die Sprache schon wieder verschlagen – sie preßt ihren offenen Mund auf seinen geschlossenen, und es braucht eine Weile, bis er ihren Atem aufnimmt.

Sie läßt alles zu.

Er knöpft ihr Kleid auf und schiebt ihren Rock hoch. Worauf sie sich gegen ihn stemmt, sich aufrichtet, das Kleid über den Kopf zieht, sich zurückfallen läßt und mit geschlossenen Augen auf ihn wartet, den Atem anhält.

Er liebt sie, nicht mehr das Kind. Und alle anderen, die er liebte, sind vergessen.

Ihre Haut riecht nach Seife und einer Spur Lavendel.

Als er sich auf sie legt, zieht sie, wie in einem Krampf, die Beine an. Ach, sagt sie.

Er atmet ihren Atem.

Danach rutscht er vom Sofa, reißt die Augen auf, im Zimmer ist es mit einem Mal unheimlich hell, er legt seinen Kopf auf ihre Brust, sie fährt ihm mit der Hand durchs Haar: Nun bist du mein Mann. Ihre Stimme klingt so hell und bestimmt wie vor Jahren, wenn sie als Kind nach ihm rief: Kommen Sie uns doch was vorlesen, Herr Schumann.

Er nickt.

Sag ja, Robert.

Ja, sagt er.

Da Nanny sich vor der Zimmertür mit Kratzen und Hüsteln bemerkbar macht, stehen sie auf, bringen ihre Kleider in Ordnung. Clara streicht mit den Händen über die Brust, wobei sie kichert, als kitzle sie sich selber. Es ist ihr anzusehen, wie verlegen sie ist. Jetzt erst wird ihr bewußt, was sie getan hat, daß draußen eine Mitwisserin horcht und wartet. Sie schlägt die Hände vors Gesicht, atmet tief ein und aus und ist mit ihren Gedanken schon weiter: Wenn alles nach Vaters Plan verläuft, Robert, kommen wir erst in einem halben Jahr zurück nach Leipzig. Er möchte so lange in Wien aushalten.

Schumann schaut sie fragend an, stützt sich auf dem Tisch ab. Aber mir hat er es so nicht gesagt. Nein.

Es scheint, als ob sie sich jetzt schon von ihm entferne. Sie steht wie eine große, schöne Puppe in einer Vitrine aus Glas. Nur die roten Flecken auf ihrem Gesicht verraten Leben, lassen ahnen, was dem voraus ging, daß dieses Geschöpf gesagt hat: Nun bist du mein Mann.

Auch jetzt hat sie die Kraft, den gläsernen Raum zu sprengen, ihn trotzig zu trösten: In einem halben Jahr heiraten wir, Robert, was immer der Vater auch anstellt.

Gib mir noch einen Kuß zum Abschied.

Den erlaubt ihnen Nanny nur in aller Hast; sie pocht ungeduldig an die Tür. Clara antwortet ihr mit einem Gelächter, das sie eben lernt: Ich komme!

Schon ist sie hinaus. Er steht mitten im Zimmer, starrt auf die Tür, die sich hinter ihr schloß.

Am späten Abend entschließt er sich doch noch auszugehen, auf einmal übermütig, und es fällt ihm schwer, sein Glück für sich zu behalten.

Er sei wie ausgewechselt, findet Mendelssohn. Dem widerspricht er nicht.

Am andern Morgen trägt er ins Tagebuch ein: »Gestern Abend seliges Beisammensein mit Clara. Vielleicht letztes. Letztes u. höchstes Geschenk.« Er drückt mit der Feder so heftig auf, daß sie das Papier ritzt.

Sie tauschen Briefe, beklagen sich darüber, oft allzulang auf eine Antwort warten zu müssen. »Warum Dein Stillschweigen? Seit beinah 3 Wochen habe ich nichts von Dir gehört.« Wobei Clara den Vater ständig täuschen muß, die ganze Reise über, in Dresden, Prag und Wien, denn der Alte forscht auf den Postämtern nach, ob die Tochter poste restante etwas erwarte, überrascht sie im Hotel, auf ihrem Zimmer, im Gastraum, ob sie womöglich gerade einen Brief an ihren Liebsten schreibe, den er noch einmal wissen ließ, er werde eine Ehe nicht erlauben, solange er nicht zweitausend Gulden jährlich verdiene.

Sie hat ihm versichert: »Der Knoten ist jetzt fest geschlungen – *ich* reiß ihn *nie*!« und ihn zugleich angefleht: »Also Robert, ich beschwöre Dich, das *Eine* – tue es nicht mehr.« Dieses Eine, auf das der Vater voller Ekel nun erst recht anspielt, daß dieser Zukünftige seiner Tochter, für den er keine Zukunft sehe, es nicht lassen könne, dieses Eine mit anderen Weibern zu treiben.

Also tauschen sie auch ihre Eifersüchte. Denn nun wird ihm zugetragen, wie »die Wieck« angeschwärmt werde, und Clara selber zählt in Briefen die »Curmacher« auf, den Fürsten Schönborn und den Pianisten Rakemann.

Der Alte schürt und intrigiert.

Schumann weiß es, versucht sie und sich dagegen zu wappnen. Nicht ohne Witz in der Wut: »Meinen Entschluß, wie ich mich zu Deinem Vater stellen werde, weißt Du also – will ich denn *ihn* heiraten? Nein, meine Geduld ist erschöpft. So einem Philister will ich wohl Herr werden. Und behandelt er mich, wenn er von Dir anfängt, nicht mit dem größten Respekt, und spricht er von Dir wie von einem Glück, das ich gar nicht verdiene, so soll er mich kennenlernen.«

Aber der Schläue des Alten ist er nicht gewachsen. Der ist wie besessen davon, die Liebenden zu trennen. Nun sieht er, durchaus kundig und beteiligt, einen Boden für Schumanns Zeitschrift in Wien und sorgt auf diese Weise dafür, daß Robert aus Leipzig verschwindet, wenn Clara heimkehrt.

»Auf der Reise habe ich mit Vater während 2 Stunden von Dir gesprochen und da hat er mir sein Ehrenwort gegeben, daß er Dich einladen will, uns zu besuchen und unser Hausfreund zu sein wie immer, daß er *seine Einwilligung* gibt, *wenn Du nach Wien gehst, daß er mit Dir selber sprechen* und Dir alles sagen will ...«

Offenbar hat sie alle gebrochenen Schwüre des Vaters vergessen, seine Täuschungen, und wie er Robert böse verleumdete. Ganz traut sie ihm dennoch nicht. Von ihrem geheimen Briefwechsel mit Robert verrät sie ihm nichts. Sie täuscht ihn weiter, regt Robert zu immer neuen Einfällen an: Freunde schreiben die Adresse, die Nachbarin bekommt den Brief. Die Gäste des Alten werden zu Boten, wie der gute Freund Becker.

Was er sich verbietet, ihr zu schreiben, komponiert er.

»Bis dritten Mai: Drei wundervolle Frühlingstage – in Erwartung auf einen Brief zugebracht – und dann die Kreisleriana gemacht in vier Tagen – ganz neue Welten tun sich mir auf...«

»...Meine Kreisleriana spiele manchmal!« schreibt er Clara: »Eine recht ordentlich wilde Liebe liegt darin in einigen Sätzen, und Dein Leben und meines und manche Deiner Blicke. Die Kinderszenen sind der Gegensatz, sanft und zart und glücklich, wie unsere Zukunft. Da komme ich aber ins Plaudern...«

Er ist sich seiner sicher. Mit diesen Kompositionen faßt er zusammen, was er auf dem Klavier erkundet hat. Zwar erklärt er mit der »Kreisleriana« Clara, die im übrigen diese Stücke kaum spielte, die auf wunderbare Weise haltbaren Widersprüche ihrer Liebe, aber zugleich demonstriert er sein »romantisches« Programm.

Liszt schreibt ihm, daß er »Carnaval« und die »Fantasiestücke« mit Wonne spiele, und für ihn nur noch Schumanns und Chopins Kompositionen von größerem Interesse seien.

Wie von selbst treibt er, in diesem Frühlingslicht, das die Schatten verstärkt, die guten und finsteren Geister zusammen, die er bei sich behalten oder die er sich austreiben will.

Kreisler, der Kapellmeister E. T. A. Hoffmanns, verwandelt sich mehrfach, ehe er, Dämon der romantischen Muse, sich als Schutzgeist der Liebe ausweist.

Wahrscheinlich erinnert sich Schumann, schon atemlos und aus dem Lauf einsetzend, nicht gleich an Kreisler, wandert viel weiter zurück und hört wieder die Jean Paulsche Wortmusik:

»Der erste Violinist und der zweite fochten eine kurze Zeit mit Pariser Bogen, nahmen aber bald die Geigen bei den Wirbeln als Streitkolben, als Fäustel in die rechte Hand, um entweder Deutsch- oder Welschland hinaufzubringen; das Resonieren der Geigenbäuche soll ein Räsonieren der Köpfe vorstellen, aber es war wohl mehr Wort- und Tonspiel.« Es gibt, ruft Kreisler in dieses Getöse hinein und in Schumanns Gedächtnis, »kein Instrument, das, so wie der Flügel, in vollgriffigen Akkorden das Reich der Harmonie und seine Schätze in den wunderbarsten Formen und Gestalten dem Kenner entfaltet. Hat die Phantasie des Meisters ein ganzes Tongemälde mit reichen Gruppen, hellen Lichtern und tiefen Schattierungen ergriffen, so kann es am Flügel ins Leben rufen, daß es aus der inneren Welt farbicht und glänzend hervortritt.«

Nach dieser widersprüchlichen Introduktion, zerschlagend und ordnend, huschen bizarr drei kreislersche Wesen durch die Stücke: Ludwig Böhner, »einer jener verkommenen Musiker, die wegen ihres unausgeglichenen Streites mit dem Leben und dem inneren Drange, Gegenstand der Novellistik geworden sind«, hat Schumann vier Jahre zuvor besucht, ihm vorgespielt, mit ihm getrunken und ihm Angst eingeflößt mit seinem ausschweifenden Zorn auf die Beständigkeit. Ihm folgt, ihn nicht nur ersetzend, sondern löschend, der »alte Hauptmann«, das untrügliche Ohr, das den Davidsbündlern im »Kaffeebaum« lauschte, und endlich, als aufgegebenes Continuo, Wieck. Die Eskapaden der alten Gesellen stehen in Moll. Die drei Stücke aber, in denen er sie mit seiner Liebe wenigstens für ein paar Augenblicke bannt, stehen in Dur. Da kündigen sich, wie in den »Kinderszenen«, bereits die Lieder an:

»Morgens steh' ich auf und frage:
Kommt feins Liebchen heut?
Abends sink' ich hin und klage:
Ausblieb sie auch heut.

In der Nacht mit meinem Kummer
Lieg' ich schlaflos, lieg' ich wach;
Träumend, wie im alten Schlummer,
Wandle ich bei Tag.«

Zurück in Leipzig, verspricht Wieck nichts mehr und hält nicht, was er versprach. Scheinbar freundlich, vergißt er alles. Clara und Robert können sich einige Male im Haus an der Grimmaischen Straße sehen. Wann immer sie die Gelegenheit finden, allein zu sein, sich hastig in die Arme fallen, Clara von Wien erzählt, den verehrten Freunden wie Grillparzer, der ein Gedicht für sie schrieb, reißt er die Tür auf, grinst ihnen zu oder wirft einen finster forschenden Blick, verschwindet wieder, und sie hören ihn vor der Tür lauschen, und sie erzählt zaghaft weiter von dem wunderschönen Aufenthalt bei der Majorin Serre auf Schloß Maxen, wohin Schumann auch eingeladen ist, und Wieck unterbricht sie mit einer nichtigen Frage, so daß sie sich nur mit den Augen berühren und Clara ans Klavier geht, für ihn die »Kinderszenen« spielt.

Selbst dann schaut der Alte nach. In Gedanken trennt er schon das Paar.

Schumann solle sein Glück mit der Zeitschrift unbedingt in Wien versuchen. Clara werde, das sei verabredet, zum ersten Mal, ohne daß er sie begleite, nach Paris auf Tournee gehen.

Sie geben, notgedrungen, nach. Gegen die Ranküne des Alten nehmen sie sich aber vor, sobald sie diese Reisen hinter sich haben, zu heiraten. Schließlich ruft Wieck Clara – und es ist ihm egal, ob in Gesellschaft oder nicht – ohnehin hämisch »die Braut«.

Intermezzo

Er wird Spuren folgen und die geliebte Musik des Anfangs neu hören.

Am 27. September 1838 bricht er nach Wien auf. Er könnte, wie Clara neuerdings, mit der Eisenbahn nach Leipzig fahren, er bevorzugt, des langgezogenen Abschieds wegen, die Post. Die Davidsbündler laufen winkend mit, auch Clara: ein »letztes Sehen vor dem Tor«.

Sein Gepäck ist schwer. Er schleppt, als Beleg, alle Hefte der Zeitschrift mit, und außerdem hat er sich für Wien eingekleidet: »1 feiner schwarzer Frack (mit Hosen u. Atlasweste); 1 feiner brauner Rock; 1 blauer Rock; 1 schwarzer Rock; 1 gewöhnlicher brauner Rock; 3 Paar schwarze Hosen; 1 ganz gute seidene Weste.«

Unterwegs in »hübscher« Postwagengesellschaft, formuliert er Stichworte für den Antrag, in Wien die Zeitschrift herausbringen zu können: »an Sedetzky«, der wirklich Joseph Graf Sedlnitzky von Choltic heißt, Präsident der obersten Polizei- und Zensurhofstelle ist, der Sachwalter Metternichs.

Gegen mögliche Sturheit traut er sich kleinere und größere Luftsprünge und Ironien zu, nennt seine Familienverhältnisse vorzüglich, möchte das Wiener Kunstleben kennenlernen und den Umstand, daß kein größeres musikalisches Blatt existiert, nutzen, denn die Tatsache, daß seine Zeitschrift schon im 9. Band besteht, bürgt für vorhandene Mittel, und in der Sache, behauptet er mehr übermütig als selbstbewußt, will er der Wiener Lokalkritik nur ein kleines Feld einräumen, denn die Hauptsache ist Kritik über Literatur und Komposition. Er fragt, wie lange solch ein Privilegium gehen kann, legt Zeugnisse seines Wohlverhaltens vor vom Stadtrat der Sicherheitsbehörde Leipzig, ebenso von dem Zwickauer und von den Universitäten Leipzig und Heidelberg, dazu Auskünfte über die Vermögensverhältnisse durch die Magistrate Schneeberg und Zwickau, und als privaten Ausweis »barer Fond u. Creditbriefe«.

Ein »herrlicher Abend« empfängt ihn.

»Mein erster männlicher Schritt«, hat er einem Freund gestanden und auch gleich ins Tagebuch eingetragen.

In der Schönlaterngasse, in der Inneren Stadt, bezieht er eine Wohnung. Sie ist so verbraucht, daß sie sich nicht an ihn erinnern wird. Die Gasse gefällt ihm, sie ordnet die Häuserzeile zu einem Halbmond.

Schon in den ersten Tagen sucht er den Grafen auf. Der hört ihn an und verweist ihn an den Verleger Haslinger.

Von jetzt an entdeckt er Schubert.

Haslinger ist der erste, bei dem er sich nach ihm erkundigen wird, nachdem der die Angelegenheit mit der Zeitschrift aufschiebt, ihm mangle es an flüssigen Mitteln, und Scherereien mit der Zensur habe er genug.

Hat Schubert Ihnen die Noten immer selber gebracht?

Meistens. Weil er Geld auf die Hand wollte.

Aber am Ende ist er doch krank gewesen.

Die Korrekturen zur »Winterreise« hat er gelesen. Ich hab sie mit einem Boten zu Ferdinand bringen lassen.

Ferdinand?

Das ist der Bruder.

Ist er am Leben?

Aber ja. Ich könnte Sie mit ihm bekannt machen, falls Sie es wünschen.

Ich bitte Sie. Auf dem Währinger Friedhof pflückt er Blumen von Beethovens und Schuberts Gräbern und weiß daheim nicht mehr, welche Blume wem gehört. Auf dem miserablen Klavier unterhält er sich mit Schubert, spielt die »Moments musicaux« wechselnd mit Stücken aus dem »Carnaval«, und alles mit einer störrischen Hand.

Er weiß, daß er immerfort Schuberts Wege kreuzt, und stellt sich ein Muster von Luftschritten vor, größeren und kleineren, hinaus zum Josephinum, wo er sich die Wachspräparate anschaut. Von hier aus ist es nicht mehr weit zum Himmelpfortgrund.

»Glückliche Gedanken, daß ich diese Gegend einmal mit Clara durchwandern würde.«

Er plant Aufsätze über Berlioz, Paganini, den Schubert so enthusiastisch gehört hat wie er, und komponiert an einem Allegro in c-Moll. Es geht ihm in Wien verloren.

Clara schreibt ihm gewissenhaft, verschweigt fast alles, was der Vater ihm nachsagt und ihr antut. Daß der Alte die ohnehin kleine Schar der Verschworenen mit List dezimiert, muß er allerdings wissen: »Bald habe ich nun auch meine Nanny nicht mehr. Vater meinte, ich müßte in Paris durchaus Jemand neben mir haben, der Französisch spräche, da ich mir sonst in Paris ein Mädchen extra nehmen muß.« Von Clara erfährt er auch, daß sich Ernestine von Fricken verheiratet habe. Eine »Nachricht, die uns glücklich macht«, stellt er nachdrücklich fest, gegen einen unvermuteten Schmerz.

Ferdinand Schubert besucht ihn, von Haslinger angemeldet.

Vor zehn Jahren sei der Franz gestorben; es sei ihm wie gestern, als er zu ihnen in die Wohnung zog, schon abgeschlagen und müd, um zu sterben. Und er sagt: Mit den Kindern hat er nie geschimpft.

Schumann fragt ihn, ob sein Bruder Manuskripte hinterlassen habe, Noten, und erfährt, es sei ein ganzes Bündel, für das er den Haslinger nicht habe interessieren können. Ferdinand lädt ihn ein: Am kommenden Sonntag, nachmittags. Auf der Wieden.

Ich kenne die Adresse. Er ist schon ein paar Mal an dem großen Mietshaus vorbeigegangen, an der Toreinfahrt stehengeblieben und hat gelauscht. Vielleicht könnte irgend jemand Klavier spielen, natürlich Schubert, aber es haben nur Leute im Hof gelärmt. Nachdem Ferdinand sich verabschiedet hat, wundert Schumann sich, daß er sich so ohne weiteres mit dem Bruder Schuberts unterhielt, so wie er unlängst Mozarts Sohn im Konzert traf – es mußten Wiener Selbstverständlichkeiten sein. Nicht einem einzigen Mädchen hat er hier Augen gemacht.

»Du lagst an meinen Lippen – Du allerbeste Braut unter der Sonne«, ruft er Clara zu.

Mit jedem Brief stimmt sie ihn fester, sie sendet ihm Küsse als seine »treue Braut«.

Die Zensoren machen ihm keine Hoffnung für die Zeitschrift. Bei den Vorsätzen, denen er zu folgen gedenke, werde er stets mit Ärger rechnen müssen.

In den letzten Wochen begegnet er einer schönen Jüdin, hört mit ihr zusammen eine Sonate von Mozart und bekommt beide nicht mehr aus dem Kopf. Die Melancholien nehmen wieder zu.

Er besucht, ein wenig beklommen, Ferdinand Schubert. Jetzt geht er durch das Tor, vor dem er horchend gestanden hat, und wie bestellt spielt wohl ein Kind im Parterre unbeholfen Klavier. Er läuft den Tönen davon die Treppe hinauf. Was er dann, stockend kommentiert von Ferdinand, in den Händen hält, liest er wie eine Offenbarung: eine große Symphonie in C-Dur.

Ich höre ihn reden, sagt Ferdinand. Ich habe die Blätter mir immer extra gelegt, weil die Symphonie ihm so viel bedeutet hat. Gespielt worden ist sie nie. Die Philharmoniker haben nichts mit ihr anfangen können.

Er wird sie zu hören bekommen, ich verspreche es Ihnen, Herr Schubert.

Der jedoch bleibt skeptisch: Das ist ein frommer Spruch.

Ob er sie ein paar Tage behalten dürfe, um sie zu kopieren.

Ferdinand Schubert zögert, gibt nach. Es könnte dem Franz ja helfen.

Beim Kopieren vergißt er sich, staunt, wandert entzückt durch vollkommene Räume, hört die Instrumente, die Stimmen – es ist ein Wunder.

Mendelssohn wird sie aufführen. Da ist er sicher. Und er wird dem niegesehenen Lehrer seiner Jugend seinen Dank abstatten können. In der Zeitschrift von Wien erzählen, dem Besuch bei Ferdinand und der Symphonie einen Hintergrund schreiben, Schuberts Erfahrungen wiederholen mit einer Stadtlandschaft und einem Stadtvolk und einer im verborgenen lauernden unendlichen Melodie. »Vom zweiten Satz, der mit so gar rührenden Stimmen zu uns spricht, mag ich nicht ohne ein Wort scheiden. In ihm findet sich auch eine Stelle, da, wo ein Horn wie aus der Ferne ruft, das scheint mir aus einer anderen Sphäre herabgekommen zu sein. Hier lauscht auch alles, als ob ein himmlischer Gast im Orchester herumschliche.«

Zum Abschied, im April 1839, schaut er Wien so an, als könnte es, obwohl die Zeitschrift bei einem Verleger in Leipzig bleiben müßte, für den Anfang mit Clara die Heimstatt sein.

Das sagt er sich noch, als er in die Kutsche steigt.

Das hat er sich schon ausgeredet, als er mit dem Dampfwagen von Dresden nach Leipzig reist, nach Hause.

Hier erwarten ihn, im Gewahrsam Wiecks, Clara und lauter Hiobsbotschaften:

Eduard ist gestorben. Wieder hat er nicht am Begräbnis teilgenommen. Nun muß die Buchhandlung, die Eduard gegen den Familienbeschluß weitergeführt hat, doch verkauft werden.

Clara spricht wieder im Sinn des Vaters: »Wir können uns nächste Ostern noch nicht verbinden, wir würden nicht glücklich sein«, was sie, nach einem bitteren Zwischenruf Schumanns, allerdings widerruft: »Durch nichts lasse ich mich abhalten, Ostern bei Dir zu sein, vertraue darauf.«

Vielleicht, phantasiert er, könnte er die Buchhandlung in Zwickau übernehmen und dort die Zeitschrift herausgeben.

Er hat wieder das Parkstübchen im »Roten Kolleg« bezogen. Die Melancholien kreisen ihn ein. Eusebius und Florestan haben sich davongestohlen. Selbst in seinen Selbstgesprächen bleiben sie still. Ich sterbe einen halben Tod, sagt er zu Carl Voigt.

Wieck, den er mitunter bei Voigts trifft, benimmt sich immer närrischer, überfällt ihn, reißt ihn aus der Gesellschaft der anderen, drückt ihn in irgendeine Ecke und schlägt ihm, in einem Wechsel von Geflüster und Geschrei, vor, Clara zu heiraten, doch nur unter der Bedingung, daß sie unverzüglich Sachsen verließen und auch nie wieder zurückkehrten, da eine solche Pestilenz aus dem Land getrieben werden müsse.

Schumann bleibt ruhig: Das können Sie im Ernst nicht meinen, Herr Wieck.

Nein, widerruft sich Wieck, ich werde die Ehe durch einen Gerichtsbeschluß verhindern. Sie Beutelschneider werden erst in fünf Jahren Claras Vermögen beanspruchen können. Ich werde es mit vier Prozent verzinsen – er stößt sich, die Hände gegen Schumanns Brust stemmend, ab, strafft sich, und sein Gesicht verzieht sich zu einer triumphierenden Fratze: Außerdem müssen Sie, Schumann, Sie müssen die Clara bereits Michaelis zur Frau nehmen.

Sie gehen vors Gericht.

Ich hab ja Jura studiert, Clara.

Mir ist nicht zum Lachen zumut, Robert.

Nun hat der Alte seine Bühne und die Öffentlichkeit. Vor dem Appellationsgericht tritt er auf, wird vom Gerichtspräsidenten gebeten, Ruhe zu bewahren, überhört dessen Mahnung, bleibt nicht vor dem Richter stehen, rast hin und her, hält sekundenlang vor Clara an, den Kopf hochrot und das Gesicht von Wut entstellt, und sein ohnehin gebeugter Leib wird gerüttelt von Spasmen. Er werde, stammelt er, wieder vorm Richter, diesen billigen Traum zerschlagen. Schumann sei verloren für das soziale Leben, ein linkischer, kindischer Bursche, der keine Treue kenne. Erst habe er Ernestine von Fricken die Ehe versprochen, jetzt spitze er sich auf die Gewinne aus Claras Konzerten. Nicht zuletzt sei er dem Trunk ergeben. Ein Saufbold, ich kenne ihn. Mit diesem Ausruf schließt er, sich noch einmal um sich selber drehend, um allen im Saal seinen blitzenden Zorn vorzuführen.

Sie könnten den milden Herbst genießen. Selbst wenn sie ungestört sind, drängt sich der Ungeist Wiecks zwischen sie.

Am 15. Oktober stirbt Henriette Voigt. Sie war schon bettlägerig, wurde von Tag zu Tag durchsichtiger und kraftloser. Er löste Carl Voigt ab und saß stundenlang bei ihr. Die Fenster standen geöffnet. Der Oktober war mild, spätsommerlich. Sie riefen sich Schuncke gegenseitig ins Gedächtnis. Sie habe, als Schuncke sich bei ihnen einwohnte, nichts als Beethoven gespielt, ganz ergeben. Und er habe ihr Schubert beigebracht. Sie suchte Schumanns Hand: Die entdeckte ein Glück.

Er folgt dem Sarg. Sie waten durch Laub, Clara neben ihm. Unter den Trauernden auch, gekrümmt und schwarz, der Alte.

»Tieftrauriges Wesen in mir.«

Clara steht ihm bei. Sie sehen sich nun, wann sie wollen. Der Alte spricht nicht mehr mit ihr. Sie planen ihre Zukunft, rufen sich die Namen der Kinder zu, die sie haben werden, reisen miteinander nach Berlin zu Claras Mutter, Marianne Bargiel, die sie bei den Vorbereitungen für die zweite Verhandlung vor dem Appellationsgericht unterstützt.

Das Gericht gibt ihnen recht.

Am 12. September 1840 heiraten sie in der Dorfkirche von Schönewald, nicht weit von Leipzig. Schumann kennt den Pfarrer, Wildenhahn, seit langem. Er hat mit ihm bei Kuntsch in Zwickau Unterricht gehabt. Zum ersten Mal zeigt sich die Sonne wieder nach langen grauen, regnerischen Wochen.

Der Alte ist ferngeblieben.

Als das Jahr anfing und Schumann noch nicht wußte, ob es günstig für ihn, für Clara, zu Ende gehen werde, hatte er ein paar Tage dumpf und ohne jegliche Erwartung in seiner Stube gehockt, unschlüssig las er in einem Konvolut von Gedichten, die er sich abgeschrieben hatte, und hörte mit einem Mal eine Stimme, nicht mehr das vertraute Doppel, eine einzige Stimme, die sang:

»Du meine Seele, du mein Herz.«

In wenigen Tagen gelingt ihm ein halbes Dutzend Lieder.

Du kannst dir gar nicht ausmalen, wie glücklich mein Klavier ist, jetzt nicht mehr mit sich allein sein zu müssen, eine Stimme begleiten zu können, sagt er Clara, der er zur Hochzeit die »Myrthen«, den Brautkranz, schenkt.

Für den gemeinsamen Haushalt in der Inselstraße kauft er, als wolle er Wieck im nachhinein auftrumpfend bestätigen, tausend Flaschen Rheinwein.

Seit Tagen hat der Patient kein deutliches Wort gesprochen. Klingelfeld versucht ihn immer wieder dazu zu bewegen.

Obwohl Schumann nur wenig zu sich nimmt, den Wein ganz verschmäht, da er ihn für Urin hält, wirkt er aufgedunsen. Neuerdings plagt ihn ein entzündetes Auge, aus dem, ihm ungelegen, Tränen rinnen. Unwillig wischt er sie sich von der Wange.

Manchmal brüllt er so inbrünstig und verzweifelt, daß Klingelfeld fürchtet, es zerreiße ihm den geschwollenen Hals oder das Herz. Meistens weiß er dann nicht, ob er bei dem Kranken bleiben und ihn beruhigen oder ob er einen der Ärzte rufen soll. Obwohl Fräulein von Reumont Schumann gelegentlich ins Musikzimmer führt und sich ans Klavier setzt, fühlt er sich nicht herausgefordert, selber zu spielen.

Frau Clara, sagt Fräulein von Reumont, befinde sich auf einer Konzertreise in England. Darüber habe ausführlich die »Kölner Zeitung« berichtet, die er ja auch lese.

Er geht darauf nicht ein und bittet Klingelfeld, aus dem Fenster zeigend, ihn in den Garten zu begleiten.

Es sei kalt. Er werde einen Mantel brauchen.

Den weist er zurück, und nach einem Spaziergang von wenigen Schritten treibt es ihn fröstelnd wieder in die Wärme.

Ende November fällt der erste Schnee. Reglos steht er den ganzen Nachmittag am Fenster, das Gesicht gegen die Scheiben gedrückt, und Klingelfeld merkt erst nach einer Weile, daß er weint.

Da das rechte Auge ihn sehr schmerze, bittet er, daß auch tagsüber die Vorhänge zugezogen bleiben. Es ist der erste Satz, den er seit langem spricht: Herr Klingelfeld, ziehen Sie bitte die Vorhänge wieder zu. Mein Auge.

Klingelfeld, der nicht damit gerechnet hat, angesprochen zu werden, erschrickt und muß sich erst fassen, bevor er Schumanns Wunsch erfüllt. Erleichtert schaut er auf den schweren, dunklen Schatten: Daß Sie wieder ein Wort sprechen, lieber Herr Schumann.

Wenn noch genügend Licht ist, liest er in einer alten Beilage der »Kölner Zeitung«.

Da er sich nach den Klistieren oft verschmutzt und nur unter Mühe zu säubern ist, stinkt es im Zimmer oft unerträglich. Er erlaubt nicht, daß wenigstens eines der Fenster kurz geöffnet wird. Klingelfeld hilft sich, indem er die Tür zum Gang öffnet.

Es wird kalt. Klingelfeld hat Mühe, den Raum warm zu halten.

Ein einziges Mal kommt es zu einem Gespräch.

Schumann liegt, in den Mantel gehüllt, auf dem Sofa, die Augen geschlossen.

Plötzlich sagt er: Gestern hat mich doch Frau von Arnim besucht, Bettine. Nicht wahr?

Gestern? fragt Klingelfeld verblüfft.

Ungefähr gestern, erinnern Sie sich nicht?

Oh doch.

Sie hat mir versprochen, mich zu holen. Erinnern Sie sich, Klingelfeld?

Es kann sein, Herr Schumann. Ich habe der Unterhaltung nicht zugehört.

Ja, das hat sie versprochen. Und ich habe sie gebeten, meinen Johannes zu grüßen.

Im Schnee gehe ich gerne spazieren, sagt er noch. Wäre mein Schuhwerk nur für dieses Wetter gut genug.

Von da an schweigt er wieder. Oder schreit.

Aus dem entzündeten Auge, das nicht heilen will, laufen nun ständig Tränen.

Kommt er etwas zur Ruhe, liest er in der Beilage der »Kölner Zeitung«, die Klingelfeld stets sorgsam in seiner Nähe deponiert.

18
Aufschwung
(Nach und nach immer lebhafter und stärker)

Die Stadt verwandelt sich.

Er zieht mit Clara in die Wohnung an der Inselstraße ein. Endlich hat er ein Zuhause. Keinen Schritt will er ohne Clara tun.

Die Wohnung ist weitläufig und hell. Er legt Wert darauf, das Zimmer zum Höfchen zu haben, zum Gärtchen; sie hat ihres zur Straße hin. Nach all den Widrigkeiten, nach allen Anfängen und Abbrüchen, hat er im Sturmlauf mit ihr beginnen wollen, doch nun setzen sie vorsichtig Schritt für Schritt, probieren die Gemeinsamkeit aus. Ständig muß er sich beruhigen. Nicht nur, daß er unter Kopfschmerzen leidet, die er Clara verschweigt, er ist derart nervös, daß es ihm nur mit Mühe gelingt, die Bewegungen des Zapplers in sich niederzuhalten.

Sie sitzen sich am Tisch gegenüber. So habe ich mir's gewünscht.

So habe ich es nicht einmal zu denken gewagt.

Nicht aufstehen, Robert, bleib noch einen Augenblick.

Ich wollte das Fenster öffnen, damit man die Stadt hört.

Halt es aus, still zu sitzen.

Er hält es aus, indem er sich zurücksinken läßt in das Bild, das sie von ihm sieht, so wie er ihres vor sich hat, in einem beweglichen Rahmen, vor einem hellen Hintergrund.

Lachend sagt er: Wir müssen alles lernen. Wir haben noch nie als Eheleute miteinander zu Abend gegessen, Tee getrunken.

Solche Sätze sind ihr nicht geheuer. Sie erinnern sie an seine Einsamkeiten.

Morgen mußt du aber nicht lernen, mit mir meinen Geburtstag zu feiern, Robert. Das erste Mal bist du schon vor acht Jahren dabei gewesen.

Er traut sich aufzustehen, aus dem Bild zu gehen: Welche Ängste mußt du nüchternes Kind damals ausgestanden haben. Nicht nur wir waren betrunken, sogar die Pferde.

Trotzdem habe ich keine Angst gehabt, Robert. Wie oft habe ich dir das schon versichert.

Ja, wie oft. Er lacht in die Hand, die er sich wie eine Muschel vor den Mund hält.

Gegen Abend meldet sich Agnes, die im Haushalt helfen wird und eine winzige Kammer hinter der Küche bezieht.

Clara unterhält sich mit ihr im Flur; er geht sie anschauen und steckt mit seinen Gedanken in einer anderen Geschichte: Das ist keine Nanny, die eine heimliche, verbotene Liebe schützt, keine Zerline. Er begrüßt sie freundlich und abwesend und hört im Weggehen, wie Clara zu dem Mädchen sagt: Mein Mann ist mit seinen Gedanken oft woanders. Daran müssen Sie sich gewöhnen.

Nun spricht sie schon, als wären sie Jahre verheiratet.

Doch in der Nacht müssen sie von vorn beginnen. Sie können die aufgebrachte, hitzige Liebe nicht wiederholen, mit der sie die »erste Brautzeit« begannen. Auf einmal fürchtet sie sich vor Robert, der täppisch im Schlafzimmer umhergeht, fremd und stumpf. Wie häufig in solchen Situationen, ist er wieder verstummt. Der Mund füllt sich ihm mit unausgesprochenen Wörtern, und der Kopf scheint ihm anzuschwellen.

Er schaut nicht zu ihr hin, knöpft unendlich langsam sein Hemd auf und wartet offensichtlich, daß sie ihn rufe.

Robert, du bist schon wieder weit weg.

Nein, nein. Er bläst die Kerzen aus. Nur noch das schwimmende Licht des Septembermondes hilft ihm, den Weg zu finden. Er tappt durchs Zimmer, bleibt vorm Bett stehen. Es ist unser erster Abend, unsere erste Nacht, sagt er.

Schlaf mir nicht schon vor dem Bett ein, Robert. Komm.

Ihre Aufforderung macht ihn hastig und unruhig. Es geht alles sehr schnell. Er hört die Luft um sich herum rascheln, hört Clara leise reden, begreift aber nicht, was sie sagt, was sie will. Alles was er tut, kommt ihm viel zu hastig vor. Er versucht, sich gegen sich selbst zu stemmen. Nicht, nicht, beschwichtigt er sich. Nur einen Atemzug lang liegt er neben ihr, dann wälzt er sich auf sie und, als hätte sich ein Mechanismus eingeschaltet, rütteln ihn kurze Spasmen, so heftig, daß er ohnmächtig zu werden droht, bis er sich befreit fühlt und von Clara löst, neben ihr liegt, wieder zu sich kommt, aber das Gefühl hat, in seinem Kopf sei eine schwarze Kaverne übrig geblieben, ein gedächtnisloser Kern.

Lang vor Clara steht er auf. Er hat sich vorgenommen, das Tagebuch, einen in schwarzes Leinen gebundenen Band, den er Clara zu ihrem zweiundzwanzigsten Geburtstag schenkt, mit einer feierlichen Eintragung zu eröffnen. Zum ersten Mal nimmt er an dem Schreibtisch in seinem Zimmer Platz. Es ist noch so dunkel, daß er zwei Lichter anzünden muß. Er spricht sich vor, was er schreibt. Er spricht mit ein wenig verstellter Stimme:

»Am 13. September 1840.

Mein herzliebstes junges Weib,

Laß Dich vor Allem auf das Zärtlichste küssen am heutigen Tage, dem ersten Deiner Frauenschaft, dem ersten Deines 22ten Jahres. Das Büchlein, das ich heute eröffne, hat eine gar innige Bedeutung; es soll ein Tagebuch werden über Alles, was uns gemeinsam berührt in unserem Haus- und Ehestand; unsre Wünsche, unsre Hoffnungen sollen darin aufgezeichnet werden; auch soll es ein Büchlein der Bitten, die wir an einander zu richten haben, wo das Wort nicht ausreicht; auch eines der Vermittlung und Versöhnung, wenn wir uns etwas verkannt hatten; kurz ein guter wahrer Freund soll es uns sein, dem wir Alles vertrauen, dem unsere Herzen offen stehen. Bist du damit einverstanden, liebes Weib, so versprich mir auch, daß Du Dich streng an die Statuten unsres geheimen Eheordens halten willst, wie ich es Dir selbst hier verspreche.«

Nach diesen Regeln sollen sie sich alle acht Tage in der Führung des Tagebuches abwechseln, wobei die Eintragung mindestens eine Seite lang sein muß, und auch auf Reisen sollte das Büchelchen fortgeführt werden mit allem, was sie täglich beschäftigt, was neu komponiert, neu studiert wurde.

Fleiß, Sparsamkeit und Treue setzt er als verpflichtendes Motto an den Anfang.

Der Ton, den er anschlägt, kann ihm in dieser Morgenstunde selber nicht geheuer sein; er möchte ein Lebensmärchen anfangen und entwirft es gleichsam von seinem Ende her. So muß es gehen, von Anfang bis zum Schluß, wie ein beinahe vollkommenes Lied. Bloß widerruft er mit jedem Lied, das er inzwischen komponiert hat und das er komponieren wird, die Hoffnung auf eine ständige Liebe und ein häusliches Glück. Er hat, im Selbstgespräch mit der Poesie, die verschwiegenen Gedanken und Lüste, die unausgesprochenen Ängste, die Zweifel und Verzweiflungen und die unaufhebbare Einsamkeit erfahren. Er erinnert und projiziert. Wenn er Chamissos Gedichte über »Frauenliebe und -leben« wählt, dann nicht um die platte Gefühlschronologie, nach der die Gedichte geord-

net sind, zu wiederholen, sondern um seine Poesie zu demonstrieren: Daß eine Stimme Stimmen bündelt.

> »Du Ring an meinem Finger,
> Mein goldenes Ringelein,
> Ich drücke dich fromm an die Lippen.
> Dich fromm an das Herze mein.«

Da spricht die Braut, da singt sie. Die ans Herz gehende, ein-
fache Melodie springt dabei rabiat mit den Versen um. Sie
bequemt sich nicht ihrem Metrum an, sie drückt und schleift
sie. Der Zuhörer tritt schon in den Vorhof der Trauer, die erst
drei Lieder später ausgesungen wird:

> »Nun hast du mir den ersten Schmerz getan.
> Der aber traf.«

Er hat ihre Tage geplant, in Strophen. Den Anfang bestimmt
jedoch sie. Sie überrascht ihn, ist lautlos ins Zimmer gekommen. Er hat die Lichter gelöscht und sich vorgenommen, das
Tagebuch geschlossen vor sich, in den Morgen hinein zu warten.
Plötzlich liegen ihre Hände vor seinen Augen.
Guten Morgen, Allerliebste.
Sie beugt sich über ihn; er legt den Kopf in den Nacken und
spürt ihre Lippen auf der Stirn.
Nun wünscht er, daß sich das Tempo ändere. Er möchte wirbeln, sie nicht mehr zur Ruhe kommen lassen: Komm,
komm, zieh dich an, mach dich fertig für einen Ausflug, der
Wagen ist bestellt. Er öffnet eines der Fenster: Wie du siehst,
habe ich das Wetter ganz nach deinem Geschmack bestimmt.

Keine Wolke am Himmel, eine feuchte Morgensonne und ein sanfter Wind dazu.

Er schließt sie in die Arme: Mein Geburtstagsmädchen.

Sie frühstücken im Stehen. Clara warnt Agnes vor einer größeren Gesellschaft von Damen und Herren, die sich am frühen Nachmittag melden werde, wahrscheinlich, bevor sie wieder zu Hause seien.

Die Kutsche fährt sie aus der Stadt hinaus, nach Grimma. Erst sitzen sie schweigend, Hand in Hand, nebeneinander, und in dem Wagen könnte es viel enger sein. Mit der Zeit aber wecken Bilder, die an ihnen vorüberziehen, Wiesenstücke und Waldgasthöfe, Erinnerungen an Ausflüge, und sie rufen sich gegenseitig Namen von Freunden zu.

In Grimma spazieren sie durch die Stadt, über den Ratsplatz, halten auf der Gängebrücke an, um mit ihr über der Mulde zu schaukeln. Sie wandern zu einer Ruine, wo sie gegen Mittag rasten, sich von dem Wirt Wein und Brot bringen lassen. Robert gibt im Tagebuch an, es sei die Rudelsburg gewesen. Da die aber siebzig Kilometer entfernt liegt, muß er sich, eifrig und glücklich, vertan und die Burg mit der Klosterruine Nimbschen verwechselt haben.

Auf dem Rückweg überlegen sie sich die Nachmittagsmusik, und Clara klagt, daß der Vater den schönen Grafschen Flügel nicht herausrücke und sie sich mit einem schlechten Ersatz begnügen müsse.

Er hat ihn dir gekauft, Clara.

Und ich habe ihn mit Konzerten längst abverdient.

Wir könnten es mit ihm besprechen.

Das meinst du doch nicht im Ernst.

Der Flügel meldet sich von selber. Der Klavierfabrikant Graf schreibt Clara, Wieck habe ihm angeboten, er könne das Instrument für 60 Reichstaler zurücknehmen. Das wolle er nicht, denn das Instrument gehöre natürlich ihr. Nur sei ihr Vater darauf aus, den Flügel erst einmal nach Wien reisen zu sehen.

Wieck ist mit seiner Familie umgezogen nach Dresden. Das ändert an der Nähe nichts, die er, wie es ihm beliebt, ausspielt.

Am Ende wird sie das Instrument bekommen, aber nach einer »schändlichen Cabale« des Alten.

In der Inselstraße werden sie schon erwartet. Der Kutscher knallt mit der Peitsche. Mit einem Schlag öffnen sich die Fenster im ersten Stock, Köpfe werden sichtbar, Köpfe wie über einer Leiste, und Clara versieht sie mit Unterschriften: Mama (Marianne Bargiel ist extra aus Berlin gekommen, zur Hochzeit und zum Geburtstag der Tochter), die Lists (Friedrich, der große Nationalökonom, der zur Zeit in Leipzig als amerikanischer Konsul amtiert, seine Frau und vor allem Emilie, eine gute Freundin Claras), der liebe Becker (der in Sachen Wieck manches auszustehen hatte), Madame Devrient (die Zimmerwirtin aus dem »Roten Kolleg« und verschwiegene Mitwisserin dazu) und die Familie Carl (Emilie, die Schwester von Claras Mutter, sie ist mit dem Kaufmann Julius Carl verheiratet, dessen Schwester Henriette, die als dramatischer Sopran fast alle großen Opernbühnen Europas kennt), Moritz Reuter (Hausarzt beider) und Ferdinand Wenzel (eine der Stützen der »Neuen Zeitschrift für Musik« und außerdem, wie Schumann, Schüler Wiecks).

Der Kutscher hilft Robert und Clara aus dem Wagen, zieht den Zylinder und gibt die beiden weiter an ein winkendes Spalier, das sich mittlerweile aus der Haustür über den Gehweg auf die Straße gebildet hat. So schnell waren sie die Treppe hinuntergelaufen.

Alles ging ein wenig zu schnell, nach dem Takt eines aufgeregten Herzens, und was geredet wurde, nahm er als angenehmes, munteres Geräusch auf, nicht mehr.

Die Tafel ist bereitet. Es »blieb alles in den Schranken und war doch alles im Überfluß da«, schreibt er.

Habt ihr gesehen, wie die Leute auf der Straße guckten! Die Clara Wieck und der Schumann, tuschelten sie sich zu.

Aber nein, verbessert Clara, der Schumann und die Clara Wieck.

Es wird musiziert. Die Gesellschaft setzt sich um. Das Zimmer wird zum Konzertsaal.

Elise List singt, mit Geburtstagsvibrato, zwei Lieder von ihm, und danach spielt Clara »recht genialisch« einige der »Kinderszenen«. Um neun verabschieden sich die Gäste.

Laß mich noch ein bißchen mit den Noten allein, bittet er. Er verkriecht sich in den großen Sessel und hört die Wohnung in der Dunkelheit knistern.

Als er zu Bett geht, schläft Clara schon.

Am andern Tag besteht sie ihre erste Probe als Hausfrau und Gastgeberin. Die Mutter und Becker sind geladen. Sie tischt das »erste Gericht« auf. »Vortrefflich schmeckte es«, notiert Schumann im Tagebuch, als müsse er ihr eine Note geben. Den »ersten Braten« versucht sie am nächsten Tag mit ihrer Mutter, die sich danach verabschiedet; sie fährt heim nach Berlin.

So könnte es sich fortsetzen, damit die Einträge im Tagebuch die schöne Geschichte weitererzählen – keine Trübungen, keine Störungen.

Aber die vielgereiste Virtuosin wird von der Liebe gefangengehalten. Sie genießt es, zu Hause zu sein, die halbe Welt als Gastgeberin zu empfangen, Liszt, Moscheles, Mendelssohn und dessen Stellvertreter am Gewandhaus, David. Die kleinste Anekdote aus dem Konzertsaal beschert ihr Fernweh.

Nur wenige Tage nach ihrem Einzug bittet er sie, morgens still zu sein, nicht zu üben. Ihr Spiel störe ihn bei der Arbeit. Sie legt ihre Hände in den Schoß, wartet, bis er das Komponieren unterbricht, nach ihr sieht oder die Wohnung verläßt.

Sie streiten, ihretwegen, und jedesmal erschrickt sie über die Heftigkeit, mit der er sich gegen ihr »früheres Leben« widersetzt.

Er jammert und schimpft über die armseligen Einkünfte – die Zeitschrift verschlinge Geld, seine Kompositionen, besonders die Liederhefte, werden weniger gut verkauft, als er hofft –, und sie fragt ihn, vorsichtig, ob sie nicht doch wieder auf Reisen gehen solle, sie habe, er wisse es, Angebote. Ja, das wisse er, ich weiß es, Clara, doch ich könnte dich nicht immer begleiten, und daheim wäre ich so besorgt, daß ich nicht zum Schreiben, zum Komponieren käme. Nein, das geht nicht, das ist unmöglich.

Sie gibt nicht auf, versucht es auf Umwegen, ihn umzustimmen, schlägt im Tagebuch vor, was er auf alle Fälle lesen wird:

»Könnte ich nur den Robert bewegen, mit mir nach Holland und Belgien zu reisen, damit ich doch nächsten Winter benutze – es ist mir schrecklich, mir gar nicht mit meinem Talente nützen zu können, jetzt, wo ich die besten Kräfte dazu besitze. Überlege es Dir doch noch einmal, mein lieber Mann!«

Je betriebsamer sie wird, umso schwermütiger reagiert er. Nichts gelinge ihm mehr. Er hat eine Symphonie begonnen, die Blätter zur Seite gelegt. Sobald er unter Atemnot leide, quäle ihn auch die Gedankennot.

Sie laden zum ersten Hauskonzert ein: »Soirée bei Madame Schumann.« Er hält sich zurück, während Clara im Mittelpunkt steht, bewundert wird, und er sieht sie auf einem Bild, das nach ihm Ungezählte sehen werden, ein unscheinbares, doch ungemein wirksames Inbild: »Clara sah ganz fein aus in ihrem Häubchen.«

Seine Eifersucht nach solchen Abenden wird ihm mehr und mehr zu schaffen machen. Die kleinste Freundlichkeit Claras wächst sich in seiner gereizten Phantasie zur Affäre aus.

Wieder wagt sie es nicht, ihn direkt darauf anzusprechen, und bedient sich des Tagebuchs:

»Hinter einige Sätze Roberts möchte ich mir erlauben, ein? einzuschalten als da sind: ›ein schönes Wort von Mendelssohn macht sie stundenlang glänzen‹, ferner ›sie konnte kaum ihre Freude über die Wiederankunft des Verhulst verbergen‹ – das sind ehrenrührige Späße, die ich mir nicht gefallen lasse, so im Ernst geschrieben.«

Überhaupt machen sie das Tagebuch zu einem Instrument ihrer Ehe. Sie beschönigen zum einen, fallen sich jedoch auch ins Wort, und manchmal reden ihre Stimmen über den idealischen Dialog hinweg, gebrochener, aufgebrachter und zärtlicher.

Es kann passieren, daß sie wie Kinder durch die Wohnung rennen und Haschemann spielen, zum Vergnügen von Agnes, die sie anfeuert.

Du kriegst mich nie, Robert.

Er läuft ihr, schon atemlos, nach: Ich hab dich doch längst, Clara.

Für die Stadt sind sie eine Instanz. Die Schumanns, der Robert und die Clara Wieck. In diesem Winter besuchen sie regelmäßig die Abonnementskonzerte im Gewandhaus, die meistens von Mendelssohn geleitet werden, und Roberts Kritiken in der »Neuen Zeitschrift« werden als ein notwendiges Echo erwartet: »Die donizettische Arie war gänzlich musiklos, wurde auch von der Sängerin nicht mit dem Glück und dem Applaus gesungen wie anderes Italienische.«

Ostern 1841 wird zum ersten Mal nach Bachs Tod die Matthäuspassion wieder in der Thomaskirche aufgeführt.

Von Freunden erfahren sie, Wieck halte sich in der Stadt auf, aus Dresden für ein paar Tage an seinen einstigen Wirkungsort gekommen, und prompt zieht er eine Spur übler Nachrede hinter sich, läßt seine Zuhörer zwar im unklaren, was Clara und Robert ihm angetan haben, doch daß es ganz und gar ungeheuerlich und unverzeihlich sei, bleibt in den Ohren.

Sie kann es ertragen, schimpft und lacht; ihn lähmen die neu aufgerührten, alten Geschichten.

Der Alte ist eine Krankheit, wie die Pest, und er macht mich krank.

So darfst du nicht über ihn reden, Robert.

Ich weiß, ich weiß. Dein lieber Vater hat dir das Klavierspiel beigebracht und dich der Welt vorgeführt.

Wieck mußte nur in ihren Gedanken gegenwärtig sein, das genügte, um einen Streit zwischen ihnen anzuzetteln.

Dieses Mal kreuzen sich nicht die Stimmen von Florestan und Eusebius in seinem Kopf. Die hatte er fast vergessen. Es gab auch keinen Grund, sie zu rufen. Sie kamen überraschend und artikulierten sich nicht. Sie plagten ihn mit undeutlichen Vokalen. Nachts wachte er an ihnen auf, und Clara versuchte ihn zu beruhigen. Dann redeten sie halbe Nächte durch, lagen nebeneinander und hielten sich an der Hand.

Wir schwimmen davon, sagt er. Merkst du es, die Nacht ist wie ein Fluß.

Du redest wie ein Kind, Robert.

Vielleicht möchte ich eines sein.

Schmerzt dich die Kehle noch immer so?

Daß du überhaupt daran denkst.

Du bist gereizt, Robert.

Du nicht? Du brichst schon in Tränen aus, wenn sich Gäste ansagen.

Weil wir beide angestrengt sind.

Ja, sagt er, ja. Und läßt ihre Hand los. Er sagt: Jetzt treiben wir beide nebeneinander, für uns allein.

Wie soll ich dir denn helfen, wenn du es nicht willst?

Willst du es denn? fragt er und legt sich zur Seite oder steht mitten in der Nacht auf, geht in sein Zimmer, arbeitet dort weiter, wo er am Abend aufgehört hat.

Seit zwei Tagen schreibt er an einer Symphonie, gegen die Stimmen, gegen den sumpfigen Mißmut.

»Wenn ein Mann eine Symphonie componiert, da kann man wohl nicht verlangen, daß er sich mit anderen Dingen abgiebt – muß sich doch sogar die Frau hintangesetzt sehen«, schreibt Clara, und drei Tage später: »Mein Gesundheitszustand scheint sich jetzt etwas bessern zu wollen. Was uns noch vor wenigen Wochen nur Hoffnung war, scheint jetzt zur Gewißheit zu werden – ich bin ganz glücklich! Dienstag vollendete Robert seine Symphonie; also angefangen und vollendet in 4 Tagen. Hätte man nur gleich ein Orchester da!«

Das wünscht er sich auch. Sobald wie möglich eine Aufführung im Gewandhaus. Lang genug hat er sich mit der symphonischen Form, dem »Roman«, geplagt, und was er vorhat, ist kühn und verrückt genug: die Erzählformen, die Beethoven bis ins Äußerste entwickelt und verfeinert hat, aufzubrechen und zu erneuern.

Von neuem half ihm Schubert, der Umgang mit seiner großen C-Dur Symphonie. Themen und Motive zu bewegen, aufzulösen in Klangfeldern und in der Verwandlung wieder zu sammeln, findet er mit einem Mal leicht. Die Trompeten des Auftakts setzte er nach seinem Motto, alle Trompetenrufe Beethovens erinnernd, nicht zuletzt den befreienden aus dem »Fidelio«. Er buchstabiert, doch nicht mehr als Schüler.

Er verabredet sich mit Mendelssohn. Ihm traut er unverhohlene Kritik zu. Jedesmal, wenn er sich mit Mendelssohn allein unterhält, nicht von anderen abgelenkt, verblüfft es ihn, wie gespannt und zugleich gelassen er zuhört, liest und reagiert. Er ist mit dem ganzen Körper aufmerksam.

Das Gerücht ist Ihnen vorausgeeilt, Lieber. Er fordert Schumann auf, sich neben ihn auf die Chaiselongue zu setzen. Spannen Sie mich nicht länger auf die Folter. Ihre erste Symphonie, da geht es schließlich nicht um irgendeine Komposition irgendeines Komponisten. Auch das kann er, locker und zugleich bestärkend: schmeicheln.

Schumann beneidet den Freund um seine Eleganz, seine herzliche Intelligenz. Alle, die Mendelssohn Glätte und eine allzu blendende Eleganz nachsagen, weist er immer nur darauf hin, wie er komponiere und musiziere – wer ein solch untrügliches Gehör besitze, könne nie und nimmer fälschen.

Mendelssohn kennt seine Eigenheiten, den Tonfall seiner Phantasie. Darum fällt es ihm auch nicht schwer, Schwächen zu entdecken. Er findet sie fast immer dort, wo Schumann im nachhinein verbessert, dem ursprünglichen Einfall nicht traut.

Sehen Sie, hier!

Ich hab's geahnt. Sie bestätigen mich.

Mendelssohn rät ihm, sich bei der Instrumentierung der Streicher von Christoph Hilf, dem ersten Gewandhausgeiger,
beraten zu lassen.

Sie feiern das Werk mit Champagner, treten ans Fenster,
schauen auf den belebten Platz vorm Gewandhaus, und Mendelssohn verspricht, nun doch etwas großspurig: Bald werden die Leute strömen, um Ihre Symphonie hören zu wollen.

Beim Abschied stellt Mendelssohn fest, Schumann sehe sehr
erschöpft aus. Die Arbeit hat Sie mitgenommen, mein Lieber.
Empfehlen Sie mich Frau Clara. Sie wird Sie von Herzen gern
verwöhnen.

Er bemüht sich zu lächeln, seine Gesichtszüge verzerren sich,
er sucht nach einer dankenden Floskel und sagt, was er gar
nicht sagen will: Ach, Clara hat mit sich selber genug zu tun.
Adieu.

Er spürt Mendelssohns verwunderten Blick auf seinem Rükken und hastet die Treppe hinunter. Blut steigt ihm ins
Gesicht. »Es peinigte mich den ganzen Tag.« Am Abend erzählt er Clara den verunglückten Abschied. Sie erschrickt, wie
von einem plötzlichen Geräusch, und fängt sich lachend:
Nun hast du schon einen ganzen Nachmittag dafür gebüßt,
Robert.

Mendelssohn hält Wort. Er wird die Symphonie dirigieren,
am 31. März 1841. Die »Frühlings-Symphonie«. Schumann
muß nach dem Namen nicht suchen. Sie kann nicht anders
heißen. Zwar hat er sie im Januar, im Winter, komponiert,
doch alle Frühlinge vorausgenommen, die er sich nicht zutraut. Es ist ihr gemeinsamer Tag. Clara tritt nach einer langen
Pause wieder am Klavier auf.

Sie nehmen die Droschke. Da muß es ja auch feine Unterschiede geben, spaßt er, als er ihr in den Wagen hilft. Als Kritiker gehe ich zu Fuß zum Gewandhaus, und du brav neben mir her. Als Klaviervirtuosin mußt du nicht bloß spielen, sondern dich auch zeigen und auf dein Kostüm achten. Und ich, Liebste, hoffe, bei Entgegennahme des Applauses auch vors Publikum treten zu können. Er läßt sich neben ihr auf die Bank fallen, lüpft den Zylinder, um Agnes, die aus dem Fenster hängt, Abschied zu winken, und in Gedanken sieht er einen dicken Jungen, der, einen hölzernen Säbel geschultert, hinter einer Karosse hermarschiert, wozu ein Klavier spielt, ohne Zweifel ein Stück von ihm, doch welches, kann er beim besten Willen nicht bestimmen.

Robert, du träumst schon wieder. Clara schubst ihn.

Keineswegs. Ich eile uns nur voraus, Clara, ins Gewandhaus.

Er legt den Arm um ihre Schulter, drückt sie an sich.

Paß auf. Du zerdrückst mir mein Virtuosenkleid.

Worauf er, scheinbar erschrocken, in die Ecke rutscht und sich selber ausschimpft: Was für ein ungeschickter Junge.

Sie streicht ihm mit der Hand über die Wange: Das bist du nie gewesen, Robert.

Hast du eine Ahnung, Clara.

So fahren sie auf seine Frühlings-Symphonie zu.

Mendelssohn rahmt sie mit einem prächtigen Programm: Haydn, Chopin, Gluck. Clara spielt, neben anderem, die »Siebente Novellette« und eines der »Lieder ohne Worte« von Mendelssohn – und dem folgt seine Symphonie.

Der Applaus läuft ihnen zu Mendelssohns nach, wo sie eine hochgestimmte Gesellschaft empfängt. Bewunderer umringen sie, und sie werden auseinandergetrieben. Er hört Clara lachen, hört Mendelssohns helle, sonore Stimme und wünscht sich diesen »Frühling auf Dauer«.

»Mendelssohn hat sich in der ganzen Geschichte unseres Konzertes wieder als ein echter Künstler bewährt; die warme Teilnahme für Clara ist so ungeheuchelt, wie sie nur aus solchem Herzen kommen kann. Auch für die Symphonie interessierte er sich so aufrichtig, wie es unter Künstlern sein soll und dirigierte sie mit der äußersten Sorgfalt.«

Die Kritik erkennt ihn an, stimmt zu: »Die Symphonie ist das Vorzüglichste, was in neuester Zeit in dieser Gattung erschienen.«

Und sie hat ein Echo, wird gespielt: In Weimar, Bremen, Hamburg, Berlin, Den Haag, Rotterdam. Wie oft hat er sich selber bestärken und sich sagen müssen, wer er ist. Jetzt bekommt er es vielfach gesagt.

Intermezzo I

Sie klagt, die Schmerzen würden stärker, es könnten die ersten Wehen sein, ich bitte dich, und er rennt hinaus, vor ihrer Bitte fort, möchte erst einmal nichts gehört haben, setzt sich an den Schreibtisch, zieht die Jacke aus, zieht sie wieder an, ruft nach Agnes, ob sie nach der Gnädigsten sehen könne und wie es ihr gehe, sie weiß es so wie er, sie könnte bald niederkommen, nur daß man den Hofrat Jürg schon hole, halte Frau Schumann für übertrieben, nur werde sie dafür sorgen, daß immer heißes Wasser bereit stehe, sagt Agnes und läßt ihn mit seiner lächerlichen Unruhe, der er nicht Herr wird, allein, es ist auch, sagt er sich, Angst um Clara, denn so weit hat sie sich noch nie von ihm entfernt, und auch ihre Schmerzen kann er sich nicht vorstellen – er geht ans Klavier, spielt, fürchtet Clara könnte gestört werden, hört wieder auf, starrt auf seine Hände, die er jetzt in Fingerhöhe über die Tasten wandern läßt, fingerkuppengedämmt spielt er, was nur er hört, das elfte Stück aus den »Kinderszenen«, »Fürchtenmachen«, wenn du mich jetzt hörtest, sagt er, gefiele dir vielleicht mein Spiel, Clara, nur kannst du es bei weitem besser auf dem Klavier, und er läuft zum Fenster, schaut, ob sich nicht zufällig ein Freund, ein Bekannter dem Haus nähere und er hinuntereilen und ihn begrüßen könne, aber nichts rührt sich, eine Droschke fährt vorbei, ohne zu halten, es ist noch schwüler geworden, eine lastende Hitze, die zusätzlich quält, er läuft zur Tür und wieder zurück zum Flügel und wieder zur Tür, öffnet sie, eilt in die Küche, sucht nach Agnes, die eben nach der Wöchnerin geschaut hat, wie sie sagt, erklärt ihr, stockend und verlegen, er werde die Wohnung für kurze Zeit verlassen, um sich Zigarren zu kaufen, und außerdem brauche er dringend etwas Bewegung, worauf Agnes ihn beruhigt, vor Abend werde es bestimmt nicht ernst, und die gnädige Frau schlafe jetzt wieder, so nimmt er sich vor, doch länger fortzubleiben, spaziert, macht Station im »Kaffebaum«, doch das drohende Gewitter sorgt dafür, daß er nicht einen der Freunde trifft, also wandert er Stationen entlang, die er kennt, die ihn mit Clara verbinden, läuft Madame Devrient über den Weg, die kein Verständnis für seine Flucht in die Stadt aufbringt: Sie können doch Ihre liebe Frau in dieser Lage nicht alleine lassen, Herr Schumann, also das geht mir nicht in den Kopf, nun beeilen Sie sich mal, nach Hause zu kommen und nach Ihrer Liebsten zu sehen, die quält sich ab, und Sie rennen davon, womit sie ihm derart zusetzt, daß er sich stumm einige Male vor ihr verbeugt, mit rotem Kopf kehrt macht, heimstürmt, noch in der Tür nach Agnes ruft, wie es denn gehe, von ihr keine Antwort bekommt, er in sein Zimmer läuft, das einmal das von Clara gewesen ist, sie haben vor ein paar Tagen getauscht, sie hat nun das Zimmer zum Hof und zum Gärtchen, weil es ruhiger ist und auch für das Kind besser sein wird, und er arbeitet im Zimmer zur Straße, wo er auch seiner Neugier nachgeben kann, zum Fenster hinausschauen, wenn die Gedanken ihn unruhig machen, und er wirft vorsichtig einen Blick zu Clara hinein, ruft leise: Liebste und bekommt eine ruhige Anwort: Ich hab von Agnes gehört, du hast dir Zigarren geholt, was ihn wiederum beschämt, aber sie kichert mitwissend, er habe zurecht das Weite gesucht: Mir wären an deiner Stelle auch die Zigarren eingefallen, wenn schon nicht der »Kaffeebaum«, nur sagt sie, unterbrochen von einem langen Seufzer, mit dem Qualm solltest du draußen bleiben, mir ist schon übel genug, was ihn dazu veranlaßt, sich schleunigst wieder zu entschuldigen und doch noch zu fragen, ob sie denn gar nichts zu Abend essen wolle, nicht mehr hört, wie sie ein widerwilliges Nein von sich gibt, und sich nun doch entschließt, Klavier zu spielen, ohne Luftpolster, und er wird, gegen seine Erwartung, nicht unterbrochen, spielt weiter, alle Stücke aus den »Kinderszenen«, bis zum Dichter, der spricht, und er fährt fort mit einer Variation über das erste Lied der »Dichterliebe«, lehnt sich danach zurück, gegen die Luft, schaukelt hin und her, merkt nicht, daß Agnes hinter ihm steht, und ihn nicht aus seinen Gedanken schrecken möchte, ganz leise fragt, was Clara sie fragen läßt, welche Stücke er denn zuletzt gespielt habe, und er sich mit einem Ruck auf dem Klaviersessel zu Agnes dreht und sie auszurichten bittet: Sag meiner Frau, ich habe improvisiert, ich hab was Altes neu versucht und werde jetzt ein wenig auf dem Sofa ruhen, schaue aber wenigstens jede halbe Stunde nach meiner Frau, was er dann gar nicht anders kann, denn endlich entlädt sich das Gewitter, die Donner krachen so knapp hintereinander, daß das Haus nicht mehr aufhört zu beben und er neben ihrem Bett kniet, sie beruhigt, um sich zu beruhigen, bloß geht ihr allmählich der Atem aus, und die Wehen häufen sich: Vielleicht sollten wir die Agnes nun doch zum Hofrat Jürg schikken, und die hat, in der Ecke zwischen Tür und Schrank sitzend, auf diesen Zuruf gewartet, saust hinaus, läßt ihn mit der fauchenden, hechelnden, wimmernden Clara allein, was er nur aushält, indem er ständig auf sie und auf sich einredet: Mach dir keine Sorgen, Liebe, ich bin bei dir, und dieses verdammte Gewitter geht auch vorüber, hörst du, es wird schon besser, es zieht weg, komm, gib mir deine Hand, du meine Güte, bist du verschwitzt, das sind jetzt tatsächlich Wehen, nicht? und wenn das Kindchen da ist, werden wir feiern, dich und das Kindchen feiern, nur muß es erst einmal auf der Welt sein, sagt er, fragt: Kannst du die Schmerzen aushalten? und er muß auf keine Antwort warten, er hat Glück, Doktor Jürg erlöst ihn: Ich nehme an, Sie möchten sich zurückziehen, Herr Schumann, bis alles vorbei ist, so entläßt er ihn, es ist inzwischen hell geworden, ohne daß es ihm auffiel, er sinkt in den Sessel am Fenster, blinzelt in die Sonne, findet auf dem Fensterbrett einen kleinen Spiegel, sieht hinein, sieht ein blasses Eulengesicht, die Ringe um die Augen tief und dunkel, versucht, sie mit Grimassen zu glätten, aber sie graben sich eher noch tiefer ein, und er gibt seiner Müdigkeit nach, träumt prompt vom Spiegel, träumt davon, auf dem Fensterbrett zu sitzen, die Beine nach draußen, und unten auf der Straße schaut ein Pulk von Leuten zu ihm hoch, sie gestikulieren verzweifelt und rufen: Hol doch endlich dein Gesicht aus dem Spiegel raus, hol's! da ertönt ein leiser, quiekender Schrei, der anschwillt, und Gelächter und Claras Stimme, und Agnes steht in der Tür und redet wie eines dieser Mädchen unten auf der Straße: Kommen Sie doch, Herr Schumann, kommen Sie! es ist ein Mädchen, sagt Hofrat Jürg, Marie! und es wird sich wiederholen, sieben Mal, Elise, Julie, Emil, Ludwig, Ferdinand, Eugenie, Felix, aber diesen Brief (an Claras Mutter) schreibt er nur einmal: »Liebe Mama, Sie sind nun Großmama – von einem allerliebsten wohlgebildeten Mädchen«, es ist der 1. September 1841, und am 13. wird Marie getauft, wozu als Paten gebeten sind: Claras Mutter, Marianne Bargiel, Roberts Bruder Carl, die treue Johanna Devrient und Felix Mendelssohn-Bartholdy.

>   »Hier an meinem Bette,
>   Hat die Wiege Raum –«

»Es geht ganz leidlich im Schumannschen Haus. Die Kleine fängt schon an zu lächeln, die Hausfrau ist die alte liebe und nur der Hausherr manchmal finster.« Das schreibt er vier Wochen nach der Geburt Maries.

Ab und zu flackert Streit zwischen ihnen auf, denn der alte Wieck droht und spinnt seine bösen Geschichten weiter. Wie um sich gegen ihn zu wappnen, komponieren sie miteinander und studieren die Kunst der Fuge.

Mendelssohn schaut öfter vorbei, freut sich an seinem Patenkind und Berlin wieder hinter sich zu haben.

Sie geben auch wieder kleinere Abendgesellschaften. Agnes schafft Haushalt und Kindspflege nicht mehr allein. Also muß eine Kindsfrau angestellt werden.

Liszt kommt auf drei Tage zu Besuch, wirbelt alles durcheinander, schleppt die Welt mit und ihren Klatsch, Clara und er üben allerlei Kunststücke von Czerny, Chopin und ihm selbst, und am nächsten Tag laden die Schumanns zu einem Diner, an dem Liszt plaudernd seine Liebenswürdigkeit ausspielt, seinen Hexenzauber, den er zum Abschied auch an Marie versucht: Er bettet ihren Kopf in seine großen, schmalen Hände, und sie erschrickt keineswegs, sondern reißt erstaunt die Augen auf.

Der Winter naht und offenbart Schumann seine Not. Der größer gewordene Haushalt kostet viel. Die Miete ist fällig, Holz und Torf für die Öfen müssen besorgt werden. Seine Kompositionen bringen lächerlich wenig ein, und Clara konzertiert nicht.

Er bietet Carl Voigt, dem alten Freund, einige der geerbten Wertpapiere an. Der macht ihm einen guten Preis. Lang wird das Geld nicht vorhalten.

Die Melancholien nehmen wieder zu. Er vertraut sich Mendelssohn an, der ihm zwar ohne weitere Umstände Geld leihen würde, ihm vor allem aber die schwarzen Gedanken austreibt, indem er mit ihm Quartette und Quintette studiert: Das kann, lieber Schumann, ein Vergnügen werden.

Es wird eines. Es regt ihn an. Dieses Terrain wird er erkunden und mit dem Freund wetteifern. Plötzlich eröffnet sich eine Chance, sein Programm zum instrumentalen Gespräch zu erweitern, weg vom Monolog, und bereits beim ersten Versuch wird ihm klar, daß er immer ein Monologist bleiben wird, die Stimmen alles voneinander wissen, aus einem Gemüt kommen und mit einem Vorsatz sprechen.

Clara kann er nicht täuschen. Selbst mit der neuen Arbeit nicht. Sie liest seine Ängste.

Wie soll es mit uns weitergehen? fragt sie. Ich kann doch helfen, kann wieder auf Tournee gehen, mit dir.

Er will es nicht hören.

Nicht! Nicht wieder so beginnen. Und was soll ich? Denk an meine Zeitschrift.

Da haben sich immer Helfer gefunden, Robert.

Und Marie?

Sie wird gut versorgt sein.

Sie reden sich gegenseitig in Wut und hören erst auf, wenn Marie zu schreien beginnt.

Am Ende setzt Clara sich doch durch. Zum Jahresbeginn spielt sie, Mendelssohn dirigiert, sein Klavierkonzert in g-Moll im Gewandhaus; es wird »mit großem Enthusiasmus aufgenommen«. Schumann beginnt mit einer Komposition, einem weltlichen Oratorium, das den Kirchenraum vergessen hat und sich einen der Phantasie, der mythischen Natur schafft: »Das Paradies und die Peri«.

Voller Zweifel rechnen sie aus, was Einladungen nach Bremen, Hamburg und nach Dänemark einbringen würden. Allein in Dänemark wären sie für zwei Monate festgehalten.

Das alles ohne Marie, seufzt er.

Das ist meine Klage, nicht deine, rügt sie ihn.

Einen besseren Ausweg, die häuslichen Finanzen zu ordnen, sehen sie nicht.

Unterwegs hat er in hastenden Kürzeln zwischen Gedankenstrichen, wie auf seiner Schülerreise zu Jean Paul und Heinrich Heine, alles notiert, die Stationen, die Namen derer, die ihnen begegneten, doch ohne Gespräche, lauter Wortlosigkeiten, eine stumme Bilderkette, und als er später, wieder allein in

Leipzig, die Notizen ergänzt, wird es eine Schilderung seines Befindens.

Der Abschied von Marie fällt schwer. Clara wird es lernen, von Reise zu Reise, wird ihre Kinderschar immer öfter fremder Obhut überlassen, die Kleinen für die Zeit am Klavier vergessen oder in Abendunterhaltungen von ihnen erzählen.

Sie fahren mit dem »Dampfwagen« bis Magdeburg. Ihm fällt auf, wie sie auflebt, sich verwandelt, selbst unerwartete Komplikationen spielerisch überwindet – und er zieht sich zurück.

Die Unbequemlichkeiten, die sich auf der Fahrt mit der Post nach Bremen einstellen, die Verwechslung eines Nachtquartiers, dreiste Neugier der Passagiere – dies alles erträgt sie gleichmütig, während er von Mal zu Mal empfindlicher wird und, sobald sie allein sind zu jammern, und zu streiten beginnt, und sie es schließlich aufgibt, ihn in ein Gespräch zu ziehen.

Bis auf einmal: Vielleicht hat es mit Bremen zu tun, mit dem Meer, dem sie entgegenreisen. Clara fiebert danach, die großen Dampfschiffe zu sehen, die über den Ozean nach Amerika fahren. Sie werden tatsächlich ein Schiff besichtigen können, das eben aus Rio eingetroffen ist, den Wind noch in der Takelage.

Amerika, sagt sie mit einer solchen Inbrunst, als müsse sie sich selber für eine Fahrt übers Meer überreden, das könnte für uns eine Gelegenheit sein, Robert, ich könnte Konzerte geben, in großem Kreis und in Gesellschaften, und dabei einen Batzen Geld für zu Hause sparen.

Und ich? fällt er ihr ins Wort, ich würde dir das Gepäck oder die Noten tragen und käme nicht zum Komponieren. Alle Einfälle würden mir aus dem Kopf geschwätzt. Vielleicht dürfte ich, wenn die Zeit dazu bleibt, ab und zu das Geld zählen und Einnahmen und Ausgaben ins Reisebuch eintragen.

Sie widerspricht ihm nur halbherzig. Es stimmt, daß er auf Reisen nicht arbeiten kann.

In Bremen, wie in Hamburg, wird seine B-Dur Symphonie aufgeführt. Er ist mit der Qualität der Orchester durchaus zufrieden. Clara hingegen kämpft mit elenden Klavieren. Das ändert an der jubelnden Zustimmung des Publikums nichts.

Können sie sich endlich spät abends zurückziehen – meist hat er zu viel getrunken, zu viele Austern geschlürft, die ihm schwer im Magen liegen –, liegen sie wachend nebeneinander und schmieden Amerika-Pläne, schon ohne jeden Ernst, nur um in Gedanken fliehen zu können, oder Clara denkt laut über die Tischgesellschaft, die sie eben verließen, und ihn nach: Manchmal, Robert, habe ich den Eindruck, du läufst blind durch die Gegend, du siehst nicht, du hörst nur.

Er stimmt ihr zu. Ja, er höre das Meer, er höre Häuser, die Städte, er höre Menschen, und es schaudere ihn häufig, er höre den Wind, die Kutschen, und wenn er lausche, sehe er wiederum Farben, Bewegungen, Gegenden, die mit der Wirklichkeit nichts zu tun haben. Wenn mir das alles zuviel wird, höre ich in mich hinein.

Sie liegen wieder ein Weile still, bis Clara mit einem Lachen in der Stimme feststellt: Darum bringst du die Leute mit deiner Schweigsamkeit auch durcheinander. Sie können ja nicht ahnen, daß du es vorziehst zu lauschen, wenn auch nicht unbedingt ihnen.

Noch nimmt sie nicht wahr, wie verletzt er ist, wie es ihn schmerzt, als Begleiterscheinung der großen Clara Wieck behandelt zu werden. Er hält es aus, indem er seine Schweigsamkeit übertreibt. Das mag sie nicht.

Laß dich doch von solchen Hanswürsten nicht kränken, Robert. Sie genießt es allerdings, von den Hanswürsten hofiert zu werden.

In Oldenburg wird sie an den Hof geladen. Er nicht. Ihn gibt es nicht. Er wartet im Hotel. Sie kommt nach Stunden »erfreut über die Aufnahme« zurück.

»Der Gedanken meiner unwürdigen Stellung in solchen Fällen ließ aber keine Freude in mir aufkommen.«

Obwohl er »Hader und Streit nun einmal nicht leiden kann«, legt er sich jetzt mit Clara an. Er trinkt, betrinkt sich und benimmt sich so, daß sie sich für ihn entschuldigen muß. Neben seinen Tischdamen sitzt er wortlos und pafft ungefragt eine Zigarre nach der anderen. Die wiederum klaubt er sich aus den Kästchen auf den Rauchtischen, immer gleich in einem halben Dutzend, und steckt sie ein. Wird er ins Gespräch gezogen, gibt er lapidare oder unsinnige Antworten.

Ich bitte dich, Robert, nimm dich zusammen, verdirb mir diese Reise nicht. Freu dich doch ein bißchen mit.

Worüber, wenn ich fragen darf, daß sich irgendeine dumme Gans bei mir erkundigt, ob ich denn auch Klavier spiele? Könntest du dich da mitfreuen, Clara?

Du sagst doch selber, es sei eine dumme Gans gewesen.

Sie warten vor dem Bremer Hotel auf die Droschke, die sie zur Poststation bringt, das Gepäck umgibt sie wie eine Burg, in der sich noch ein Abschiedskomitee befindet, Damen und Herren, die, weil die Schumanns miteinander zanken, eifrig miteinander reden und doch ganz Ohr sind.

Ich habe es mir überlegt, Clara, ich begleite dich nur noch bis Hamburg, höre mir an, wie sie dort meine Symphonie spielen, und fahre danach über Berlin nach Hause.

Ach Robert, sagt sie, legt die gefalteten Hände an ihre Lippen, das laß uns doch in Ruhe besprechen.

Nein, jetzt und hier.

Gut, sagt sie und lehnt sich bittend und mahnend gegen ihn.

Er hört jemanden sagen: Die beiden sind doch ein elegantes und eindrucksvolles Paar.

Ja, sagt er ziemlich laut und fährt fort, ohne Clara anzusehen: Das steht fest. Du reist weiter nach Dänemark, und wir werden es aushalten, zwei Monate getrennt zu sein. Auf dich warten Konzerte, auf mich wartet die Arbeit. Er spricht nun so ruhig, daß sie ihn schreien hören kann.

Ich will nicht weinen, flüstert sie.

Unser Publikum wäre sicher gerührt.

Die vorfahrende Kutsche rettet sie. Clara verabschiedet sich dankbar und ausgiebig. Er läuft ihr nach, drückt, sich verbeugend, Hände.

Sie werden, sagt er, mich für einen Lümmel halten. Ich kann sie sogar verstehen. Dann zieht er sie fest an sich und läßt sie weinen.

Ehe sie sich in Hamburg trennen, versucht Clara ein letztes Mal, ihn umzustimmen. Du hast dich wohlgefühlt heute abend, Robert.

Das könne er nicht bestreiten, er habe sich gut unterhalten.

Ja, diesem Mädchen, Harriet, hast du den Kopf verdreht.

Ich nicht, sie schwärmt für Bach.

Im Hotelzimmer ist der Ofen ausgegangen. Es ist so kalt, daß sie ihren Atem sehen können.

Sie schlüpfen ins Bett, klammern sich aneinander.

Am nächsten Morgen, zehn Uhr, trennen sie sich.

In Berlin besucht er in Eile Marianne Bargiel. Sie weiß nichts mit seiner beleidigten Kehrtwendung anzufangen. Du hättest Clara nicht allein lassen dürfen, Robert. Er drängt, der Zug fährt. Sie wird mir schreiben, Dir – sie hat es versprochen.

Abends um sechs ist er zu Hause, sieht Marie, sein Kind, wieder, »das frisch und gesund«.

Die Reisestrapazen, die eher Reiseleiden waren, setzen sich merkwürdig fort. Immer mal wieder hat er an Schwindelanfällen gelitten oder, wenn er aus einem Fenster auf die Straße hinunterschaute, an Höhenangst. Das verstärkt sich nun.

Mit Marie, die anfänglich »fremdelte«, spielt er morgens nach dem Frühstück, und Agnes wundert sich, welche Tönchen er dem Kind entlockt. Ist er besonders gut gelaunt, geht er ans Klavier und unterhält Marie, Agnes und die Kinderfrau keineswegs mit den »Kinderszenen«, sondern vorzugsweise mit »Carnaval« oder der »Kreisleriana«.

Beeindruckt stellt er fest, daß Mariechen an den falschen Stellen lache und an den richtigen weine.

Mit den drei Quartetten ist er fertig und mit einem Klavierquintett schon weit. Komponierend holt er Clara zu sich. Der Klavierpart des Quintetts ist nicht nur ihr zugedacht, er schwelgt in Zurufen, erinnert mit der fallenden Quint, dem doppelten Quintenfall an seine Impromptus und an ihre »Soirée Musicale«, läßt auch Florestan und Eusebius noch einmal los, wenngleich gebändigt: Zu Beginn tritt Florestan in tanzenden Sprüngen auf und verwandelt sich mehr und mehr in Eusebius.

Da die Schwindelgefühle und Kopfschmerzen ihn allzu sehr stören, sucht er nun doch einen Arzt auf und erfährt, er leide unter »einem beträchtlichen Blutandrang nach dem Kopfe«, außerdem habe seine Sehfähigkeit arg nachgelassen.

Dennoch gebraucht er das Lorgnon sparsam. Längst hat er sich an die verschwommene, konturlose Umgebung gewöhnt.

Endlich kommt Post aus Dänemark. »Du kannst Dir nicht denken, wie alle Menschen hier bedauern, Dich nicht zu kennen; alles fragt mich immer nach Dir – alles kennt Deine Zeitung und, wenn auch noch nicht Deine Kompositionen, so doch Deinen Namen«, schreibt sie ihm und will ihm schmeicheln, ihn trösten. Er liest es anders. Der Satz zerfällt, es bleiben nur sechs Wörter übrig: Wenn auch noch nicht Deine Kompositionen.

Der Besucher kündigt sich an, sendet Boten voraus, nimmt sich wichtig. Er verlasse Paris endgültig nach zwei Jahren. Und er wolle sich in Dresden festsetzen. Auf der Durchreise müsse er unbedingt Schumann sehen. Es ist mehr als zehn Jahre her, daß sie sich zum ersten Mal begegneten. Er meldet sich natürlich später als angesagt, läßt Schumann warten. Sobald er die Wohnung gestürmt hat, klein, mit festen Schritten, ein etwas auf Heine stilisierter junger Herr und zugleich eine Art bunter Brummkreisel, grüßt er Schumann wie einen alten, guten Freund, und der braucht sich nicht mehr zu bemühen, gesprächig zu sein.

Richard Wagner bestreitet die Stunde, redet und redet, rühmt und schimpft, schildert ein Paris, das ihn malträtierte, dem er es aber auch gab, kündigt an, noch in diesem Jahr seine Oper aufzuführen, »Rienzi«, ein Revolutionsstück, zugleich die grandiose Geschichte eines Tribunen: Sie werden die Geschichte nicht in Erinnerung haben, bester Schumann – also erzählt er sie gleich, setzt sich ans Klavier, spielt Phrasen und Arien, und als er sich verabschiedet, auf den Zehen wippend, im Sturm die Wohnung verläßt, scheint es Schumann, als reiße er die ganze Welt in Fetzen hinter sich her.

Das Bild, das Wagner von ihm festhielt, entsprach dem mittäglichen Furioso: »Schumann ist ein hochbegabter Musiker, aber ein unmöglicher Mensch. Als ich von Paris hierher kam, besuchte ich Schumann, erzählte ihm von meinen Pariser Erlebnissen, sprach von den französischen Musikverhältnissen, dann von den deutschen, sprach von Literatur und Politik – er aber blieb so gut wie stumm fast eine Stunde lang. Ja man kann doch nicht immer allein reden! Ein unmöglicher Mensch!«

Intermezzo II

Immer wieder Wieck. Der Alte folgt ihnen wie ein Spürhund und riecht das Unglück. Jetzt meldet er sich. Die Tochter weilt in Dänemark. Vom verhaßten Schwiegersohn erfährt er, daß er sich häufiger im »Kaffeebaum« sehen lasse. Natürlich trinkt er, natürlich säuft er wieder! Extra kommt er von Dresden nach Leipzig, um zu klatschen, Gerüchte auszustreuen, seine Mißgunst loszuwerden. Die beiden, vermutet er in lautem Selbstgespräch, seien daran, sich scheiden zu lassen. Nicht zuletzt, weil Schumann unfähig sei, für den Unterhalt zu sorgen. Und wie er seine Frau behandle! Krank und fiebrig habe er sie alleine nach Dänemark geschickt.

Immer wieder Wieck. Er möchte ihn zur Rede stellen. Wie ein böser Geist verfügt er jedoch über die Fähigkeit, sich rechtzeitig unsichtbar zu machen. Kommt er in den »Kaffeebaum«, ist Wieck eben verschwunden.

Sprich nicht von ihm, bittet er Clara.

Sie kann es nicht lassen, erinnert sich an den Vater, wird durch andere an ihn erinnert, nimmt ihn in Schutz, verachtet ihn, fürchtet seine finsteren Launen.

Immer wieder Wieck. Ein Gericht verurteilt ihn wegen Beleidigung Schumanns. Er mischt sich in ihre Gespräche, ein lästiger und ungerufener Mitwisser. Wann immer Clara und Schumann über die finanzielle Misere nachdenken, streiten, hören sie seine höhnischen Einwürfe. Schumann taugt nichts. Er wird es nie schaffen.

Selbst wenn sie hungern müßten, dem Alten würde er ihr Elend nie eingestehen. Die fünfhundert Taler, die Clara aus Dänemark mitbrachte, schwinden rasch. Wieder muß er sich bei Voigt Geld borgen.

Das »Paradies und die Peri« hat er abgeschlossen; die Uraufführung ist gesichert. Er hofft.

Immer wieder Wieck. Hat er sich in Leipzig aufgehalten, bekommen sie es bloß noch mit seiner Nachrede zu tun.

Plötzlich springt er aus dem selbstgezogenen magischen Kreis, aus welchen Gründen auch immer. Vielleicht aus Liebe zu Clara, die er verleugnet und mit Schmähungen sich ausgetrieben hat, vielleicht auch aus Angst, die Tochter endgültig zu verlieren. Er schreibt an Clara über Schumann, als wäre nichts gewesen, mit verstellter Stimme schreibt er, sich vergessend: »Ich liebe die Kunst noch immer aufrichtig und ungetrübt; folglich soll auch jetzt die Tätigkeit Deines talentvollen Mannes nicht unbeachtet und unbekannt von mir bleiben ... Dein Mann und ich, wir sind 2 harte Köpfe – die muß man gehen lassen, aber gesinnungsvoll sind wir. Folglich kann es ihn nicht wundern, wenn ich immer seinem Fleiß und seiner Schöpferkraft Gerechtigkeit widerfahren zu lassen wünsche. Komme bald nach Dresden und führe hier Deines Mannes Quintett auf.«

Clara antwortet postwendend. Schumann wäre es lieber, sie
ließe den Alten wenigstens etwas warten.

Du gibst ihm nach, Clara.

Hat er nicht nachgegeben?

Du kannst es so auslegen. Mir bleibt dieser Umschwung
unheimlich.

Mir auch. Das ändert nichts daran, daß ich ihn liebe.

Ich weiß, sagt er. Also schreibe es ihm.

»Deiner freundlichen Einladung wäre ich am liebsten gleich
gefolgt, aber Du weißt, man kann sich nicht immer losreißen
und für unsere Kleine ist die Jahreszeit noch zu rauh. Sobald
es aber wieder wärmer wird, komme ich mit ihr, und Du wirst
Deine Freude an ihr haben. Ich hoffe aber doch gewiß, Dich
vorher und zwar hier zu sprechen, denn, daß ich mich dar-
nach sehne, Dich bald zu sehn, wirst du glauben.«

Einen Monat später führt sie dem Vater Mariechen vor.

Immer wieder Wieck. Das ganze Jahr. Fürs erste aber nur im
Gespräch mit Clara. Schumann spart er aus. Noch liegt zu viel
Geröll auf dem Weg.

Elise kommt auf die Welt.

»Das Paradies und die Peri« wird am 4. und 11. Dezember 1843
zum ersten Mal in Leipzig aufgeführt: Die beste Gelegenheit
für den Alten, Schumann anzusprechen, in einem Brief, dessen Redeweise er Satz für Satz eingeübt hat:

»Lieber Schumann,

Tempora mutantur et nos mutamur in eis.

Wir können uns, der Clara und der Welt gegenüber, nicht
mehr fern stehen.

Sie sind jetzt auch Familienvater – warum lange Erklärung?

In der Kunst waren wir immer einig – ich war sogar Ihr Lehrer
– mein Ausspruch entschied für Ihre jetzige Laufbahn. Meiner

Teilnahme für Ihr Talent und Ihre schönen und wahren Be-
strebungen brauche ich Sie nicht zu versichern.
Mit Freuden erwartet Sie in Dresden
Ihr Vater Fr. Wieck.«
Die Galle, die Häme, ohne die er es nicht schafft, verspritzt
er auf ein anderes Papier. Dem gemeinsamen Freund und
guten Mittler von ehedem, Bergschreiber Becker, berichtet er:
»Schumann hat bei den ersten Aufführungen der Peri in Leipzig ungeheueren Beifall und einen Lorbeerkranz eingeerntet«
und setzt fort: »welcher letztere ihn etwas konfus gemacht
haben mag.«
Konfus verliefen die Proben. Wie immer, wenn er dirigieren
mußte, verzichtete Schumann auf das Lorgnon. Wenn das
ganze Orchester allerdings schemenhaft wegzudriften droh-
te, warf er notgedrungen einen Blick durch die Gläser. Zu
allem Übel preßte er den Taktstock gegen die Lippen, sobald
er mit den Musikern sprach. So konnten sie ihn nicht verstehen. Clara sprang ein und »übersetzte«.
Am 19. Dezember fahren sie nach Dresden. Auch dort wird
die »Peri« aufgeführt, einen Tag vor dem Heiligen Abend, den
sie im Kreis der Familie verbringen, nicht ohne Beklommen-
heit, und Schumanns beharrliches Schweigen attackiert ihre
Erinnerungen.
Das Geld reicht weiter nicht. Clara erhält ein Angebot, in
Rußland zu konzertieren. Er widersetzt sich heftig. Sie wisse,
daß er unterwegs nicht arbeiten könne.
Clara rechnet ihm vor, rechnet zusammen: Schau, Robert, wir
frieren hier, weil wir mit dem Holz sparen müssen, in St.
Petersburg werden wir nobel untergebracht sein und dazu
noch verdienen. Sie sagt wir, sie sagt nicht ich. Sie sagt es, weil
sie weiß, daß er aus anderen Gründen fröstelt als sie.

Mir geht es nicht gut.

Ließe ich dich hier, bei den Kindern und den Mädchen, ginge es dir noch übler.

Clara bittet Mendelssohn, Schumann zu überreden. Der muß es nicht mehr. Schumann hat bereits nachgegeben und beginnt, was ihn hält und über Jahre bestätigt hat, aus dem Gedächtnis zu streichen. Clara gegenüber streitet er ab, melancholisch zu sein.

Im Gegenteil, Liebe, es ist eine Art von Übermut, der mir allerdings auch nicht sonderlich gut tut. Nicht aus Übermut muß er die Leitung der »Neuen Zeitschrift für Musik« vor der Reise seinem Stellvertreter, Oswald Lorenz, überlassen, nach zehn Jahren. Es tut weh, über die Anfänge redet er nicht mehr.

Er hört sich aus einer unendlichen Entfernung, über eine Ebene von Jahren. Fast ein ganzes Leben, sagt er laut vor sich hin. Er ist gerade zweiunddreißig Jahre alt. Er hört die beiden Stimmen, die einmal die seinen gewesen sind: »Unsere italiänischen Nächte währen fort. Der Himmelsstürmer Florestan ist seit einiger Zeit stiller denn je und scheint etwas im Sinne zu haben. Eusebius ließ aber neulich ein paar Worte fallen, die den Alten wieder in ihm weckten.«

Zufällig ist er vor den Spiegel getreten, in den Clara eben blickt, den Mund gespitzt und die Brauen zusammengezogen. Sie rückt ihr Häubchen zurecht und wirft ihm einen überraschten Blick zu: Guten Tag, Robert. Er sieht auf ihre Lippen im Spiegel, erwidert ihren Gruß nicht, sagt: »Ließ neulich ein paar Worte fallen, die den Alten in mir weckten.« Sie sind mir aber entfallen. Und er wiederholt, sehr nah am Spiegel und nicht mehr auf Clara achtend: Entfallen! Worauf sie ihn mit der Schulter behutsam aus dem Bild drückt und über den Rahmen hinaus und ihn umarmt: Komm zu dir, mein Robert.

Was er für die Reise voraussagte, trifft ein. Clara brilliert, und ihn gibt es nur als lästiges Gepäck.

Züge und Kutschen wechseln einander ab.

Die Gesichter treiben in einem Panoptikum vorüber, Gebärden werden zu Attacken, und die Landschaften werden erst sichtbar in seinen Träumen.

Schnee, überall Schnee.

Am 25. Januar 1844 nehmen sie Abschied von den Kindern, die sie zu Carl und Therese Schumann nach Schneeberg gebracht haben. Marie läuft der Kutsche nach und ruft. Elise schläft, sie kennt Abschiede noch nicht.

Vier Monate später, am 26. Mai – es ist der erste Pfingstfeiertag –, kommen sie, die Kinder abzuholen. Das Land blüht.

Sie haben in Leipzig Station gemacht, ausgepackt, die Winterkleider abgelegt und sich für den Frühling umgezogen. Die Kinder schlafen. Am Morgen muß Clara eine Weile locken und werben, bis sie Marie in die Arme nehmen darf. Elise brüllt. Sie sei, findet Schumann, »ein derbes Mädel« geworden.

In Berlin lästert er mit Spohr über Wagner, und Mendelssohn dediziert Clara das fünfte Heft seiner »Lieder ohne Worte«;

in Dirschau setzen sie mit dem Reisewagen über die Weichsel, und ihn überkommt ein »grausiges Gefühl«;

in Danzig stellt er fest, daß offenbar überall Musiker, Instrumentenmacher und Musiklehrer sich wie Katze und Hund verhalten;

in Tilsit spielt Clara sehr schön;

in Tauroggen entzückt ihn das Schlittenleben, und die Kutsche, mit der sie weiterreisen, hält er »inwendig für äußerst bequem«;

in Riga verdrießen ihn das »schreckliche Zimmer im Hotel St. Petersburg, halsbrecherische Gassen in der Stadt und ein widerwärtiges Treiben und Polizeiluft«;

in Mitau porträtiert ihn eine Schnellmalerin, er leidet unter Kopfschmerzen, verbringt eine gräßliche Nacht, doch Clara findet ein dankbares Publikum;

in Dorpat bekommt er Fieber, bringt vier Tage im Bett zu und beklagt sich auch danach über schlechtes melancholisches Befinden;

in Petersburg bewundert er die große Sängerin Viardot und die schönen Tonleitern einer Unbekannten, stellt eine ungeheure Mattigkeit in den Gliedern fest, schreibt Szenen aus dem zweiten Teil des »Faust« ab und beginnt sie zu vertonen – nach manchen Konzerten betrinkt er sich und leidet am Morgen danach an Katzenjammer;

in Moskau verstören ihn die ungeheuren Distanzen, macht ihn das Fahren in der Kutsche schwindelig, plant er, sich mit Clara länger hier niederzulassen, leidet unter einem fortwährenden Unwohlsein, lernt Glinka nicht kennen und schreibt Gedichte, in denen Napoleon wiederkehrt und Heine hinein-redet;

in Petersburg, zum zweiten Mal, kämpft er nur noch mit Angstzuständen vor der geplanten Seefahrt und führt einen Seekrieg mit Clara, die sich durchsetzt – das Dampfschiff legt Mitte Mai bei einem »Anschein von gutem Wetter« ab, und bis zur Ankunft findet er genügend Anlaß zur Klage, denn selbst bei starkem Gewitter schläft der Kapitän in seiner Kajüte weiter, und ein Mast bricht ohne sein Wissen;

in Swinemünde, nach der Ankunft, findet er es entsetzlich, daß sich die schaukelnde Bewegung auf dem Lande fortsetzt und der ängstliche Zustand sich nicht legt.

Sie sind zu Hause angekommen. Er hat, wenn auch mühsam, am »Faust« komponiert.

Die Einnahmen aus den Konzerten sind beträchtlich und werden eine Zeitlang reichen.

Mit Leipzig geht er um, als wolle er es vergessen.

Die Veränderungen, die er an sich beobachtet, werden ihm von seinem Arzt bestätigt.

Grundlos überfällt ihn beim Anblick metallischer Werkzeuge, sogar schlichter Scheren, die Furcht, und Arzneien nimmt er nur noch mit Widerwillen, da sie vergiftet sein können. Die Ängste wachsen ihm über den Kopf, ein Netz, in dem er sich fängt. Er bekommt Fieber, und hilft ihm Clara aus dem Bett, ergreift ihn ein derart wüster Schwindel, daß er sich erbrechen muß.

Wenn er allein liegt, redet er viel mit sich selber, verstellt seine Stimme, fistelt, flüstert, singt. Agnes lauscht, entsetzt über die Nöte des armen Herrn Schumann, an der Tür. Die beiden Kinder werden von ihm ferngehalten.

Mendelssohn, der endgültig in das ungeliebte Berlin gezogen ist, fehlt ihm sehr.

Obwohl er damit einen »geregelten Wirkungskreis« aufgibt, verkauft er Franz Brendel die »Neue Zeitschrift für Musik« mit allen Rechten. Der, wie auch der Redakteur Lorenz, hoffen sehr auf Schumanns weitere Mitarbeit. Seine Dreinreden seien unverwechselbar. Er verspricht nichts.

Dresden ist nicht weit. Dresden wird zum Stichwort. Clara verwendet es vorsichtig. Erst nach einiger Zeit bringt sie ihn darauf, Vorteile und Nachteile eines Umzugs dorthin zu erwägen.

Es ist ihm klar, daß sie die Nähe des Vaters sucht. Und er hört nicht mehr hin.

Clara erwartet das dritte Kind.

Meinst du nicht, daß wir zur Ruhe kommen müßten? fragt sie.

Mir ist es, als hätte uns die lange Reise über einen Rand geschleudert.

Du hast doch auf der Tournee bestanden.

Ich muß dir nicht erklären, weshalb.

Solche kurzen, ihn beunruhigenden Gespräche häufen sich. Stets merkt er sich den Ort, an dem sie geführt wurden: Das Entree, als sie von einem Spaziergang heimkamen; das Tischchen im Musiksalon, an dem sie saßen und lasen; eines der Fenster im Schlafzimmer, aus dem er in die Nacht schaute, und Clara von neuem anfing:

Was hält uns denn noch, Robert?

Alles, Clara, unsere Anfänge, unsere Liebe. Die Freunde, auch wenn manche uns verlassen haben, andere mir verloren gingen.

Der Wechsel würde deinem Gemüt helfen.

Darauf darf sie nicht zu sprechen kommen. Er fährt wütend hoch: Was hat das mit meinem Gemüt zu tun? und verläßt das Zimmer.

Ein Schock fehlt noch.

Er hat sich Hoffnungen auf Mendelssohns Nachfolge im Gewandhaus gemacht. Zum Kapellmeister wird jedoch Wilhelm Gade bestimmt.

Nun hat ihn, findet er, Leipzig entlassen. Clara kann wieder über Dresden sprechen, ohne daß er ihren Plänen mißtraut. Er plant mit, fiebrig und die Dinge vorantreibend. Wieck wird aufgefordert, eine Wohnung zu suchen, die er so rasch findet, daß sie mit dem Packen nicht nachkommen.

Sobald der Entschluß endgültig ist, krallt er sich erinnernd fest. Er verlasse seine Jugend, seine Erfolge, die Wirkungsstätte seiner Zeitschrift. Wenn es das nur wäre: Nie werde er je wieder so frei und so glücklich sein.

Clara schont ihn, geht auf Zehenspitzen, bittet die Kinder, leise und lieb zu sein.

Am 8. Dezember 1844 spielt Clara in einer Matinee sein Klavierquintett. Am 13. nehmen sie Abschied. Die Möbel kommen einen Tag später nach.

»Aber Sie wissen vielleicht gar nicht«, schreibt er einem Freund, »wie sehr ich krank war an einem allgemeinen Nervenleiden, das mich schon seit einem Vierteljahr heimgesucht, so daß mir vom Arzte jede Anstrengung, und wär's nur im Geist, untersagt... Musik konnte ich in der vergangenen Zeit gar nicht hören, es schnitt mir wie mit Messern in die Nerven.«

19

So ausgiebig und so ruhig hat er seit langem nicht mehr geschlafen. Wacht er auf, ist er schon wieder müde. Er nimmt kaum wahr, wenn Klingelfeld ihn mit dem Klistier traktiert. Was Klingelfeld stört, weshalb er sich auch an Doktor Peters wendet, ist die künstlich offen und eitrig gehaltene Wunde am Schädel, die Fontanelle. Sie plage den Kranken mehr und mehr. Peters weist ihn zurecht. Er kenne nicht die Erfolge, die mit dieser Methode vielfach erzielt worden sind. Aber Klingelfeld gibt, um Schumanns willen, nicht auf. Dieser Eiter, dieser Schmerz werden doch mit Absicht erzeugt. Doktor Peters stimmt ihm geradezu enthusiastisch zu: Eben darum geht es, Klingelfeld. Die giftigen, die eitrigen Flüssigkeiten zu entfernen, aus ihm herauszuholen.

Die Schlafbedürftigkeit Schumanns sorgt dafür, daß Klingelfeld entspannen kann. Fräulein von Reumont kommt auffallend oft, um sich mit ihm über seinen Patienten zu unterhalten. Sein Name stehe häufig in der Zeitung. Manchmal würden auch anzügliche Bemerkungen über seinen derzeitigen Aufenthalt fallen, doch im allgemeinen werde mit großer Achtung über sein Werk geschrieben. Er ist berühmt, sagt sie. Sie pflegen einen berühmten Patienten, Herr Klingelfeld. Das weiß er, denn er liest, wie sie, die Artikel in der »Kölner Zeitung«, die Schumann dann vorenthalten werden, wenn Frau Schumann oder Herr Brahms erwähnt sind.

Manchmal sitzt Klingelfeld auf dem Sofa, das Schumann sonst in Beschlag nähme, und beobachtet den Schlafenden. Ganz ruhig schläft er nie. Er scheint unaufhörlich zu träumen.

Ab und zu gibt er Laute von sich, die zwar nicht zu verstehen sind, die sich jedoch ändern, sich zufrieden oder angstvoll anhören. Da ihm Speichel aus dem Mundwinkel läuft, wischt ihn Klingelfeld regelmäßig mit einem Tuch, das auf dem Nachttisch bereit liegt, ab. Er kennt dieses Gesicht in allen Einzelheiten. Keine Veränderung entgeht ihm. Seit der Patient so süchtig schläft, vermehren sich auf der großen, kalkigen Fläche die Schatten und Risse. Die Halbmonde unter den geschlossenen Augen liegen tief und dunkel, die Schläfen sind eingefallen. Die Nase sticht scharf und spitz hervor, da sich Furchen von den Nasenwurzeln zu den Mundwinkeln gegraben haben. Auch das Grübchen teilt das Kinn noch deutlicher.

Klingelfeld bleibt einen Augenblick über den Kranken gebeugt stehen und unterdrückt das Verlangen, ihm über den Kopf zu streichen. Das wäre ungebührlich und gegen die Regeln. Außerdem könnte ihn die Berührung wecken.

Den Grund für Schumanns außerordentliches Schlafbedürfnis errät er erst nach einer Weile. Er ist sich nicht sicher, ob der Patient vorsätzlich handelt. Seit im Haus Vorbereitungen für das Weihnachtsfest getroffen werden, flieht er in den Schlaf. Er hat es abgelehnt, wie im letzten Jahr wenigstens aus der Entfernung an dem Fest teilnehmen zu wollen. Doktor Richarz teilt Klingelfelds Vermutung, daß Schumann das Fest zu verschlafen beabsichtige. Und am Heiligen Abend sorgt er dafür, daß sein Patient nicht gestört wird.

Die Päckchen von seiner Frau und von Brahms bekommt er, als wäre es übliche Post, in den Tagen darauf. Über die Noten seines Freundes freut er sich sichtlich, blättert in ihnen, klatscht den Takt mit den Händen. Den Brief seiner Frau legt er zur Seite. Klingelfeld wartet darauf, daß Schumann, wie es inzwischen zur Regel geworden ist, ihm einen Wink gibt, das Zimmer zu verlassen, damit er den Brief unbeobachtet lesen könne. Das geschieht. Klingelfeld verläßt das Zimmer und wartet länger als üblich. Als er zurückkommt, liegt der Brief ungeöffnet an seinem Platz.

Mehrere Wochen spricht Schumann kein verständliches Wort. Nun schläft er wieder weniger. Der Winter setzt ihm zu. Anfang Januar kann Klingelfeld ihn plötzlich wieder verstehen. Er nimmt es als ein Wunder. Schumann beklagt sich über das kalte Zimmer. Besser heizen, Klingelfeld, bittet er und setzt sich ganz nah an den Ofen, den Klingelfeld mit Holz aufgefüllt hat. Doch nach kurzer Zeit zieht er schon Jacke und Hemd über den Kopf. Es ist zu heiß, Klingelfeld.

Wir könnten spazierengehen. Diese Aufforderung hat Klingelfeld seit langem nicht mehr gehört. Um so eiliger ist er bereit, ihr zu folgen. Er hilft Schumann in die Schuhe, in den Mantel. Es fehlt der Schal, den Schumann schließlich selber findet. Beim Hinausgehen brabbelt er wie nach Wörtern suchend, erlaubt es nicht, daß Klingelfeld ihn stützt, und auf einmal sagt er sehr klar: Weihnachten ist vorbei.

Ja, schon ein paar Tage.

Gut, das ist vorbei. Aber bis nach Bonn, zu Beethoven, gehen wir heute nicht.

Das wäre im Schnee auch sehr anstrengend.

Erst wenn Brahms mich besucht. Der ist schon lang nicht mehr gekommen.

Ja, Herr Schumann. Er hat Ihnen aber geschrieben.

Ein Jahr ist er nicht hier gewesen.

Beinahe ein Jahr. Das stimmt, Herr Schumann.

Schumann kehrt wortlos um. Klingelfeld folgt ihm überrascht.

Wollen Sie schon wieder nach Haus, Herr Schumann? Wir sind doch erst ein paar Schritte gegangen.

Schumann antwortet ihm nicht.

Er wird wieder laut. In einer Sprache, die er sich erfindet oder die sich ihm im Munde bildet. Anstatt Gift, das er in beinahe allen Speisen vermutet, schreit er Thift.

Klingelfeld fühlt sich, nach der weihnachtlichen Ruhe, durch die vertrauten Erregungen fast erleichtert. Mit diesem Schumann kann er umgehen, obwohl er sich immer mehr verschließt, er ihn immer weniger erreicht.

Das Wetter, die Ausblicke beschäftigen ihn kaum mehr. Klingelfeld versucht ihn so oft wie möglich ins Freie zu locken. Er verschanzt sich, nimmt nicht einmal zur Kenntnis, daß er in ein anderes Zimmer verlegt wird, da er mit seiner Unruhe den Patienten in den Nachbarzimmern zur Last fällt.

Warum sitzen Sie nicht neben der Tür wie sonst, Klingelfeld?

Das geht hier nicht, Herr Schumann.

Mich stört es aber.

Hier haben Sie ein Fenster mehr, Herr Schumann.

Was für ein Blödsinn.

Er bittet Klingelfeld, ihm Notenpapier zu verschaffen. Endlich habe er den Kopf frei zum Arbeiten. Den Kopf frei! Klingelfeld läuft mit dieser guten Neuigkeit zu Doktor Richarz, der noch vom letzten Jahr einen Stoß Notenpapier aufbewahrt hat. Er solle sich auf keinen Fall einmischen, rät Richarz, selbst wenn Schumann heftig werde. Solange er sich auf die Komposition konzentriere, bleibe er auch bei sich.

Richarz behält recht. In den nächsten Tagen beobachtet Klingelfeld vom Rand des Zimmers Schumann bei der Arbeit, beim Komponieren. Die Notenblätter, die er achtlos auf den

Boden gleiten läßt, sind übersät von Punkten, Strichen, Linien, zwischen denen tatsächlich Noten regellos hüpfen.

Richarz, der sich bei einer Visite nach den Kompositionen erkundigt, bekommt von Schumann eine ausführliche und präzise Erklärung der Fuge. Klingelfeld kann dem Gespräch zwar nicht folgen, doch der Arzt versichert ihm, der Kranke habe außerordentlich vernünftig gesprochen. Allerdings sähen die Ergebnisse seiner Arbeit keineswegs so vernünftig aus. Bisher hat er das Klavier nicht gebraucht, nun bittet er darum, seine Fuge spielen zu dürfen.

Klingelfeld ruft Fräulein von Reumont zur Hilfe. Da sie selber Klavier spielt, kann sie Schumann womöglich beispringen. Das ärgert Schumann. Er brauche die Gesellschaft von Fräulein von Reumont nicht. Er wolle ungestört spielen.

Klingelfeld führt ihn ins Musikzimmer. Fräulein von Reumont versteckt sich hinter einem Türflügel. Schumann legt die Notenblätter, die er willkürlich zusammengesucht hat, auf den Klavierstuhl und setzt sich darauf. Er singt vor sich hin. Seine abgemagerten, noch immer schönen Hände liegen gespreizt auf den Tasten, sehr leicht und für das Klavier abwesend. Eine Weile sitzt er so, summend und brummend, die Augen geschlossen. Dann zieht er die Hände zurück in den Schoß, beugt sich nach vorn und sagt, kaum verständlich: Später, Klingelfeld, lieber etwas später.

Immer schon hat er beim Essen Schwierigkeiten gemacht. Der Wein schmecke nach Urin, der Braten nach Scheiße. Alles sei vergiftet. Sein Herz sei von all diesen Giften angegriffen und geschwächt. Jetzt verweigert er. Klingelfeld gelingt es nur mit größter Geduld, ihm ein paar Bissen über die Lippen zu schieben, einige Schlucke Wasser oder Wein einzuflößen.

Er magert ab, wird grau und schlottrig.

Gelegentlich gibt er Anfällen von Hunger und Durst nach, und Klingelfeld hat Grund, ihn zu loben.

Sehen Sie nur, Herr Schumann, wie frisch und grün der Rasen ausschaut, nachdem es getaut hat. Da könnte man doch Lust bekommen, hinauszugehen.

Schumann sitzt auf dem Sofa, den großen Atlas auf den Knien und schüttelt lächelnd den Kopf.

Könnte es sein, daß meine Frau zu Besuch hier ist?

Nein, das wüßte ich, Herr Schumann. Aber Sie haben ihren letzten Brief noch nicht beantwortet.

Nein? Er klappt den Atlas mit einem Knall zu und lehnt sich zurück.

20

Fremder Mann
(Mehr langsam – Mit großer Lebhaftigkeit)

Er geht spazieren. Selten allein. Meistens mit Mariechen. Sie ist vier, plaudert mit Lust, und in ihrer Phantasie setzt er sich wie in einem vorläufigen Asyl fest. Die Stadt strahlt im Winterlicht. Von der Wohnung sind es nur ein paar Schritte zur Kreuzkirche. Auch zur Brühlschen Terrasse ist es nicht weit. Marie drängt es immer zur Elbe, dort wo es die großen Schiffe zu sehen gibt. Wobei sie Schiffe und Fische ständig durcheinanderbringt und er nicht daran denkt, sie zu verbessern. Überm Wasser und unterm Wasser, sagt er. Das ist wie in einem Liedchen, das ich vielleicht über dich komponieren werde. Da wird es auch mal drunter, mal drüber gehen.
Wie bei den Fischen? fragt sie.
Ja, wie bei den Schiffen.
Der Weg an der Elbe dient, nicht nur bei gutem Wetter, auch jetzt, im Schnee, wenn der Fluß vom Rand her zufriert, allen Flaneuren, schönen Frauen, Taugenichtsen und Schülern als Korso. Er hat ihn anfänglich gemieden. Marie jedoch zog und zerrte so lange, bis er nachgab. Mittlerweile hat er sich daran gewöhnt, gegrüßt zu werden und zu grüßen, die Passanten zu verblüffen, wenn er nicht nur mit Marie spricht, sondern gelegentlich mit den Flußmöwen, mit Spatzen und mit sich selbst. Dies wiederum angeregt von Marie und ihr zuliebe.
Hier wird nicht gerannt, rügt er sie, als sie zu heftig zerrt. Hier wird spaziert oder geschritten oder lustwandelt. Guck dich doch mal um, Kindchen. Er bleibt stehen, geht in die Knie und dreht Marie um die eigene Achse. Das ist die Stadt mit

ihren hohen Kirchtürmen, ihren prächtigen, dicken Häusern und der Oper, in der es gerade mal stille ist. Die Bauten rühren sich alle nicht vom Fleck. Hier vor dir fließt die Elbe. Sie strömt, sie saust nicht wie ein junger Bach, sie läßt sich nicht aus der Ruhe bringen. Selbst wenn sie vor Wut und Wetter anschwillt, läßt sie sich Zeit.

Marie schaut ihrem Vater in die Augen, spiegelt sich in ihnen, und in ihrem Köpfchen fangen ein paar unverstandene Wörter an, aufzuplatzen und nach Bedeutungen zu suchen. Genau das, was er will. Er richtet sich auf, bleibt mit Mühe ernst, nimmt sie an der Hand, und gelassen gehen sie weiter.

Und von neuem übt ein Wort den Aufstand. Warum müssen die Menschen hier wustlandeln? fragt Marie. Was ist das denn?

Ja, was ist es? Wahrscheinlich das Gegenteil von Lustwandeln.

Ihr Blick wandert an ihm hoch, fragend und zweifelnd. Du machst Spaß, Papa.

Ja, mein Liebes.

Du sagst bloß, ich soll nicht rennen, weil du nicht rennen kannst.

Und wie ich es kann.

Sie hüpft an seiner Seite, mustert erst ihn, dann den Weg. Am liebsten nähme er sie auf die Arme, doch dann hätte er sich das Gespräch verdorben, auf das er erpicht ist.

Du kannst überhaupt nicht rennen.

Doch.

Renn mal! Sie läßt ihn los, bleibt stehn und wartet.

Er hält ebenfalls inne, schließt die Augen und zieht ein angestrengtes Gesicht.

Ich renne!

Das stimmt nicht. Ärgerlich stampft sie auf. Du machst die Augen zu und gehst nicht einmal.

Das sieht bloß so aus. Er setzt sich in Bewegung. Sie läuft aufmerksam neben ihm, denn sie erwartet nun eine erklärende Geschichte, die bestimmt lustig ist und die sie nicht ganz begreift.

Kannst du dir vorstellen, daß ich einmal so alt und so groß gewesen bin wie du? Er erwartet keine Antwort, spricht weiter. Dieser kleine und ein wenig dicke Junge steckt in mir drin. Sogar wenn ich neben dir stehe und die Augen zumache. Weil ich fest an ihn denke. Und wenn ich brav mit dir auf dem Weg gehe, rennt er. Er rennt und rennt und kommt gar nicht zur Ruhe. Manchmal rennt er sogar, wenn ich im Bett liege und schlafe. Dann wache ich auf und sage mir: Er rennt schon wieder, dieser verflixte Kerl.

Das darfst du nicht von dir sagen.

Du hast recht. Das darf ich nicht sagen. Nicht mal von dem kleinen Jungen, der ich gewesen bin.

Mit Marie hält er Dresden aus. Ihm fehlen die Leipziger Freunde, die über viele Jahre vertrauten Zufluchten, wie der »Kaffeebaum«; ihm fehlen die kritischen Gespräche über Musik und nicht zuletzt seine Zeitschrift.

Er hütet sich, Clara klagend zur Last zu fallen, zieht sich, soweit es möglich ist, zurück, schützt Arbeit vor, doch die Gedanken kreisen nutzlos, angefangene Sätze häufen sich in seinem Kopf, oft kämpft er gegen Schwindel und Übelkeit an.

Die Wohnung ist nicht so geräumig wie die in Leipzig, enger; die Kinder machen sich ungleich mehr bemerkbar. Elise weint oft. Übt Clara auf dem Klavier, ist er derart abgelenkt, daß er nicht einmal in der Zeitung lesen kann.

Und Wieck kommt wieder nah. Nicht nur, daß Clara mit Marie oft bei ihrem Vater vorbeischaut und erfüllt von Musikerklatsch nach Hause kommt, sie sind auch gebeten, an seinen Hauskonzerten, seinen »Kränzchen«, teilzunehmen.

Jedesmal kommt es ihm schwer an, hinzugehen. Es sind die gleichen Rituale wie an der Grimmaischen Straße in Leipzig, die ihn erwarten, bloß mit verändertem Personal und einem veränderten Zeremonienmeister. Die Jahre haben den Alten gekrümmt, das Haar fällt ihm dünn und grau über die Schläfen, und der Mißmut hat ihm Falten um den Mund gegraben. Die Möbel stehen in Dresden anders und enger. Das kleine Sofa, auf das er sich flüchtete, wenn Wieck den Unterricht unterbrach, um einen Gast zu empfangen, ist verschwunden.

An die Stelle Claras ist ihre Stiefschwester Marie getreten.

Es wiederholt sich. Von neuem kann der Alte eine Puppe aufziehen, ein dressiertes Klavierkind, das sich mit hurtigen Knicksen dem Instrument nähert und, ohne einen Gedanken dem Spiel vorauszuschicken, beginnt. Marie ist dreizehn. Ihr fehlt, was Clara so anziehend sein ließ – Unbefangenheit, Neugier, Charme.

Da das eigene Kind Wiecks Ehrgeiz offenbar nicht genügte, nahm er auch noch eine kleine Sängerin, Minna Schulz, in Pflege. Sie hoffte er bald in der Dresdener Oper zu hören.

Schumann entdeckt unter den Gästen Wiecks erfreut Ferdinand Hiller. Vor Jahren hat er ihn in einer Kritik den »Unliebenswürdigsten unserer Lieblinge« genannt, womit er einen Briefwechsel auslöste, als dessen Postillon Mendelssohn tätig war. Hiller leitet die »Dresdener Liedertafel«.

Ich kann's noch immer nicht begreifen, lieber Schumann –
Was?
Daß Sie Leipzig den Rücken gekehrt haben.

Für diesen Abschied hat er schon viele Begründungen erfunden, seine Krankheit, die mangelnden Möglichkeiten, einen Posten zu bekommen, die Notwendigkeit eines Anfangs – doch Hiller gibt er eine Antwort, die zutrifft und die eine Fortsetzung der Unterhaltung über den Ortswechsel nicht erlaubt. Er sagt: Es geht mir nicht gut.

Hiller wird zum hilfreichen Geist der ersten Dresdener Jahre. Da Schumann kaum mehr die Energie aufbringt, sich länger mit Fremden zu unterhalten und in Gesellschaften verstummt, wählt Hiller sorgsam neue Bekannte für ihn aus, eröffnet Verbindungen.

Schumann gelingt es in diesem Zustand nicht, sich dem Zugriff des Alten zu entziehen. Er gibt ihm, um des Friedens willen, nach, verfolgt traurig und angewidert die Vorführung der Kinder.

Clara sieht sich, Marie und Minna beobachtend, wie in einem beschlagenen Spiegel, fein hergerichtet, willfährig, bis ins letzte Fäserchen bemüht, fehlerlos zu spielen, so furchtbar ernst, daß die Erwachsenen es kaum wagen, sie anzusprechen, sondern sich damit begnügen, das erstaunliche Mädchen nur zu bewundern.

Auf die Dauer hält sie es freilich nicht aus, wirft nach einem »Kränzchen«, in dem, zu allem Unglück, auch nur Kompositionen von ihr und Robert zum besten gegeben werden, ihrem Vater zum ersten Mal vor, was sie noch vor wenigen Jahren als ein Glück, eine Vergünstigung empfunden hat.

Die anderen Gäste haben sich nach und nach verabschiedet, entzückt über das talentierte Kind, das mit seiner Mutter und seiner singenden Ziehschwester Minna mitten im Zimmer steht, auf einmal schlaff, mit hängenden Armen und einem ausdruckslosen, blöden Gesichtchen, als habe der zaubernde Vater alle Kräfte von ihm zurückgezogen.

Wieck lädt Schumann ein, noch auf die Länge einer Zigarre zu bleiben, und winkt die Kinder und seine Frau mit einer herrischen Geste aus dem Zimmer.

Clara wartet nur so lang, bis sich die Tür hinter ihnen geschlossen hat.

Sie tritt an den Flügel, als wolle sie ihn an ihre Vergangenheit und an die geplagte Gegenwart Maries erinnern, spielt mit der Linken ein paar stolpernde Läufe und schaut dabei ihren Vater, der neben Schumann an einem runden Tisch Platz genommen hat, unverwandt an.

Du liest ja viel, Vater. Dir muß ich die Geschichte der Puppe Olympia nicht erklären. Du kennst deinen Hoffmann. Dennoch wirst du mich fragen, wieso ich gerade jetzt auf ihn komme.

Wieck erwidert ihren Blick, etwas unruhig, sich hin und her wiegend. Er weiß wohl, worauf seine Tochter anspielen möchte, doch er würde es sich nie eingestehen. Er senkt den Kopf, so daß die Haare wie ein Vorhang nach vorn fallen. Das kann ich mir nicht erklären.

Mir hat der Anblick Maries wehgetan. Von ihrem Spiel will ich nicht reden. Aber willst du gleichsam mich wiederholen?

Schumann zieht den Stuhl vorsichtig etwas zurück. Bei diesem Gespräch hat er nichts zu suchen. Er dürfte nicht einmal zuhören.

Wieck denkt nicht daran, auf seine Tochter einzugehen. Marie hat bald ihr erstes öffentliches Konzert, sagt er. Und Minna auch.

Ach, Vater, mir wär's lieber, du würdest mit einer Drehorgel und zwei putzigen Äffchen, die nach den Weisen tanzen, durch die Stadt ziehen. Da wüßte ich die Kunst gut aufgehoben.

Wieck springt auf. Clara drückt sich noch näher an den Flügel. Hinter dem Instrument hat sie sich seit je verschanzen können. Wie von selbst fängt ihre linke Hand wieder an, über die Tasten zu laufen.

Du bist doch nur eifersüchtig, Clara, und das auf eine läppische Weise.

Sie unterbricht ihn mit einer Quinte, entfernt sich vom Flügel.

Nein, denkt Schumann, das ist nicht mehr die Clara, die dem Alten bis in die Fingerkuppen willfährig war. Das ist meine Clara. Er erhebt sich, geht zu ihr und faßt sie unterm Arm.

Sie sagt: Vielleicht regt sich in mir wirklich noch ein Flämmchen Eifersucht, Vater, das kann sein. Um so schlimmer. Denn das Kind jammert mich. Und das sage ich auch von dem Kind, das ich gewesen bin.

Wieck starrt auf den Boden. Raus, sagt er kaum hörbar und noch einmal: Raus.

Zum nächsten »Kränzchen« lädt er sie dennoch wieder ein.

Intermezzo I

Wieck haben sie die Begegnung mit einem Engel zu verdanken, einem Engel, der sich auswächst zum Freund. Erneut spielt der Alte den von der Musik beseelten oder besessenen Kinderfänger.

Hiller hat Schumann überredet, in einem Komitee für Abonnementskonzerte mitzuwirken, damit sich endlich ein Orchester neben der Hofkapelle bilde, das nicht nur für das

Justemilieu aufspiele, alle Jahre einmal eine Beethoven-Symphonie.

Es bedarf keiner allzu großen Anstrengungen. Die Dresdener wünschen sich musikalische Abwechslung. In dem neuen Orchester treffen sich vor allem Militär- und Stadtmusiker, die ausgiebig üben, doch ihre Zeit brauchen. »Ich fürchte, wir verlangen von ihnen oft zu gute Musik.«

Dem ersten Abonnementskonzert geht die Aufregung voraus. Es muß neu disponiert, Ersatz für Clara gefunden werden. Sie ist krank, sehr krank, denn fühlt sie sich bloß geschwächt, schleppt sie sich auf alle Fälle noch ans Klavier.

Wieck, an den niemand der Ratlosen, Händeringenden denkt, stellt sich von selber ein, kommt mit dem Vorschlag: Er wisse von einem vierzehnjährigen Wiener Geiger, der zur Zeit in Leipzig mit großem Erfolg gastiere. Der könnte doch ein Ersatz für Clara sein.

Und wieder gerät im Kopf des Alten alles durcheinander. Die Zeiten, die Gesichter, die Kinder. Er beeilt sich, mit dem Zug nach Leipzig zu fahren, um dort einen Ersatz für Clara Wieck zu holen, nicht für Clara Schumann. Für das Mädchen, für sein Kind.

Stolz führt Wieck den Knaben vor, in schwarzem Samt, stets seine Violine und den Papa bei sich, einen schweigsamen Herrn, der sich nie um Armeslänge von seinem Kind entfernt. Nur wenn der Knabe aufs Podium muß, entläßt er ihn aus dem Hütegriff.

Der Junge wird natürlich zu Clara geführt. Er küßt ihr die Hand und erklärt ihr mit einer hellen Stimme, daß er sie admiriere. Bei Schumann macht er danach einen winzigen Unterschied: Den bewundert er.

Alle können sich an dem feingezeichneten Gesicht, den

schwarzen, neugierigen Augen und dem glänzenden, sich in Wellen legenden Haar nicht satt sehen.

Wenn er so spielt, wie er ausschaut! Hiller wappnet sich im voraus gegen ein mögliches Desaster. Schumann dagegen läßt den Jungen nicht mehr aus den Augen. In dem Kind steckt etwas, das er hervorzurufen sucht, das er merkwürdig ungeduldig erwartet.

Der Abend wird ein Triumph. Clara, die das Bett hüten muß, hält das Echo im Tagebuch fest: »Der kleine Joachim gefiel sehr. Joachim spielte ein neues Violinkonzert von Mendelssohn, das wundervoll sein soll.«

Danach verschwindet der Engel, schwarzsamten und die Violine unterm Arm. Sechs Jahre später kommt er als Freund wieder.

Schumann kämpft sich durch die Tage wie durch einen zähen Brei. Niemand und nichts interessiert ihn. Hiller ist der einzige, mit dem er sich gern unterhält, den er öfter einlädt. Ihm widmet er auch sein Klavierkonzert.

Die Beschwerden, die er mit dem Aufbruch aus Leipzig, der Übersiedlung nach Dresden loszuwerden hoffte, nehmen eher zu, kreisen ihn ein und rauben ihm jeden Elan. Stundenlang sitzt er an seinem Schreibtisch und kann sich zu nichts entscheiden. Um ein Buch aufzuschlagen, braucht er eine Stunde. Er muß sich überreden. Jede Bewegung stößt in ihm auf Widerstände. Er atmet gerade so viel wie er muß, und manchmal befindet er sich an der Grenze. Andererseits weiß er, und es schmerzt ihn zugleich, daß er es weiß, wie weit entfernt die Reglosigkeit vom Tod ist, welche Strecke ihn noch erwartet.

Sein Arzt, der Hofrat Carl Gustav Carus, besucht ihn regelmäßig, obwohl er ihn mit seinen Unterhaltungen über Malerei, auch über Geisterseherei ablenkt, kann Carus Schumann nur mit dem Rat helfen, Mariechen an die Hand zu nehmen und spazierenzugehen. Das weiß er längst.

Schreckt er nachts aus Alpträumen auf, kommt es ihm vor, als ob ihn eine riesige schwarze Vulva ausgestoßen habe, und er klammert sich an Clara, der er Angst einjagt, die sich verzweifelt von ihm löst, ein Handtuch mit kaltem Wasser anfeuchtet und es ihm auf die Stirn legt.

Wenn er dann im Bett sitzt, den Mund geöffnet, unfähig zu sprechen, legt sie sich nicht wieder neben ihn, sondern zieht sich in ihr Zimmer zurück. Das nimmt er gar nicht zur Kenntnis. Denn mitunter setzen sich nach einem solch jähen, von einem furchtbaren Schock begleiteten Erwachen Töne in seinem Ohr fest, füllen den Kopf aus, schwellen an und ab und, um sie nicht mehr hören zu müssen, beginnt er zu wimmern, lauter und leiser. Geht es besser, entschuldigt er sich bei Clara: Das Kopfweh könnte ich ohne alle diese Begleiterscheinungen ja noch ertragen.

Am 10. August soll das Beethoven-Denkmal in Bonn festlich eingeweiht werden. Er und Clara sind als Ehrengäste ebenso geladen wie Liszt und Spohr. Clara versteht die Einladung als Wink, als unerwartete Möglichkeit, der Malaise zu entkommen. Doch sie hat, trotz ihrer mitleidenden Nähe, keine Ahnung, wie tief die Melancholie geht, wie sie Schumann niederdrückt und festsetzt.

Es gelingt ihr, ihn zu überreden. Wir können das Fest mit einer Rundreise verbinden, auch nach Schneeberg, zu Carl, nach Weimar. Du fändest Zeit, dich auszuruhen.

Am 31. Juli, es ist heiter und warm, nehmen sie in Turbulenzen Abschied von den Kindern, und in der Bahn nach Leipzig ist er erst nach einer Weile wieder bei Atem und kann Clara zuhören, ohne abgelenkt zu sein. Es gehe ihm gut wie seit langem nicht, stellt er fest. Clara ist sicher, daß diese auffällige Besserung mit Leipzig zu tun hat, dem sie sich nähern.

Er blickt aus dem Coupéfenster, freut sich über jedes Haus, jeden Garten, den er wiedererkennt. Sie steigen im »Hôtel de Bavière« ab, und es vergnügt ihn, zum ersten Mal in Leipzig im Hotel zu übernachten. Aber an der Inselstraße müssen wir vorbeigucken. Das läßt er dann doch bleiben, zieht es vor, zu Poppe zu eilen, in den »Kaffeebaum«, bleibt nicht zu lang und schläft »recht gut«. Was ihm nicht hilft.

Am nächsten Morgen überfällt ihn eine Angst, die ihn zu erdrosseln droht. Sich und Clara fragt er, auf dem Bettrand hockend und unfähig, ein paar Schritte zu gehen, da es ihm schwindelt, wie er so weiterleben solle. Wie denn?

Clara macht sich weiter im Zimmer zu schaffen, geht auf seine Klagen nicht ein. Sie hätten eine Verabredung mit dem Grafen Reuß und wollten nachmittags auch hinaus ins Rosental. Das klare Wetter lade dazu ein.

Den Schwindel wird er nicht los. Der Boden unter seinen Füßen bleibt unruhig. Es ist ihm ständig übel. Er zieht sich ins Bett zurück.

Abends begleitet ihn Clara in den »Kaffeebaum«. Hemmungslos trinkt und ißt er, stopft sich voll, um schwer zu sein. Sein Schlaf ist demnach: Er taumelt von Traum zu Traum.

Am 2. August kann ihn Clara nur mit Mühe überreden, aufzustehen.

Ich bin sehr krank, glaub es mir.

Ich seh es doch, Robert. Was sie sieht, macht ihr Angst. Er altert in wenigen Tagen, beginnt sich zu krümmen, und der Körper schwemmt zugleich auf. Die Haut wird fahl, kalkig.

315

Es geht ein tolles Gewitter nieder, als sie mit der Post abreisen. In Naumburg machen sie Zwischenstation, spazieren. Zwischen gemurmelten Sätzen sagt er auf einmal deutlich: Warum sollen wir unbedingt nach Bonn fahren? Das Beethoven-Denkmal kann ich doch auch noch später besuchen.

Sie gibt ihm nicht gleich nach. Wir können es uns bis morgen überlegen, bis wir in Weimar sind, Robert.

Dort schleicht er »krank und traurig« durch den Park zu Goethes Sommerhaus, lernt einen Instrumentenmacher kennen, mit dem er sich so angeregt unterhält, daß er sich gesund fühlt, um so kläglicher einbricht, als am Nachmittag der Schwindel und der Druck im Schädel wieder zunehmen.

Clara schafft es nicht mehr, sich gegen seine Verzweiflung zu stemmen, gibt nach, sie könnten auf Umwegen über Rudolstadt und Scheeberg nach Hause reisen und vielleicht, wenn es ihm etwas besser gehe, dann miteinander die Fuge studieren, wie er es schon in Leipzig vorgeschlagen habe. Nur wenn es dir halbwegs gut geht, Robert.

Am Nachmittag noch brechen sie nach Rudolstadt auf. Schumanns Laune lichtet sich. Daß sie im »Ritter«, wo sie absteigen, vom Hofkapellmeister Müller empfangen werden, freut ihn.

Diese Freude vergeht ihm im Schlaf. Denn am andern Tag erwacht er »mit entsetzlicher Schwäche, wie vom Schwindel«. Ein Frühstück bei Müllers kann nicht abhelfen. Unterwegs nimmt er Bilder, Landschaftsausschnitte auf, »schön für Maler«, und empört sich nach dem Abendessen in Schwarzburg über die »unverschämt teuren Forellen«.

Auf dem Weg nach Saalfeld, durch ein schmales, von hohem Wald gesäumtes Bachtal, fährt die Kutsche einem Stern nach, den er nicht aus den Augen läßt. Er blinke auffällig, er pulsiere, schlage wie ein Herz.

Schon um zehn Uhr brechen sie in Saalfeld auf. Es ist der 5. August. Er sitzt, unter Decken begraben, in der Kutsche. Ihm gegenüber drei Hamburger, deren dummes Geschwätz er am Abend, im Hotel in Gera, nachäfft, als habe er es zwanghaft auswendig gelernt.

Clara hört ihm lachend und applaudierend zu.

Da das Geraer Hotel ihm mißfällt, verlassen sie es früh, frühstücken in Langenbernsdorf, und er stellt eine innere Aufheiterung fest, die der äußeren entspreche.

Ich weiß, woher das kommt, sagt Clara. Zwickau ist nah.

Das bestreitet er halbherzig. Na gut, das macht auch was aus.

Ehe sie seine Kinderstadt erreichen, bricht die Deichsel. Clara, die sich auf seine Ungeduld und Wut einstellt, sieht ihn gelassen am Wegrand auf und ab spazieren, vor sich hin summend.

Sie nehmen Quartier in der »Tanne«.

Auf dem Zimmer bricht er zusammen, zittert am ganzen Leib, übergibt sich, verdreht die Augen.

Clara ruft nach dem Zimmermädchen, das, sichtlich angewidert, das Lavoir hinausträgt und den Waschtisch säubert.

Als sie ihn bittet, sich zu Bett zu legen, verblüfft er sie aber mit dem Vorschlag, wenigstens noch für eine Stunde runter an die Mulde in den »Bergkeller« zu gehen, etwas zu essen und zu trinken.

Aber dir war doch eben noch zum Sterben schlecht, Robert.

Das sei immer noch der Fall. Liegend könne er die Übelkeit aber gar nicht ertragen.

Auf der Bank im Bierkeller sitzen sie eng nebeneinander, von den Gästen unverhohlen angestarrt. Er ißt mit größtem

Appetit, und es bleibt nicht bei einem Bier. Auf ein Blatt aus seinem Notizbuch schreibt er ihr das Thema für eine Fuge auf. Kannst du etwas damit anfangen, Clara? Er summt es, aber falsch. Worauf sie ihm richtig summend antwortet, und sie beide sich zu einem Kanon finden.

Wenn es nur so eine Weile bleiben könnte, sagt sie, hakt sich bei ihm unter und singt noch einmal sein Thema, das nun ihres ist.

Der Weg am nächsten Tag ist kurz, nach Schneeberg, zu Carl und dessen Familie. Schumann bewegt sich unbeschwert. Der Druck, der auf ihm lastete, ist gewichen. Er bemerkt, daß Carl über sein Aussehen erschrickt, beruhigt ihn, über sich selber spottend: Ich lebe ein Jahr wie zweie, Carl, also bin ich schon ein alter Mann.

Aber Carl nimmt den Zustand des Bruders ernst: Du bist fünfunddreißig, Robert, keine witzige Arithmetik macht dich doppelt so alt. Nicht einmal eine Krankheit.

Carl führt ihn stolz durch seine Druckerei.

Der Vater hätte seine Freude daran, sagt Schumann.

Der Vater ist genau vor neunzehn Jahren gestorben, am 10. August 1826. Wehmütig, doch auch mit einem Kindervergnügen, blättern die Brüder in den Büchern des Vaters, und Robert fällt ein, wie er diesen Artikel geschrieben, jenen ergänzt hat: Hier, bei August dem Starken, kann ich mich noch genau erinnern, wie ich nicht wußte, was »morganatisch« bedeutet, am Federkiel kauend in meiner Ecke saß. Vater war vermutlich die Stille aufgefallen, er sah nach mir, fragte mich, worüber ich grüble, und als ich ihm den Grund sagte, lachte er so fürchterlich, daß dem Gehilfen vor Schrekken ein Stapel von Büchern aus den Armen rutschte.

Dieser Staub! sagt Carl.

Dieser Geruch nach altem Leim! sagt Robert.

Und wenn das Ladenglöckchen bimmelte, erinnert sich Carl.

Und wenn Vaters Pfeife auf dem Tisch von alleine weiter rauchte, erinnert sich Robert.

Und ich heimlich an der Pfeife zog, erinnern sich beide.

Über Chemnitz fahren Clara und Robert zurück nach Leipzig. Am Montag, den 12. August, kommen sie an. Vor der Post wartet die Kinderfrau mit Marie und Lischen und Julie als Wickelpaket auf dem Arm. Die Mädchen springen abwechselnd hoch. Aus der Ferne sieht es aus wie eine lebendige Unruh. Clara treibt die Taschen und Täschchen wie eine Herde zusammen. Den Beethoven in Bonn können wir nachholen.

Clara erwartet das vierte Kind. Im Dezember spielt sie das erste Mal unter der Leitung von Hiller das Klavierkonzert. »Eines der bedeutendsten Werke, welches das verwichene Jahr brachte«, steht in der »Neuen Zeitschrift für Musik« zu lesen.

Die Einnahmen aus der Rußland-Reise sind fast aufgebraucht. Was an gelegentlichen Gagen hinzukommt, ist nicht viel, und von Claras Klavierstunden läßt sich der Haushalt auch nicht bestreiten.

Gegen seine Melancholien helfen zwar keine Medikamente, er hat jedoch ein Mittel gefunden, mit dem er seiner Unruhe Herr werden, seinen von Ängsten gepeinigten und verwirrten Geist ordnen kann: Das Studieren und Komponieren von Fugen. Der lernende Umgang mit der Bachschen Kunst.

Clara, die die merkwürdige Selbstheilung sofort durchschaut, beteiligt sich, treibt ihn an.

»Kontrapunktische Studien mit Cl. begonnen«, schreibt er am 23. Januar 1845 in das Haushaltsbuch.

Das gemeinsame Tagebuch führen sie nicht mehr. Dafür fehlt es an Zeit. Die Kinder reden rein, die Gäste. Die Belastungen werden größer. Und weshalb sollten sie sich noch schreiben, was sie sich schon gesagt haben.

Am 20. März 1846 trägt er ein: »Die Revision der Bachfugen endlich beendet.« Es wird ein Pedalklavier gemietet, damit er die Funktionen der Orgelpedale studieren kann. In der Komposition läßt er Clara den Vortritt. Sie schreibt, antwortend auch auf seine Themen, in nicht einmal einem Monat vier Fugen, Frühlingsfugen. Er reagiert mit sechsen. Immer wieder, sobald die Düsternis in ihm zu steigen droht wie ein schwarzer, von abgetanen Erinnerungen vergifteter Sumpf, rettet er sich in die kristallene Gegend der Bachschen Fugen. Nach dem Fugenjahr quält ihn wenigstens nicht mehr die konstante Angst vor der Angst: Daß alles wieder ausbrechen könne. Er traut sich unbekümmerter hinaus. Er kann frei atmen. Die Symphonie in C-Dur, die zweite, entsteht: »Die Symphonie schrieb ich im Dezember 1845 noch halb krank; mir ist's, als müßte man ihr dies anhören. Erst im letzten Satz fange ich an, mich wieder wohl zu fühlen; wirklich wurde ich auch nach Beendigung des ganzen Werks wieder wohler.«

Er braucht die mühsam gewonnene Kraft auch. Denn etwas in seinem Lebensgefühl macht ihn tatsächlich alt: Er läuft nicht mehr, wie noch vor dem schwarzen Jahr, erwartungsvoll in den Tag hinein, sondern jeder Tag kommt drohend auf ihn zu.

Im Februar 1846 kommt Emil zur Welt, der erste Junge. Er lebt nicht viel länger als ein Jahr. Nur ist Clara im Juli schon wieder schwanger. Das Kind verliert sie während der Sommerferien auf Norderney. »Veränderung in Claras Zustand und ihre Freude.« In diesem einen Satz halten sich Tonlosigkeit und Erleichterung die Balance. Ihr geht es elend, und er zählt seine Badeanwendungen, fünfundzwanzig immerhin, liest nicht, geht Menschen aus dem Weg, spaziert, nicht allzu oft, zur Weißen Düne und hält allein die »unerträgliche Langeweile« für buchenswert.

Nicht erholt, malad kommen sie heim.

Wien winkt als ein hilfreicher Ausweg. Clara hat ein Angebot für zwei Monate. Da widersetzt er sich nicht, teilt mit ihr Erinnerungen, und über die Stadt fällt in ihren Gesprächen ein Licht, das sie in der Realität nicht wiederfinden werden. Marie und Elise sollen sie dieses Mal, samt Kinderfrau, begleiten. Der Troß wird größer, das Reisen noch beschwerlicher.

Die wintertrübe Stadt scheint sie vergessen zu haben. Alles, was sie unterwegs, erinnernd und in Vorfreude, sich zurufen, und so auch die Erwartungen Maries auf die »wunderbare Stadt« steigernd, verliert sich bereits in den ersten Tagen in hysterischer Betriebsamkeit. Nichts stimmt mehr, die Klaviere nicht, die Programme nicht, die Gastgeber nicht. Überall treffen sie auf Widerstände, auf Mißtrauen. Vier Konzerte hat Clara mit der Gesellschaft der Musikfreunde verabredet, dreimal sind sie schlecht besucht und das Publikum auffallend blasiert. »Als Clara Wieck vergöttert, als Clara Schumann ignoriert«, kommentiert der Alte in den »Signalen«, und zetert ihr weiter nach: In seiner Obhut müßte sie sich nicht demütigen lassen wie jetzt.

Um der Ignoranz zu entgehen und einen Rest des vertrauten Wien zu retten, ruft er sich Schubert als Schutzgeist zur Hilfe – in Gestalt zweier seiner Freunde, Grillparzers und Randhartingers, den er erst auf dieser Reise kennenlernt. Er weiß, daß

Randhartinger mit Schubert auf dem Konvikt bei Salieri gelernt hat.

Sie haben sich in einem Café verabredet. Ständig spricht er den
Namen vor sich hin: Randhartingerrandhartingerrandhartin-
ger. Mal nicht zu laut, der anderen Gäste wegen, mal leise. Mit
dem Namen wächst sich der Randhartinger in seiner Phantasie
zu einem Schneeriesen aus, einem bizarren Geschöpf mit ecki-
gen Ohren und einem Fell unterm Frack. Das wäre für den Schubert im Rausch kein schlechter Gefährte, denkt er und ist beim
zweiten Glas Weißen. Der Mann, der dann auf ihn zutritt, widerspricht seinen Phantasien, kein Wintertroll, obwohl er sich
als Randhartinger vorstellt, sondern einer, der eher Schubert
gleicht, klein und dick, Brille auf der kurzen Nase – das Gesicht
etwas gerötet vom eisigen Wind oder vom Frühschoppen.

Die Ehre sei groß, die Freude, verbeugt er sich. Ob er Schumann ein paar Ansichten der Stadt zeigen dürfe?

Wofür Schumann herzlich dankbar ist und Randhartinger
auch gleich erzählt, wie er seinerzeit Ferdinand Schubert
besucht habe. Jaja, bekommt er zur Antwort, diese Visite ist
bei unsereinem schon legendär, denn schließlich hätten wir
auch die große C-Dur ausgraben können...

Gehen wir zum Konvikt? Er muß nicht mehr bitten und fragen. Randhartinger erinnert sich lebhaft, wie er betont, er
tut's mit dem ganzen Körper, gestikuliert, wechselt den
Schritt, geht mal rascher, mal verzögert, als folge er einem
Schubertschen Marsch.

Den Salieri hat er, es stimmt, was ich Ihnen erzähl', oft genug
echauffiert mit seiner Geschwindigkeit. Der hat ihm eine
Übung aufgegeben, ein Rondo zum Beispiel, und gleich hat
er's entworfen gehabt. Ich sag Ihnen, nicht am Klavier. Einfach am Tisch.

Sie betrachten das Portal des Konvikts. Dort drüben, hinter den Fenstern, hat er mit seinen Kameraden gewohnt. Nah dabei ist die Kugel eingeschlagen, die berühmte französische Kanonenkugel. Er hat sie zwar nie gesehen, der Franz, aber von ihr so erzählt, als sei sie geradenwegs auf ihn zugeflogen.

Mit Randhartinger und Grillparzer steht er ein paar Tage später am Grab. Grillparzer erinnert sich an die Beerdigung: Wie ich gesprochen habe. Ich würde mich heute etwas anders ausdrücken, lieber Herr Schumann, aber die Trauer, wissen Sie, bleibt bei den ersten Wörtern und läßt sich nicht revidieren.

Grillparzer, dessen Grämlichkeit Schumann fürchtet, ist der erste überhaupt, der ein Signal gibt für die politischen Unruhen der kommenden Jahre. Den kaiserlichen Zensoren wird es bald teuer zu stehen kommen, daß sie uns die Sätze gewendet und gedreht und das Schreiben verleidet haben. Ein Sturm wird sie aus ihren Büros fegen. Das verspreche ich Ihnen, Schumann, wenigstens für Wien.

Vor neun Jahren, als Clara sich das erste Mal in Wien aufhielt, widmete er ihr ein Gedicht, noch aufgewühlt von ihrem Spiel:

»*Clara Wieck und Beethoven (f-Moll-Sonate)*
Ein Wundermann, der Welt, des Lebens satt,
Schloß seine Zauber grollend ein
Im festverwahrten, demantharten Schrein,
Und warf den Schlüssel in das Meer und starb.
Die Menschlein mühen sich geschäftig ab,
Umsonst! kein Sperrzeug löst das harte Schloß.
Und seine Zauber schlafen, wie ihr Meister.
Ein Schäferkind, am Strand des Meeres spielend,

Sieht zu der hastig unberufnen Jagd.
Sinnvoll gedankenlos, wie Mädchen sind,
Senkt sie die weißen Finger in die Flut,
Und faßt, und hebt, und hat's. – Es ist der Schlüssel!
Auf springt sie, auf, mit höhern Herzensschlägen,
Der Schrein blickt wie aus Augen ihr entgegen;
Der Schlüssel paßt, der Deckel fliegt. Die Geister,
Sie steigen auf und senken dienend sich
Der anmutreichen, unschuldsvollen Herrin,
Die sie, mit weißen Fingern, spielend, lenkt.«

Clara kann die Verse auswendig, bis auf den Tag. Grillparzer, abends, bei einem gemeinsamen Essen, hört ihr ernst zu, wie sie, verlegen und den Kopf gesenkt, das Gedicht beginnt, und fällt nach der dritten Zeile ein: So mischen sich ihr zartes, singendes Sächsisch mit seinem knarrenden Wienerisch.
Allerdings kommt auch Grillparzer erst in ihr viertes Konzert. Die drei vorangegangenen Konzerte bringen so wenig ein, daß sie Quartier und tägliche Ausgaben aus den mitgebrachten Reserven bestreiten müssen. Er fürchtet, weniger Geld nach Hause zu bringen, als sie nach Wien, für alle Fälle, mitgenommen haben.
Clara hört, Jenny Lind gastiere in der Stadt, schickt ihr ein Billett, aber die große Sängerin hat sich ohnedies vorgenommen, mit den »Schumanns sich zu vereinen«, und sie erscheint, ohne es zu ahnen, als Retterin. Entsetzt hört sie von den drei Pleiten. Clara bricht in Tränen aus, Robert verläßt wütend und beschämt die Wohnung, und inzwischen hecken die beiden Frauen einen Plan aus, das stumpfe, sensationslüsterne Wiener Publikum zu überrennen. Mit Hilfe der »schwedischen Nachtigall«.

Am 10. Januar geben sie ihr letztes Konzert. Die Zimmer werden nicht warm. Noch nachdem sie sich angezogen haben, frieren sie eine Weile. Marie und Elise ziehen, zu bunten Wollkegeln verpackt, mit Schlitten und Kinderfrau in die Parks.

Clara ist frühzeitig in der Garderobe. Er hört sie mit Jenny lachen. Sträuße für die beiden hat er noch am Nachmittag besorgen lassen, und sich genügend Zigarren.

Grillparzer sitzt in der ersten Reihe. Und Eichendorff. Dem läuft er verspätet über den Weg und hat sich auch ein anderes Bild von ihm gemacht, als er den »Taugenichts« las, das »Marmorbild« und die Gedichte auswählte für den »Liederkreis«. Einer, der unterwegs ist, steckengeblieben in seiner Jugend, voller zerschlagener Aufbrüche und geträumter Ankünfte, ein Wanderer, dem Lieder über die Lippen quellen müssen. Aber er wird einem gehemmten, kränkelnden Geheimen Regierungsrat außer Diensten vorgestellt, der ihm an Wortkargheit gewachsen ist.

Ihre Lieder sind kühn, sagt Eichendorff und meint die seinen, die ihm mit Schumanns Musik davongelaufen sind, wie vor langer Zeit der junge Müller seinem Vater im »Taugenichts«.

Clara spielt, wie vor neun Jahren, Beethovens f-Moll Sonate. Nur spielt die Schumann, nicht die Wieck. Jenny Lind singt »Auf Flügeln des Gesanges« von Mendelssohn (und gesteht Clara nach dem Konzert, daß sie Mendelssohn nicht nur verehre, sondern liebe) und Schumanns »Nußbaum«, allerdings um eine Spur weniger inständig. Schumann merkt es.

Der Saal ist ausverkauft. Die Wiener Presse vermerkt's mit Herablassung: »Endlich gelang es Mad. Schumann ein volles Concert zu erzielen. Sie bewog nämlich die gefeierte Jenny Lind, mehrere Lieder vorzutragen. *Dieser* Reiz wirkte so mächtig, daß der Musikvereinsaal, der sonst viel zu geräumig erschien, nun kein Plätzchen übrig hatte.«

Nein, sie werden nicht wiederkommen. Marie und Elise verabschieden sich schweren Herzens von Ignaz, dem Wiener Diener, der sich Geschichten ausdenken kann wie kein zweiter, so schön und so blöd, und bestehen darauf, kein zweites Mal den Heiligen Abend in Wien feiern zu müssen. Der sei so fad und so traurig.

Intermezzo II

Gleich im ersten Dresdener Jahr, ehe ihn die Schwermut lähmte, traf er auf Wagner, der sich vom Pariser Schuldenflüchtling zum ersten Kapellmeister an der Dresdener Oper gemausert hatte, und es schien, sie könnten sich näher kommen. Er fand Wagners Bramarbasieren, sein Großmannstum nicht mehr lästig, eher komisch, und sobald sie auf die Musik zu sprechen kamen, wurde es ernst. Wagner forderte ihn heraus, »seine Romantik« zu verteidigen, dieses Gemisch aus Poesie und Musik, das sich anders zusammensetze als seines. Ein paar Mal hatte Wagner für die »Neue Zeitschrift« geschrieben und Schumann wiederum gebeten, sich in der Zeitschrift über den »Fliegenden Holländer« zu äußern. Schumann unterließ es. Er konnte es nicht. Und er wußte, wie er Wagner damit verletzte.

Der kleine Kerl, sagte er zu Clara, hat tatsächlich die tollkühne Phantasie, sich in seiner Musik groß zu machen. Er kann's.

Kommen Sie mich besuchen, kommen Sie doch in die Proben! Wagner gab nicht auf. Im Herbst 1845 begannen die Proben zum »Tannhäuser«.

Wagner schickte ihm die Partitur. Schumann las sie sofort. Abends spielte er, andeutend, Clara daraus auf dem Klavier vor. Clara reagierte bei weitem freundlicher als er. Du bist zu streng, Robert. So darfst du mit dir sein, nicht mit anderen.

Aber hör doch, wie plump er arbeitet, lauter Quint- und Oktavparallelen.

Wagner bekommt das nicht zu hören. In den Proben hört Schumann schweigend zu, stellt widerwillig fest, daß er sich getäuscht hat, entdeckt die »Originalität«, fühlt sich »ergriffen«, erfreut Wagner mit einem kargen »erstaunlich« und setzt sich mit geringer werdendem Widerstand der »enormen Suada« des kleinen Mannes aus.

Die Ansichten über Musik trieben sie auseinander. Über einen Poeten waren sie sich einig.

Ich weiß – natürlich –, daß Sie Hoffmann schätzen, Schumann.

Ja.

Es ist ja wohl nicht die »Kreisleriana« allein.

Nein.

Ich hab ihn schon mit dreizehn gelesen, mit heißen Backen und all die irren Bilder im Kopf!

Ich auch.

Wissen Sie, Schumann, ich habe mir immer selber laut vorgelesen.

Ich auch. Und Schumann fing an, wie ein Somnambuler zu deklamieren: »Wie die Geister Ossians aus dem dicken Nebel, trat ich aus dem mit Tabaksdampf erfüllten Zimmer hinaus ins Freie. Der Mond war hell aufgegangen, und zu meinem Glück; denn, indem allerlei Gedanken, Ideen, Entwürfe, gleich einer inneren Melodie an der harmonischen Begleitung des lauten Gesprächs der Gäste hinliefen, hatte ich, die Uhr überhörend, mich verspätet...«

Damit brachte er Wagner aus der Fassung. Er hatte mit offenem Mund zugehört und machte am Schluß einen Luftsprung.

So viel auf einmal, bester Schumann, haben Sie noch nie geredet. Nur war's eben Hoffmann, nicht Schumann.

Ja.

Danach gehen sie sich wieder aus dem Weg.

Erst in der Revolution treffen sie sich von neuem. Die Zeit treibt sie atemlos aufeinander zu. Wagner hat längst ein festes Urteil über Schumann: »Wenn so ein Zwickauer anfängt, gemein zu werden.«

Manchmal weint er ohne Grund. Clara achtet nicht darauf. Den Kindern ist er, wenn ihm die Tränen über die Backen rinnen, unheimlich. Vor allem Marie, mit der er öfter Klavier übt, macht er Angst. Wer ihn so traurig gemacht habe, fragt sie ihn. Wenn er ihr erklärt, er wisse es nicht, könne es ihr nicht sagen, ist auch das Mädchen den Tränen nah.

Einmal hört er zufällig, wie Marie zu Elise sagt: Der Papa ist mehr traurig als fröhlich, und darüber ist er traurig.

In den ersten Novembertagen 1847 weint er ahnungsvoll und entschuldigt sich bei Clara: Ich traure.

Um wen denn, Robert?

Ich weiß es noch nicht.

Das ist doch närrisch.

Ja.

Am 4. November erfährt er es. Clara betritt lautlos das Zimmer. Er ist so vertieft in die Arbeit, daß er sie erst bemerkt, als sie neben ihm steht. Fragend schaut er sie an. Sie schaut durch ihn hindurch. Nun weiß ich, wer dich zum Weinen gebracht hat.

Wer? Zögernd steht er auf, stützt sich auf die Rückenlehne des Stuhls.

Mendelssohn ist gestorben.

Ja, sagt er, Mendelssohn. Und nimmt sie in die Arme.

Mendelssohn ist ihm der nächste Freund gewesen. Stets etwas durch Erfolg und Stellung entrückt, doch unbeirrt aufmerksam und hilfreich. Auf seine Kritik hat er sich verlassen können, auch wenn sie manchmal schmerzte. Keiner hat sich öffentlich so für ihn eingesetzt.

Mein Mendelssohn.

Er weint nicht mehr, bittet Clara, einige der »Lieder ohne Worte« zu spielen, und Marie wundert sich über ihren merkwürdigen Vater: Jetzt, wo er weinen soll, tut er's nicht.

Am 6. November fährt er mit der Bahn nach Leipzig. Vor dem Mendelssohnschen Haus stehen, warten Gaffer. Der Schumann, hört er flüstern.

An der Tür empfängt ihn Cécile Mendelssohn. Hinter ihr, auf einem roten Teppich, spielen Carl und Marie mit Puppen. Carl gibt den Püppchen immerfort neue Namen, schreiend und ungeduldig. Marie kommt nicht nach, sich die Namen zu merken.

Cécile fordert ihre Kinder auf, Schumann zu begrüßen, und fragt zugleich, wie es den seinen gehe. Sie lächelt. Die Haut liegt wie eine seidene Maske auf ihrem Gesicht.

Oben, im ersten Stock, liegt Mendelssohn in seinem Schlafzimmer aufgebahrt. Er lächelt, genau so wie Cécile. Schumann findet ihn unvergleichlich edel aussehend, aber viel älter, und er erschrickt über die geschwollenen Adern, die über die Schläfe laufen.

Abends treffen sich die Gewandhaus-Musiker mit den Freunden Mendelssohns, um für die »Totenfeierlichkeit« zu proben.

Der Sonntag ist mild, »wie im Frühling«.

Eine große Menschenmenge folgt dem Sarg, neben dem die Freunde gehen, Moscheles, Gade, David und Schumann.

In der Paulinerkirche singt der Chor zwei Choräle aus dem »Paulus«.

Vor acht Jahren schrieb er in der »Neuen Zeitschrift« über Mendelssohn: »Er ist der Mozart des 19. Jahrhunderts, der hellste Musiker, der die Widersprüche der Zeit am klarsten durchschaut und zuerst versöhnt.«

Auf dem Leipziger Bahnhof kommt ihm Clara entgegen. Ich kann meine Toten schon nicht mehr zählen, sagt er beim Aussteigen.

Mit einem Mal kommen die Unruhen von draußen. Die inneren werden zwar nicht unwichtig, setzen ihm aber nicht mehr so zu, da sie mit den äußeren korrespondieren. Er liest fast nur noch Zeitung. Die Bücher bleiben liegen. Die Völker werden unruhig, stehen auf gegen die Fürsten. Im Februar 1848 dankt Louis Philippe ab, und in Frankreich wird die Republik ausgerufen. Ein Paukenschlag mit einem vielfachen Widerhall.

In der Neustadt und an der Elbe rotten sich Gruppen zusammen, und wie nach einer ungeschriebenen Regel, einem Refrain, springt einer auf eine Treppe, einen Stein, erhebt die Stimme, fordert Freiheit, den Wegfall der Pressezensur und die Bildung eines deutschen Parlaments.

Es wird Frühling, entschuldigt sich Schumann für die offenen Fenster. Er möchte aber nur diesen Fanfaren lauschen. Clara dagegen zweifelt am guten Willen der Aufrührer, und die Reden, die ihm so nahegingen, kämen ihr vor wie Pferdegewieher. Was habe dieses Geschrei mit seiner Kunst zu tun.

Ihre sarkastische Frage reicht weit zurück.

Viel, sagt er. Er verspricht ihr, am Abend ein Stück vorzulesen, das er aus einem seiner ersten Tagebücher heraussuchen müsse.

Es wird spät. Überraschend hat sich Hiller gemeldet. Seit ein paar Monaten steht er in Düsseldorf dem Musikverein vor und hat Schumann die »Liedertafel« überlassen. Nun möchte er erfahren, wie Schumann mit den Sängern zurechtkomme. Der macht kein Hehl daraus, wie unzufrieden er ist: Die ewigen 6/4-Akkorde des Männergesangs verfolgen mich noch in den Schlaf, lieber Hiller. Was Hiller versteht und was zu einem ausgelassenen Philosophieren über den Chorgesang im allgemeinen führt.

Er hat sein Versprechen nicht vergessen. Nachdem Hiller gegangen ist, ruft er Clara, schwenkt in der Hand ein dünnes Heft.

Ich hab's, ich hab's gefunden.

Clara bleibt in der Tür stehen. Können wir das nicht auf morgen verschieben?

Nein, bitte setz dich. Es sind nur ein paar Sätze, aber die erstaunen mich selbst. Wenn ich mich auch nicht für einen politischen Kopf halte, Anlagen hatte ich dazu mit siebzehn.

Robert, ich bitte dich, das kann doch nur kraus und phantastisch sein.

Im Gegenteil. Er setzt sich gerade, strafft sich, wünscht sich sein Jungengesicht zurück. Wie gesagt, das schrieb ich mit siebzehn:

»Die eigentlichen Zeiten der Poesie sind die, wo Dichter und Volk zur Einheit, zum Ganzen sich gestalten, wo das Interesse des einen mit den andern so eng verbunden ist, daß man aus dem Dichter auf den Charakter des Volkes und umgekehrt aus dem Charakter der Nation auf die Werke des Dichters schließen kann.«

Und weiter: »Die politische Freiheit ist vielleicht die eigentliche Amme der Poesie: sie ist zur Entfaltung der dichterischen Blüten am meisten notwendig: in einem Lande, wo Leibeigenschaft, Knechtschaft etc. ist, kann die eigentliche Poesie nie gedeihen: ich meine die Poesie, die in das öffentliche Leben entflammend und begeisternd tritt.«

Bravo, Robert. Wie schade, daß wir uns in Zwickau noch nicht gekannt haben.

Er kneift die Augen zusammen und schiebt die Unterlippe vor: Da wärst du acht gewesen, sagt er nachdenklich. So altklug, wie du da warst, hätten wir womöglich toll miteinander debattiert.

Das unterlasse ich heute. Sie wünscht ihm eine gute Nacht. Komm bald nach. Leise fügt sie hinzu: Was du als Schüler dachtest, Robert, ist viel zu gescheit für die Gasse. Zu einem Volkstribunen taugst du wirklich nicht.

So, wie jetzt, ihm halb zugewandt, in einem hellen Kleid und das blasse, klare Gesicht von einer Kerze unruhig beleuchtet, so sieht er sie, wenn er die Augen schließt. Es ist das Bild, das er sich von ihr macht.

Er blickt ihr nach und fängt plötzlich am ganzen Leib an zu zittern. Er atmet tief durch und wartet, bis er wieder ruhig ist.

Wagner schneit neuerdings unangemeldet ins Haus und hält seine Reden einfach weiter. Marie und Elise staunen ihn an. Clara verschwindet, sobald er erscheint. In Schumann jedoch findet er einen dankbaren und meist zustimmenden Zuhörer.

Die Republik der Theaterleute! Die Republik der Kunst! Als er sich aber dazu versteigt, den König als Revolutionär einzusetzen, da das Volk im Grunde zu dumm sei, einen Aufruhr zum guten Ende zu bringen, als der posaunende Hofkapellmeister die Revolution von oben empfiehlt, widerspricht er ihm, nicht besonders nachdrücklich, eher belustigt: Ach, Herr Wagner, da stellen Sie nun die ganze Welt, die schon auf dem Kopf steht, nochmal auf den Kopf.

Womit er dem flinken Wagner nur weiter hilft: So gesehen auf die Füße, Schumann, da haben Sie recht.

In Berlin gehen die Bürger auf die Barrikaden und kämpfen gegen das Militär.

In Wien flieht Metternich vor den Aufständischen.

Grillparzer verfaßt ihm ein Epitaph. Während Schumann es liest, sieht er den wie aus Knorpeln aufgebauten, eindrucksvollen Kopf des alten Dichters vor sich und hört ihn, heiser, in Wiener Singsang sprechen:

> »Hier liegt, für seinen Ruhm zu spät
> Der Don Quichotte der Legitimität.
> Der Falsch und Wahr nach seinem Sinne bog,
> Zuerst die andern, dann sich selbst belog;
> Vom Schelm zum Toren ward bei grauem Haupte,
> Weil er zuletzt die eigenen Lügen glaubte.«

Er schneidet die Strophe aus und steckt sie in die Brieftasche. Für die Zeit nach der Revolution, wohin sie auch immer führe.

In Frankfurt, in der Paulskirche, tritt die Nationalversammlung zusammen, um eine Verfassung für die Deutschen zu formulieren.

Zwischen den Aufbrüchen und Zusammenbrüchen – im Oktober wird der Aufstand in Wien niedergeworfen und im

Dezember die Nationalversammlung durch den preußischen König aufgelöst – arbeitet er konzentrierter denn je. Er beendet die »Genoveva«, seine »deutsche Oper«, und die Zeit, findet er, müßte dieser Legende nach Tieck und Hebbel gewogen sein.

Mit Clara feiert er den Abschluß der langwierigen, von Zweifeln aufgehaltenen und gestörten Arbeit. Er überlistet Wagner, ihm zuzuhören. Der meldet sich, wie stets, vom Volkszorn getragen, schwadroniert, vertreibt Clara und verzaubert die Kinder. Er redet so lange auf Schumann ein, bis er schließlich erschöpft ein Glas Wein in einem Zug trinkt, sich dabei selbst zuprostet und sein Gegenüber ins Auge faßt: Nun, Schumann, was haben Sie auf dem Herzen.

Ich brauche Ihre kritische Hilfe, Herr Wagner. Erlauben Sie mir, daß ich Ihnen aus meiner Oper »Genoveva« vorlese?

Wagner krümmt sich, schenkt sich, ungefragt, das Glas wieder voll und gibt nach.

Er kommt zum Lesen und doch nicht.

Unruhig auf seinem Stuhl bewegt Wagner die Arme, als dirigiere er oder treibe Sätze hin und her. Er wird zum zweiten Autor.

Das können Sie doch nicht.

Sagen Sie, warum.

Also bei mir hätte der Golo mehr vom Siegfried.

Bei Ihnen. Nur kann Golo gar kein Siegfried sein.

Wagner läßt ihn gnädig weiterlesen.

Anders! ruft er dazwischen. Oder: Das führt in die Irre! Oder: Genau genommen ist die Genoveva doch eine verkappte Madonna!

Schumann klappt das Buch zu. Ich kann so nicht vorlesen.

Wagner springt auf. Über sein geschnitztes Kaspergesicht

huscht die Boshaftigkeit: Ich kann nicht warten. Ich bin vergeßlich. Er macht kehrt und geht.

»Als ich mit wahrer Besorgtheit, und von dem innigen Wunsche des Gelingens seiner Arbeit beseelt, ihn auf die großen Fehler derselben aufmerksam machte, und die nöthigen Änderungen ihm vorschlug, erfuhr ich es, wie es mit dem sonderbaren Menschen stand. Er gönnte mir durchaus nur, mich von ihm hinreißen zu lassen; einen Eingriff in das Werk seiner Begeisterung wies er aber mit empfindlichem Trotze zurück.«

In Wien, Berlin, Paris kämpfte die Revolution; in Dresden wurde sie geredet und beredet und entfaltete sich in der Phantasie. Die Wirklichkeit veränderte sich kaum. Der König ließ sich nicht sehen. Die Gendarmerie war umso gegenwärtiger. Ein paar Tribunen, wie der Musikdirektor Röckel und der Kapellmeister Wagner, versprachen dem Volk eine freie Zukunft. So ging es bis zum März 1849, als Friedrich Wilhelm IV., von der Nationalversammlung zum deutschen Kaiser gewählt, seine Stärke ausspielte, ablehnte und dem Volk die Verfassung vorenthielt. Nun erreichte, verspätet, zu spät, die revolutionäre Wut auch Dresden.

Darauf war er nicht gefaßt. Zuerst erschreckten ihn vereinzelte Kanonenschüsse. Er rief Clara. Sie dürfe die Kinder nicht aus den Augen lassen. Das Kindermädchen kam außer Atem von der Straße. An der Ecke verschanzten sich die Republikaner hinter einer Barrikade. Die wird immer höher, sagte sie, immer höher.

Das Gewehrfeuer nahm zu. Vor allem aber die Rufe und Schreie griffen ihn an und trieben ihn in die Enge. Er spürte, wie Angst ihm die Sprache verschlug und die Gedanken verwirrte. Entweder saß er, die Arme schützend vor der Brust

gekreuzt, in einer dunklen Ecke, und es gelang ihm nur mit
großer Konzentration, das Zittern zu unterdrücken, oder er
lief im Zimmer umher, das ihm Schritt für Schritt enger vor-
kam, ein Kerker, der ihn vor der fremden Gefahr schützte, mit
seiner Enge peinigte. Notgedrungen zog er sich in die Arbeit
zurück und wunderte sich, wie leicht es ihm fiel, die Gedanken zu ordnen, wie spielend er seine Musik gegen die Angst
setzte.

Abends fragte ihn Clara, die ihn nicht gestört hatte, ob er sich
einen Spaziergang in die Stadt zutraue. Er war froh, sich bewegen zu können. Je näher sie dem Rathaus kamen, umso höher
türmten sich die Barrikaden auf. An den meisten wurde noch
gebaut. Kinder halfen, die Steine aus der Gasse zu brechen,
schleppten Gerüste und Gerümpel. Oben, auf den bizarren
Hindernissen, standen in Reihen Männer mit Flinten oder
Sensen. Ein Musiker aus der Hofkapelle, den sie beide gut
kannten, erzählte, neben ihnen herlaufend, daß auf dem Rathaus eine provisorische Regierung zusammengetreten sei. Er
diene ihr als Bote. Sein rundes Kindergesicht wirkte wie von
einem großen Schrecken auseinandergerissen. Um ihnen zu
demonstrieren, was er in den letzten Stunden erlebt hatte,
führte er sie in den Hof des Klinikums, wo nebeneinander auf-
gereiht vierzehn Leichname lagen, entstellt und verkrümmt.
Die Soldaten hätten die Studenten niedergemetzelt.

Er kehrte sich, ohne sich von dem aufgebrachten Begleiter zu
verabschieden, ab, rannte weg, war sogar schneller als der, der
in ihm rannte, quiekte wie ein Kind in Todesangst, bis er
Clara neben sich hörte: Bitte, Robert, wenn du so weiter
rennst, komme ich zu früh und hier auf der Straße nieder.

Zu Hause ließ er Clara im Vorsaal stehen, ging ans Klavier,
spielte ein paar Takte, setzte die Arbeit dort fort, wo er sie

aufgehört hatte, schloß sich ein, verpuppte sich und hoffte, nichts und niemand würde ihn aufstören können.

Doch am andern Morgen standen ein paar Männer vor der Tür und verlangten, daß Schumann sich der Sicherheitswache anschließe. Er hatte sich hinterm Klavier zusammengekauert, hörte, wie Clara ihn verleugnete, hörte sich laut atmen, und kaum waren die Männer das Treppenhaus hinunter, lief er zu Clara. Sie mußte ihn nicht überreden zu fliehen. Der Kinderfrau erklärte sie, sie sei so bald wie möglich wieder zurück. Marie jedoch zog sie mit sich, das Kind wurde so stumm und steinern wie der Vater. Niemand hielt sie im Treppenhaus auf. Sie schlichen sich durchs Gärtchen, durch Gassen, die sich in Schanzen verwandelt hatten, zum Böhmischen Bahnhof, wo sie auf den nächsten Zug warteten, nun schon unglücklich, Elise, Julie und den kleinen Ludwig mit der Amme zurückgelassen zu haben. Mit einem Schlag wurden in der Stadt die Geschütze und Gewehre laut. Die Kämpfe hatten begonnen.

Serres, die alten Freunde auf Schloß Maxen, denen er vor einem halben Leben die »Kreisleriana« gewidmet hatte, nahmen sie auf. Clara drängte es noch am Abend zurück. Sie wollte die Kinder holen. Schumann überredete sie, wenigstens die Nacht über zu bleiben. Im Morgengrauen machte sie sich, hochschwanger, auf den Weg. Robert bat, in sich gekehrt, einem Traumwandler gleich, daß man ihn im Musikzimmer allein und ungestört lasse, arbeitete konzentriert und war erst wieder bereit, das Zimmer zu verlassen, als Clara unbeschadet mit den Kindern und der Amme aus der Stadt, die brannte und aus der die Leute in Scharen flohen, zurück war.

Von nun an hält er sich an die Arbeit. Gegen das Chaos, das ihn mitnehmen könnte, setzt er mit unerhörter Anstrengung, die sich allmählich gibt, Stimmen von großer Kindlichkeit, Schönheit und Gelassenheit. Er beendet die »Lieder für die Jugend«, vertont einen Text Rückerts für Männerchor und Orgel. Und als ein Geschöpf, das ihm in seiner Sehnsucht und Ferne vertraut ist, ruft er an diesem Fluchtpunkt Goethes Mignon zu sich und deren Vater, den Harfner. Nachdem er die Lieder komponiert hat, schreibt er Mignon ein Requiem.

Er ist wie eingepuppt.

Aber in Wellen überfällt ihn die Furcht, der Kokon könnte springen. Nach drei Wochen wagen sie sich nach Hause. Der König regiert wieder.

Die Barrikaden werden beiseite geräumt.

Die Toten werden gezählt, und die Trauernden dürfen nicht laut klagen.

Das Militär patrouilliert.

In keinem Jahr hat er so viel geschrieben wie in diesem.

Nur Dresden ist ihm endgültig verleidet. Diese Stadt hat ihm nicht zugehört.

Die Leipziger, seine Leipziger, bereiten die Uraufführung der »Genoveva« vor.

Unmerklich für Clara, für ihn jedoch bedrohend, nimmt die Erschöpfung zu. Um sich abzulenken, tätig zu sein, ordnet er die Partituren, bringt die neuen Arbeiten zum Kopieren, übt mit Marie am Klavier. Sie macht Fortschritte, und die Unterhaltungen mit ihr kommen ihm vor wie ein Atemholen.

Ein Bote eröffnet unverhofft die Möglichkeit zu einem Aufbruch. Schumann ist gebeten, als Nachfolger Hillers in Düsseldorf Musikdirektor zu werden.

Fort! Fort! schreit es in seinem Kopf.

Clara bremst, ist sich nicht sicher, ob er sich derart anstrengen, einspannen lassen wolle. Er gibt sofort nach. Die Entscheidung habe Zeit. Er müsse sich Zeit nehmen. Vielleicht helfen die Umstände ihm, zu entscheiden. Vielleicht sei es vernünftiger zu bleiben. In dieser Stadt, sagt er. Ich nehme mir Zeit, den Sommer über.

Er läuft viel herum, kommt nicht zur Arbeit, wacht über sich selbst.

Noch erwartet ihn die Premiere der »Genoveva«. Auf ihren Erfolg setzt er. Alle Erwartungen schiebt er wie einen Traum vor sich her. An dem nehmen auch die Freunde teil. Zur Uraufführung reisen sie alle an: Spohr, Liszt, Gade, Hiller und sogar Kuntsch, sein alter Zwickauer Lehrer. Der Applaus, die Freundlichkeiten, die ihm hernach gesagt werden, täuschen ihn. Die Oper habe dem Publikum »entschieden nicht gefallen«, erfährt er aus der »Allgemeinen Musikalischen Zeitung«. Das ist ein Stoß zu viel. Seine Kraft, sich zu schützen, ist aufgebraucht.

Er leidet wieder unter Schwindelanfällen; die Melancholien lähmen ihn so, daß er auf Spaziergängen mitunter wie angewurzelt stehen bleibt, sich nicht weiterbewegen kann, ein schwarzer Turm.

Er ist mit Mariechen unterwegs, wie oft. Sie spazieren gegen einen warmen Wind, und das Mädchen genießt es, wie der Wind ihr das Kleid gegen den Leib drückt.

Guck mal, Papa, da kann man sehen, wie ich bin.

Jaja.

Du guckst ja gar nicht.

Er hält an, schaut fragend zu ihr hinunter.

Sie schüttelt ärgerlich den Kopf: Das geht nur, wenn wir gehen.

Ach, Mariechen.

Es ist aber so. Sie drückt vorwurfsvoll seine Hand. Darauf läßt er sie los, dreht sich langsam um die eigene Achse. Die Stadt zieht wie ein laufendes Band an ihm vorbei. Marie schaut verwundert zu, dreht sich dann auch. Schumann geht in die Knie, kauert vor ihr, nimmt ihr Gesicht zwischen die Hände und sagt in ihre fragenden Augen hinein: Du hast ja recht, Mariechen. Es geht nur, wenn wir gehen. Komm, jetzt gehen wir nach Hause und machen das der Mama klar.

Am 1. September 1850 ziehen sie nach Düsseldorf.

21

Die Abende bleiben länger hell. Klingelfeld rollt den neuen Teppich auf dem Boden aus, mit Mühe, und betrachtet am Ende zufrieden sein Werk. Die kräftigen Farben wärmen das Zimmer. Doch Klingelfeld ist sich nicht sicher, ob der neue Teppich Schumann gefallen werde. Schumann bringt gerade Fräulein von Reumont zur Haustür, von der sie ihn zurückbegleiten wird. Seit ein paar Tagen gehört dieser Gang zu seinen Abendgepflogenheiten.

Klingelfeld wartet. Schumann braucht etwas länger als üblich. Dann hört er Fräulein von Reumont sich vor der Tür von Schumann verabschieden, der anscheinend unfähig oder unwillig ist zu antworten.

Schumann trägt den Morgenmantel, der ihm neuerdings oft den Anzug ersetzt. Ohne Klingelfeld zu beachten, steuert er auf das Bett zu, legt sich im Mantel hin und zieht die Decke über sich. Erst jetzt schaut er zu Klingelfeld hinüber. Er weiß, daß er nicht im Morgenmantel schlafen soll. Um seine faltigen, blassen Lippen huscht eine Andeutung von Spott. Klingelfeld fragt sich, ob er sich mit dem Kranken wegen des Mantels unbedingt anlegen solle. Er entschließt sich, den Kampf aufzunehmen. Gleichgültigkeit heuchelnd, nähert er sich dem Bett. Schumann hat sich halb zur Wand gedreht und spielt den Schlafenden.

Leise ruft er ihn: Herr Schumann. Der regt sich nicht. Klingelfeld ruft lauter und berührt Schumann an der Schulter. Bitte, machen Sie es mir doch nicht so schwer.

Er will schon härter zufassen, da setzt sich Schumann mit

einem Ruck auf, fuchtelt mit den Armen. Klingelfeld kauert sich neben das Bett, achtet darauf, nicht getroffen zu werden, wartet eine Weile und sagt dann betont ruhig und höflich: Darf ich Ihnen helfen, den Morgenmantel auszuziehen, Herr Schumann. Es wird Ihnen zu warm sein, wenn Sie mit ihm schlafen.

Schumann ächzt, stöhnt, beugt sich nach vorn und schlingt die Arme um die Brust.

Klingelfeld faßt unter den angewinkelten Arm und versucht Schumann hochzuziehen. Der wirft sich zurück aufs Bett. Das geschieht so schnell, daß Klingelfeld, hätte er sich nicht vorher losgemacht, mitgerissen worden und auf ihn gefallen wäre.

Er gibt auf. Also lassen wir's bleiben, sagt er, richtet sich auf, ordnet das Geschirr vom Abendessen auf dem Tablett und trägt es hinaus vor die Tür.

In den kommenden Tagen weigert sich Schumann, im Garten spazieren zu gehen. Er tut es sprachlos, mit wirren Gesten.

Klingelfeld hat sich daran gewöhnt, auf seine Fragen keine Antworten mehr zu bekommen. Auch als er ihm mitteilt, daß Herr Brahms ihn morgen besuchen komme, und Doktor Richarz die gute Nachricht wiederholt, murmelt er nur vor sich hin.

Nach einer Weile wird er unruhig, setzt sich an den Tisch, schiebt Bücher zur Seite, wirft den Atlas zornig auf den Boden, zieht ein Stück Papier aus dem Wust und beginnt zu schreiben. Bei jedem Buchstaben setzt er ab und starrt vor sich hin.

Ich will Klavier spielen, liest Klingelfeld. Er nickt zustimmend. Wir können sofort in das Klavierzimmer. Niemand hält sich dort auf.

Schumann faßt nach Klingelfelds Arm. Eine solche Schwäche hat er bisher nicht eingestanden. Auf halbem Weg, auf der Treppe zum ersten Stock, hält Schumann an, löst sich von Klingelfeld, faßt ans Geländer und kehrt um. Vorsichtig tastend geht er den Weg zurück. Klingelfeld folgt ihm in einem Abstand. Er hätte Schumann gern gefragt, was ihn zur Umkehr bewog, ob ihm unterwegs die Lust am Klavierspiel vergangen, ob er einfach müde geworden sei, ob ihm andere Gedanken durch den Kopf gegangen seien oder ob er vergessen habe, wohin er wolle? Schumann Fragen zu stellen, die mit seinem Gemütszustand zusammenhängen, wagt er aber schon länger nicht mehr.

Herr Brahms, der am andern Tag früher als angesagt erscheint, hat sich, findet Klingelfeld, nicht verändert. Das lange, blonde Haar rahmt das auffallend offene, schmale Gesicht, und Brahms geht auch, obwohl er schmal ist, etwas gravitätisch, wie ein dicker Mann.

Seinetwegen muß die Visite verschoben werden, denn er hat sich lang mit Richarz unterhalten.

Der Doktor bittet Klingelfeld, Brahms erst in den Garten ans Fenster zu führen, damit er den Patienten ungestört von draußen beobachten könne.

Schumann sitzt auf dem Sofa. Klingelfeld stellt zufrieden fest, daß er den Anzug nicht in Unordnung gebracht hat. Er hält den Atlas auf dem Schoß und blättert in ihm, sichtbar ohne genau hinzuschauen. Manchmal grinst er vor sich hin. Brahms sieht schweigend zu.

Klingelfeld ist ein paar Schritte zurückgetreten, um den jungen Freund seines Kranken nicht zu stören.

Ein paar Tage zuvor hat ihm Richarz den Aufsatz zu lesen gegeben, den Schumann über Brahms geschrieben hatte. Es war ihm sehr nah gegangen, wie liebevoll da ein großer Mann einem viel Jüngeren seine Bewunderung erklärte.

Von Fräulein Reumont wiederum hat er gehört, Brahms habe ein Verhältnis mit Frau Schumann. Das kann er jedoch nicht glauben. Wenn er ihn jetzt vor sich sieht, erst recht nicht.

Brahms wendet sich ihm zu. Seine grauen Augen schwimmen in Tränen.

Gehen wir zu ihm hinein, sagt er.

Schumann freut sich offenkundig über den Besuch. Er springt auf, versucht, Brahms zu umarmen, doch in der Aufregung gelingt es ihm nicht, die Arme zielstrebig zu führen. Er hebt und senkt sie krampfartig.

Brahms achtet nicht darauf. Er schließt seinerseits Schumann in die Arme und drückt ihn eine Weile beruhigend an sich.

Selbst die Nähe des Freundes löst seine Zunge nicht vom Gaumen. Sie bleibt schwer. Was er redet – und er will anscheinend viel reden –, bleibt unverständlich.

Sie setzen sich beide an den runden Tisch. Brahms erzählt von Frau Schumann und den Kindern. Er sagt: Marie spielt inzwischen ganz vorzüglich Klavier und sehr viel von dir. Er sagt: Übermorgen treffe ich mich mit Joachim.

Da die Stimme von Brahms den Kranken beruhigt, geht Klingelfeld aus dem Zimmer und läßt die beiden allein.

Als Brahms aus dem Zimmer tritt, lehnt er sich betrübt und mitgenommen an den Türrahmen, um sich zu fassen. Mit einem bunten Taschentuch wischt er sich die Tränen von den Wangen. Er und Frau Clara hätten vorgehabt, Schumann in ein Bad mitzunehmen. Das sei, weiß er jetzt nach dem Augenschein, ganz und gar unmöglich.

Er bedankt sich überschwenglich bei Klingelfeld. Ich danke Ihnen auch in seinem Namen, sagt er, für Ihre Geduld, Ihre Freundlichkeit, Herr Klingelfeld.

Es gefällt Klingelfeld, daß ihn Brahms mit Herr anredet. Immerhin ist er auch älter als er.

Doktor Peters trägt am 11. April 1856 in das ärztliche Tagebuch ein: »Hatte gestern Besuch von Herrn Brahms, war erfreut, fast gänzlich unverständlich. War von diesem sehr verschlimmert seit seinem letzten Besuch vor einem Jahr gefunden«, und gibt die Notiz Klingelfeld zu lesen, zur Nachprüfung. Er habe nichts daran auszusetzen. Nur habe sie alle, bei der verschobenen Visite am Abend, Schumann mit einigen klar gesprochenen Worten überrascht. Zum Beispiel: Kopf schmerzt und: Kein Wein. Worauf Doktor Peters nachträgt: »Bei der Visite einige Worte verständlich.«

Nach dem Besuch von Brahms sinkt er in sich zusammen, als habe er alle seine Kräfte verloren. Danach beginnt er zu schreien, das Geschrei geht über in ein nicht enden wollendes Stöhnen, und es durchdringt die Wände, so daß der Patient aus dem Nachbarzimmer verlegt werden muß. Klingelfeld gelingt es nicht, ihn zu beruhigen. Es braucht auch alle Überredungskunst, ihn zu Bett zu bringen. Dieser Lärm, in dem er sich wie ein gefangenes Tier bewegt, bricht mit einem Mal ab. Er wird still, zu Klingelfeld auffallend freundlich, nimmt am Schreibtisch Platz, als wolle er eine abgebrochene Arbeit fortsetzen, ordnet Bücher und Papiere, weist Klingelfeld höflich aus dem Zimmer. Jedesmal wenn Klingelfeld, beunruhigt, nach kurzer Zeit wieder in das Zimmer kommt, steht er am Ofen und hat Papiere verbrannt. Erst beim zweiten oder dritten Mal – und das bereits am nächsten Tag – stellt Klingelfeld fest, daß sämtliche Briefe von Frau Schumann verschwunden sind. Erschrocken teilt er dies Doktor Richarz mit, der es anfänglich nicht glauben kann.

Nachdem auch er die einzelnen Papierhäufchen und Stapel, die Schumann fortwährend nach seiner Laune ordnet, durchgesehen und den Verlust von Claras Briefen festgestellt hat, fragt er Schumann, betont ruhig, weshalb er Briefe verbrenne.

Schumann gerät in größte Aufregung, möchte reden oder brüllen, läuft blau an, die Augen treten ihm aus den Höhlen, und er greift hilfesuchend nach Klingelfeld. Ein Satz muß ihn so plagen, daß er ihn zur Erklärung unbedingt aussprechen möchte. Richarz beschwichtigt ihn. Er solle sich Zeit lassen. Er habe ja nichts Schlimmes getan. Und wie ein Echo, gräßlich und von weit her, tönt es aus dem weit geöffneten Mund: Schlimmes getan.

22
Zum Schluß
(*Belebt – Leise innig*)

Alles ist zu groß. Aber er genießt es. Die »kleine Stadt« am Rhein begrüßt ihn auf dem Bahnhof mit Chor, Fanfaren und Honoratioren. Die Kinder ziehen sich an ihm hoch, hängen sich ins Coupéfenster, winken, lachen, und er streicht ihnen abwechselnd über die Köpfe, als könnte er ihnen für die Ehre danken. Er hört sich rufen, doch diese entfernte Stimme ist ihm nicht geheuer.

Clara reicht den winzigen Ferdinand durchs Fenster. Hiller nimmt ihn ihr ab. Es dauert ein paar Reden und ein paar Chöre lang, bis sie in der Kutsche sitzen, das Gepäck verstaut ist und der erschöpft schluchzende Ferdinand endlich genügend Aufmerksamkeit findet.

Im feinsten Hotel der Stadt, im »Breidenbacher Hof«, erwartet sie ein Zimmer, so groß, daß der Chor, der sie empfing, Platz hätte, es ist geschmückt mit Blumen und Lorbeerbäumen, die die Kinder ehrfürchtig stimmen. Es dauert eine Ewigkeit, bis sie allein gelassen werden, Schumann auf ein Sofa sinkt, um sich schaut, zufrieden nickt, kein Wort sagt, bevor Clara neben ihm sitzt – und mit einem Satz nimmt er endgültig Abschied von Dresden: Nach Dresden gehe ich nur, wenn man mich zwingt.

Oder wenn man uns einlädt, lenkt Clara ein.

Darauf antwortet er nicht.

Er wird sich in die Arbeit stürzen. Für die Programme der zehn Abonnementskonzerte im Winter hat er bereits Pläne.

Sie beziehen ihre erste Wohnung an der Allee- und Graben-
straße. Sie ist groß. Allerdings gehen fast alle Fenster zur
Straße, und den Lärm von unten hält er nicht aus. So ziehen
sie bald um in die Königsallee, die Wohnung ist größer und
doch nicht groß genug. Jetzt stört es ihn, wenn Clara in
ihrem Zimmer übt. Da das Haus ohnehin verkauft werden
soll, ziehen sie weiter in die Herzogstraße, wo die Nachbarn
noch mehr lärmen als die Straße, und sie ziehen ein letztes
Mal um, mieten zwei Etagen in der Bilkerstraße. Nun ist die
Wohnung so groß, daß sie über ein Sälchen verfügen, in dem
sie Hauskonzerte geben können und Clara Klavier spielen
kann, ohne daß er sie hört. Er hat das Gefühl, nach einer sehr
langen und beschwerlichen Reise angekommen zu sein. Was
ihm zusetzte, die Stimmen, die Schwächen, die Schmerzen,
scheint spurlos vergangen. Obwohl er, wenn die Erwartungen ihn bedrängen, manchmal wieder in sich umherläuft,
und es ihm nur mit Mühe gelingt, die Unrast nicht zu zeigen.
Außerdem kündigt sich ein neues Leiden an. Zuerst in den
Beinen. Es hat einen Namen und ist darum faßbar: Rheuma.
Er beschreibt die Symptome in einer Skala von bedrohlich
bis furchtbar.

Mit den Musikern, die von seinen Vorgängern, Mendelssohn
und Hiller, vorzüglich ausgebildet wurden, kommt er zurecht.
Und er komponiert jeden Tag. Nicht einmal das Rheuma vermag ihn so zu beunruhigen, daß er die Arbeit unterbricht. In
einem Monat entsteht seine dritte Symphonie, die »Rheini-
sche«. In den Sätzen des ausholenden und feierlichen Werkes
unterläuft eine Bewegung die Strukturen, die Motive, und im
Finale sammelt sich diese heftige, der Musik ihren unregelmä-
ßigen Puls mitteilende Unruhe in einem strahlenden Thema
in H-Dur.

Mit den Uraufführungen steckt er die Zukunft ab, verschreibt sich wenigstens für ein paar Monate, ein erwartungsvolles Leben: »Manfred« in Weimar. Die d-Moll Symphonie, die Vierte, beim Rheinischen Musikfest.

Alles ist zu groß. Auch der neue Kreis von Bekannten und Freunden. Manche kommen ihm näher, werden ihm wichtig, wie Joseph Euler und Richard Hasenclever. Der eine Arzt, der andere Notar. Beide fördern den Musikverein. Manche bewegen sich entfernter, und er läßt sie auch nicht nahekommen: Wilhelm von Wasielewski, sein Konzertmeister, oder der Cellist Forberg. Die beiden musizieren mit Clara. Sie erscheinen oft, zum Essen, zu planenden Gesprächen, zu Musikabenden. Selbst Kontrahenten, wie Julius Tausch, der die »Liedertafel« leitet, werden öfter eingeladen.

Alles ist zu groß. In dem großen Saal wird die Musik zu laut, und die Stimmen beginnen zu hallen. Ab und zu vergißt er sich, folgt seinen Erinnerungen, vor allem an Leipzig, und läuft den schönen und verschlissenen Bildern hinterher wie ein Schmetterlingsjäger.

Zum ersten Mal »schwärmt« er wieder. Eine von Claras Schülerinnen gefällt ihm, eine rosige, pralle Zwanzigjährige, die, verlegen, ihr Lachen stets vorausschickt und dann sehr präsent ist, witzig und herausfordernd. Er stellt ihr nach und hofft, dies so geschickt zu tun, daß sie ihren Respekt vor ihm nicht verliert. Ganz zufällig läuft er ihr über den Weg, nachdem er in der Nähe des Hauses gelauert hat, ungeduldig, denn Clara kommt anscheinend mit einer Stunde nicht aus; die junge Frau tritt dann doch fast pünktlich aus dem Haus, schaut sich um, drückt die Noten wie ein Schild vors Dekolleté und geht davon, in seine Richtung, so daß er ihr, in Gedanken, entgegenkommen kann und erstaunt aufschaut.

Guten Tag, Herr Musikdirektor. Sie hält vor ihm an, macht einen Knicks und errötet sparsam. Jetzt muß er gleich den Faden finden, um sie aufzuhalten und wenigstens eine Straßenlänge begleiten zu können. Mehr kann er sich vor dem heimlichen Publikum nicht leisten.

Was haben Sie heut mit meiner Frau geübt?

Das »Schnitterliedchen« und die »Kleine Romanze«. Das nimmt sich so aus, als ob nur Stücke von ihm gespielt würden. Er weiß jedoch, daß Clara mit ihr Schubert übt und Mendelssohn.

Ob es ihr Spaß mache, fragt er. Er redet wie ein Anfänger.

Oh ja, antwortet sie, nur bin ich ein bißchen langsam.

Er versucht im gleichen Schritt neben ihr herzugehen. Das gelingt ihm nicht. Stumm zählt er den Takt, ihren, seinen und gerät durcheinander. Die junge Dame wiederum wagt es nicht, die Unterhaltung von sich aus fortzusetzen.

Verzeihen Sie, ich bin in Gedanken. Bei wem haben Sie, ehe wir nach Düsseldorf kamen, Stunden genommen?

Sie bleibt stehen, schaut Schumann an, als könne er die Frage besser beantworten. Die könnte ich gar nicht mehr alle aufzählen. Ich habe mit acht Jahren begonnen, Klavier zu spielen. Mein letzter Lehrer vor Frau Schumann ist Herr Tausch gewesen.

So, sagt er. Dieser Name hat nicht unbedingt fallen müssen.

Für einen Augenblick, zwei Takte lang, hat er ihren Schritt gefunden. Das genügt. Er verabschiedet sich: Bis zur nächsten Stunde, Fräulein Karola. Sie hat offenbar angenommen, daß er sie noch etwas weiter begleite.

Es gelingt ihm sogar, das Mädchen in seine Träume zu holen. Dort, in wechselnden Umgebungen, traut sie sich alles zu.

Manchmal wechselt sie auch die Stimme, und aus dem Rheinischen wird sächsisch.

Alles ist zu groß. Beim Rheinischen Musikfest umfaßt der Chor vierhundertneunzig Sängerinnen und Sänger; das Orchester hundertsechzig Musiker.

Da hat er fast schon verloren, haben ihn die Ängste summend, kreischend, zappelnd eingeholt. Zwei Jahre zuvor, im März 1851, begann die Kritik ihre Jagd. Nichts funktioniere mehr wie einst. Was mute er, Schumann, seinem geplagten Publikum zu: Nur Schumann!

Sie sind frech, Kröten und Kretins. Er soll zur Probe. Wasielewski wartet im Salon auf ihn. Clara sucht nach ihm. In seinem Zimmer hält er sich nicht auf, nicht im Schlafzimmer, auch nicht bei den Kindern. Sie ruft, bekommt keine Antwort. Endlich findet sie ihn in ihrem Zimmer auf einem Sessel neben dem Schrank, die Beine angezogen. Er zittert, atmet stoßweise, schüttelt wild den Kopf, wie ein Kind, das man bei einer Heimlichkeit ertappt hat.

Sein Zustand erschreckt sie; darauf ist sie nicht gefaßt. In den letzten Monaten hat sie sich eingeredet, daß alles vorbei sei, daß er sich gefangen habe, hier. Sie hat das kommende Unheil nicht sehen wollen. Lauter winzige, nervöse Vorzeichen. Er hat nie geklagt, daß ihm die Augen wieder Schwierigkeiten machten, er schlechter sehe. Er hat sein Lorgnon auch so gut wie nie benützt. Doch wenn er dirigierte, wurde er, vor allem bei raschen Passagen, unerklärlicherweise langsamer. Anfänglich hatten ihm die Musiker nachgegeben; bald spielten sie jedoch gegen ihn, beim Takt bleibend, weiter. Sie fingen sogar an, ihm hineinzureden. Was ihn merkwürdigerweise nicht zu ärgern schien. Er reagierte hilflos, lachte, klopfte ab, fing von neuem an, klopfte von neuem ab, zog die Schultern hoch, bat um eine Pause. Von da an saß sie neben ihm und dirigierte für ihn, wenn er nachgab, aufgab. Die Musiker nutzten seine Schwächen weidlich aus. Sie kamen später zur Probe, weigerten sich, seinen Anweisungen zu folgen, machten sich über ihn lustig. Das alles geschah noch gedämpft, denn Wasielewski ließ es nicht zu, daß die Ordnung sich auflöste.

Was ist mit dir, Robert? Wasielewski wartet auf dich. Wir müssen zur Probe.

Er schlägt beide Hände vors Gesicht und schüttelt weiter den Kopf. Sie schlingt die Arme um ihn und beginnt, ihn sanft hin und her zu wiegen. Allmählich atmet er ruhiger. Wir hätten in Leipzig bleiben sollen.

Komm, Robert. Sie fährt ihm leicht mit dem Handrücken über die Stirn. Dir gefällt es hier. Und Dresden hast du verflucht.

Ja, sagt er, schiebt die Füße über den Rand des Stuhls, setzt sich gerade und preßt gegen das abebbende Zittern die Arme an den Körper. Alles ist zu groß, sagt er. Mit einem Ruck richtet er sich auf und stößt sie zur Seite.

Wie kommst du darauf?

Du merkst es doch auch.

Nein, Robert, das ist Unsinn.

Er weiß, was ihm bevorsteht. Es wird sich auswachsen, er weiß es. Seit ein paar Tagen probt er mit dem Orchester seine Ouvertüre zu Schillers »Braut von Messina«.

Er läuft in den Saal hinein, Clara ist ihm vorausgegangen, sitzt bereits in der ersten Reihe hinter dem Dirigentenpult, die Noten auf dem Schoß. Sein ganzer Körper spannt und lauscht. Sie stimmen ihre Instrumente und übertönen ihr Geschwätz. Er sieht, wie ein paar Geiger die Köpfe zusammenstecken, ein paar Bläser auch. Lauter böse Larven, denkt er, lauter Gesichter, die spotten und drohen. Irgendwann, bald, werden sie ihn im Chor verhöhnen. Nur Wasielewski steht auf, die Geige in der linken Hand, kommt ihm ein paar Schritte entgegen. Danke, sagt er und ärgert sich über den Tonfall. Keinen Augenblick lang möchte er demütig erscheinen. Er will diese Bestie zwingen, nach seinen Vorstellungen zu musizieren. Er wird es ihnen zeigen. Das sagt er sich und fällt sich in Gedanken schon ins Wort. Du schaffst es nicht. Sie merken dir deine Schwäche an, sehen, wie dir der Schweiß ausbricht.

Ihm ist es im Saal viel zu hell. Er verlangt, daß die Vorhänge zugezogen werden. Er kann schlecht sehen, lauter schwarze Balken schwimmen durch den Blick. Außerdem rutschen die Bilder immer nach rechts weg, diese Bewegung bringt ihn außer sich.

Wasielewski führt ihn zum Pult.

Ich brauche die Noten nicht.

Das Orchester vor ihm schwimmt langsam weg, zur Seite hin. Nur wenn er die Augen schließt und öffnet, hält es still.

Er hört sie reden, lachen. Er schafft es nicht, den Auftakt zu schlagen.

Bitte, Herr Musikdirektor. Wasielewski drückt die Geige ans Kinn und nickt ihm zu.

Wieder lacht einer, und ein anderer fällt ein. Als ob zwei Hunde bellten. Jetzt hört er Clara: Bitte, Robert.

Ihm ist gleich, was geschehen wird: Ob alle in Gelächter ausbrechen, ob sie über ihn herfallen und ihn niedertreten werden. Ob sich die Gesichter zu einer einzigen, widerlichen, gefräßigen Visage verschmelzen.

Bitte, Robert.

Der Einsatz gelingt ihm. Obwohl der Boden anfängt zu schwanken, bleibt er im Takt. Erleichtert gibt er der Musik nach, seiner Musik. Nur erlauben die ihm das nicht allzu lang. Sie laufen ihm weg, werden schneller, oder er bleibt zu langsam. Ich sollte doch, sagt er sich, das Lorgnon benutzen.

Clara sitzt hinter ihm und schlägt den Takt. Mit steinerner Miene und einem geweiteten, ernsten Blick hält sie das Orchester in Schach.

Er ist durch, stützt sich auf dem Pult ab. Für heute ist genug, hört er sich sagen. Wasielewski ordnet an, daß die einzelnen Instrumentengruppen sich treffen und miteinander üben sollten.

Ich danke Ihnen.

Sie schauen ihn nicht einmal an, wenden sich ab.

Doktor Müller, den Clara nach diesem Desaster ruft, findet den Zustand Schumanns unverändert. Er brauche Ruhe, was er ihm oft genug geraten habe.

Aus Trotz und Widerstand komponiert er das dritte Trio für Klavier, Violine und Violincello und die zweite Sonate für Violine und Pianoforte.

In den Musiksaal seiner Wohnung lädt er Bekannte und vermutliche Gönner zur ersten Aufführung von »Der Rose Pilgerfahrt« ein.

Clara ist erpicht darauf, die neuen Kompositionen immer gleich zu lesen und zu spielen, und nimmt es ihm übel, wenn er sie ungefragt zum Kopieren gibt. Nichts, glaubt sie, gibt ihr genauer Auskunft über das Befinden Schumanns als seine Musik.

Endlich haben sie frei. Schumann hat die Saison mit Mühe und Verdruß zu Ende gebracht. Sie gehen mit den Kindern spazieren. Marie, die inzwischen zehn und, wie sie von sich selber behauptet, verständig ist, beansprucht stets seine rechte Hand. Wir sollten aufbrechen, sagt er. Dieser warme Wind treibt mich fort. Marie sagt es Clara weiter.

Sie entschließen sich, ein Stück auf dem Rhein zu reisen, in Bonn aufs Schiff zu gehen.

»Es war die schönste Reise«, schreibt Clara, »die Robert mit mir gemacht.« Ihm bleibt sie als eine Fahrt in eine wunderbar beleuchtete, von Gesprächen und Gestalten belebte Gegend in Erinnerung. Schon die Einschiffung in Bonn stimmt sie ein. Einige Male werden sie von lachenden, lärmenden Studenten mitgerissen, bis sie am Schiffssteg ihr Gepäck abgeben können. Eine unsichtbare Kapelle spielt Tänze. Auf der Promenade finden sich hin und wieder Paare zum Walzer.

Er redet, ohne daß ihm die Zunge schwer wird; kein Wort legt sich quer, kein Satz staut sich.

Vielleicht sollten wir auch tanzen, sagt er.

Zwar kennt er die Landschaft, aber die Bilder, Ortschaften, Weinberge und Burgen ziehen in einer neuen Folge, in einer veränderten Geschichte an ihm vorüber. Der Rhein! Sein Wasser fließt grün und träg, und wenn er sich über die Reling beugt, spiegelt sich sein Gesicht im Wasser, aus der Ferne, die auch die Tiefe sein könnte.

Zur Überraschung von Clara beginnt er eine Unterhaltung mit ihr, die mehr oder weniger ein Selbstgespräch bleibt, so hört sie ihm zu, ohne nachzufragen oder ihn zu unterbrechen. Der Wind trägt seine Sätze fort, und seine Gesichtszüge hellen sich auf.

Er sei sicher – ich bin sicher, daß in den letzten Jahren, nach dem Scheitern der Revolution, die romantische Kunst, so wie ich sie verstehe, wie ich es in der Zeitschrift oft erklärt habe,

nicht mehr erkannt wird, womöglich ist sie uns schon verlo-
rengegangen. Wagner und Liszt und andere haben mit ihrer
musikalischen Sprache dafür gesorgt. Sie üben Gewalt aus,
Clara, sagt er. Sie haben die Poesie, das Feingefühl des Erin-
nerns, die Hochstimmung des Vergegenwärtigens, die Hell-
sicht des Entwurfs – eine neue Mythologie eben –, sie haben
die Poesie aufgegeben, zugunsten einer furchtbar gegenwärti-
gen Plattheit. Mein Mendelssohn fehlt mir. Er wäre mein
Weggenosse geblieben. Diese Programme, die sie sich jetzt
und den andern machen, die Neudeutschen, ertrage ich nicht.
Sie bewegen sich in einer lächerlichen Spanne zwischen Forte
und Fortissimo.

In Koblenz und Assmannshausen machen sie Station, unter-
nehmen größere Ausflüge, und es freut ihn, wie »tapfer« Clara
marschiert. Sich selber fühlt er nicht mehr schwer. Er führt
Clara vor, wie er rennen kann. Sie klatscht in die Hände und
warnt ihn, sich nicht zu übernehmen.

Du hast dich verwandelt, Robert.

Er wirft die Arme in die Luft, läuft ein paar Schritte voraus,
wendet sich zu ihr um: Diese Fahrt hat mich befreit. Das ist
alles. Und, als wäre es eine Bagatelle, fügt er hinzu: Von Dauer
wird es aber nicht sein.

Beim Abendessen in Rüdesheim kommt Clara auf diese ange-
zweifelte Dauer zurück, ohne sie ausdrücklich zu erwähnen.

Warum sollten wir nicht, übermütig wie wir sind, die Reise
um ein paar Tage verlängern? Wir könnten in die Schweiz.
Nach Hause schreibe ich noch heute einen tröstenden Brief.
Die Kinder werden es uns gönnen.

Ja, sagt er, verlängern wir unser Glück.

In Frankfurt spazieren sie abends, das Licht wird sämig und
dunkelt ein, zum Roßmarkt, um Schwanthalers Goethe-Denk-

mal zu betrachten, und, als spräche sie der steinerne Alte an, erzählt sie von ihrem Besuch, wie sie ihm vorspielte. Weißt du noch, fragt sie Schumann, wie er mich neben sich aufs Sofa bat, noch einmal aufstand, Kissen holte, damit ich ordentlich auf dem großen Möbel sitzen konnte? Ich hab »La Violetta« von Herz gespielt. Entsetzlich. Sie spricht mit der Stimme des Kindes, das damals, keineswegs aufgeregt, Bericht erstattete, gleich, nachdem sie mit dem Vater aus Weimar zurückkehrte.

Er hört zu! Sie zeigt hinauf zu dem steinernen Dichter und kichert.

Bleib so, bittet er.

Sie behält Goethe im Blick und fragt: Meinst du ihn oder mich?

Heidelberg, diesem Anfang, reist er mit Ungeduld entgegen. Er fragt sich, welche Geister, welche Schatten ihm über den Weg laufen werden. Die Höhe und Hügel der Bergstraße, der Melibokus und die Burgen, sind ihm schon vertraut.

Fühlst du keine Beschwerden? fragt sie.

Aber nein. Er könnte auch antworten: Ich bin doch ein anderer. Ich laufe eben der Gouvernante nach. Ich bin eben auf dem Weg zu einem Klavierabend, an dem ich zum ersten Mal die Abbegg-Variationen spiele. Ich bin ein Virtuos und plane eine strahlende Konzertkarriere. Ja, ja. Er lacht vor sich hin.

Erst sagst du nein, gleich darauf ja.

Das schüttelt die Kutsche aus mir raus.

In Heidelberg führt er Clara auf den vertrauten Wegen, spart Erfahrenes aus, erfindet Mögliches, zitiert Gedichte, von denen er annimmt, sie damals gelesen zu haben, und trägt ins Tagebuch ein: »Clara immer glücklich.«

Nachts hat er einen »dummen Traum«, sieht sich als älterer Mann auf einer Heidelberger Gesellschaft, der Gastgeber ist

Doktor Wüstenfeld, der ihn sonderbar reserviert begrüßt, zwei schwarz gekleidete Männer ruft, die ihn in ihre Mitte nehmen, vor die Tür geleiten, wo ein zerschlagenes Klavier als Hindernis aufgebaut steht und ihn sein alter Freund Rosen erwartet, mit einem von Haß verzerrten Gesicht, und ihm erklärt, er werde ihn zum Duell fordern müssen, da er die Frechheit besessen habe, seine Mutter, die Französin, zu bedrängen, und sie ein Kind von ihm erwarte. Es gelingt ihm, mit größter Kraftanstrengung, sich loszureißen. Keuchend verläßt er den Traum.

Bei einem Gang aufs Schloß erholt er sich.

Von Basel fahren sie mit der Kutsche über den Jura, immer höher ins Gebirge. Als sie durch Peri kommen, ein Dorf mit einem Dutzend Häuser, fliegt ein Zeisig in den Wagen. Schumann fängt ihn, angefeuert von den Mitreisenden, und hält ihn eine Weile in den Händen. Der rasende Herzschlag des Vogels rührt ihn und macht ihm zugleich Angst. Als sich in einer Allee die Bäume über ihnen schließen zu einem grünen Gewölbe, wirft er den Zeisig aus dem Fenster. Blitzschnell schießt er in die Höhe. Fort ist er, sagt einer der Mitreisenden. Froh ist er. Schumann schaut auf seine Hände, die noch warm sind von dem Vogelleib.

Mit dem Dampfer überqueren sie bei Sturm den Neuchâteller See. In Lausanne, der »eigentümlichen Stadt«, hören die Gewitter nicht auf, erst in Genf empfängt sie ein blanker Himmel und ein blauer See. Sie besichtigen das Geburtshaus Rousseaus, das Sterbehaus Calvins.

In Chamonix bestaunen sie, eingeschlossen von einem Pulk von Kindern, eine Sonnenfinsternis, haben immerfort den Montblanc vor Augen und können die Wasserfälle nicht mehr zählen.

Von nun an läßt sie die Sonne endgültig im Stich. Das Wetter wird schauderhaft. Sie bleiben aber gut gelaunt und neugierig in Vevey, in Fribourg, in Basel, wo sie aufatmend im »Hôtel des Trois Rois« logieren.

Überschwemmungen am Oberrhein halten sie in Freiburg fest. Staunend wandern sie eine ganze Stunde rund, immer rund um das Münster. Am nächsten Tag erfahren sie, daß die Eisenbahn ihren Betrieb wieder aufgenommen habe, und am 21. August erreichen sie Düsseldorf. Die Kinder empfangen sie glücklich, hängen sich an sie.

Und nun? fragt er in die Runde, als die Familie beim Abendessen sitzt. Sie geben ihm ihre Antworten, Elise, Marie, Julie, Ludwig, und, derart angefeuert, kräht der kleine Ferdinand mit. Nur Clara schweigt. Ihr genügt die Frage.

Er kommt seinen Pflichten im Musikverein nach, achtet, so gut es geht, nicht auf die frechen Widerstände der Musiker. Doktor Müller versucht, ihm die Rheumatismen mit Bädern im Rhein auszutreiben. Den Weisungen folgt er gern, denn das Wasser tut ihm gut. Marie erzählt er, er halte es für denkbar, daß einer seiner Ahnen ein Nöck gewesen sei. Dennoch werden die Anfälle, die der kurzfristigen Erleichterung folgen, von Mal zu Mal gräßlicher. Er glaubt, die konvulsivischen Schmerzen könnten ihn aus dem Körper stülpen. Dabei ist er ganz Ohr, lauscht, was über ihn geredet wird, alle diese Urteile, die schon gefällt werden, daß sein Leiden »unheilbar«, daß er verloren sei.

Einer Choristin, die er gelegentlich auf dem Klavier unterrichtet, verdankt er eine verrückte Anregung. Sie kommt seiner faserigen, ungenauen Stimmung entgegen. Die Frau erzählt ihm nebenbei, sie nehme öfter an Séancen teil, am Tischerükken, und es sei geradezu unglaublich, wie rasch sich Geister bedeutender oder namenloser Verstorbener meldeten.

Die Phänomene interessieren ihn. Die Dame lädt ihn schließlich im Namen ihrer Freunde ein. Es sind alles Musiker. Ehe die Sitzung beginnt, wird er mit Plätzchen und Tee bewirtet.

Anfangs regt sich der Tisch nicht, trotz aller Seufzer, Beschwörungen und obwohl er das Gefühl hat, seine Hände sendeten elektrische Impulse aus. Allmählich wird er in dem abgedunkelten Raum ruhiger. Er spürt keine Schmerzen. Das Halbdunkel umschließt die Gruppe rund um den schweren, polierten Tisch wie ein Mantel.

Mit wem er Verbindung aufnehmen möchte, hat ihn die Dame noch beim Tee gefragt. Nach längerem Nachdenken, und nicht ohne Verlegenheit, hat er Schubert gewünscht.

Sie warten. Die Hände schweben über der Tischplatte.

Einer der Hornisten aus dem Orchester erweist sich zu Schumanns Verblüffung als Medium. Er ruft mit hohler, verschlafener Stimme nach dem Geist Egons, seines jüngst verstorbenen Bruders, und, als habe der nur darauf gewartet, beginnt der Tisch unter ihren Händen zu schwanken, zu rütteln. Bist du unter uns? erkundigt sich der Mann bei dem Unsichtbaren, und eines der Tischbeine stößt zweimal hart auf den Boden.

Clara stellt ihn zur Rede. In der Stadt klatsche man über seine absonderlichen Interessen. Wenn er sie wenigstens in besserer Gesellschaft pflege. Doch mit diesen ganz und gar gewöhnlichen Musikern.

Es fehlt ihm die Kraft, mit ihr zu streiten, und auch die Laune. Seit Clara eine Fehlgeburt erlitt, Wochen zuvor in Scheveningen, treiben sie, einander beobachtend, nebeneinander her.

Mir sind die üblen Nachreden egal.

An einem der ersten Nachmittage haben sie dann nach Schubert gerufen. Sein Geist hat sich gemeldet, nur auf Fragen, die mehr wollten als die Bestätigung seiner Anwesenheit, hat er nicht geantwortet. Danach hat Schumann eine Melodie gehört, unvergleichlich schön und entrückt, die freilich nach einer Weile sich verzerrte, sirrte und zur Plage wurde.

Die Verehrung einer Teilnehmerin für Maria Stuart, deren Geist deswegen öfter gegenwärtig war, brachte ihn dazu, in den Briefen und Gedichten der Königin zu lesen, und es reizte ihn, einige der Strophen in Musik zu setzen. Mit ihnen entfernte er sich aus der obskuren Runde.

Von jetzt an trug er nur noch schwarze Anzüge. Kein frommer Mann, ein fremder Mann.

Und aus der Vergangenheit taucht einer wieder auf, dessen Ruhm es nicht erlaubte, daß sie ihn vergaßen: Joseph Joachim. Er kommt zum Niederrheinischen Musikfest, dessen Vorbereitungen Schumann außerordentlich strapazierten.

Mit größter Mühe, und alle Aufsässigkeiten des Orchesters ignorierend, dirigierte er seine Symphonie in d-Moll und Händels »Messias«. Am dritten Tag des Fests spielt Joachim das Violinkonzert von Beethoven.

Clara und Schumann sind sich einig, nie ein solches Violinspiel gehört zu haben.

Nach dem Konzert nehmen sie Joachim mit zu sich nach Hause, erklären sich gegenseitig ihr Bedauern, einander so lange nicht gesehen zu haben. Schumann empfindet eine tiefe Zuneigung für den sanften und selbstbewußten jungen Mann. Joachim versichert, bald wiederzukommen. Schumann nimmt sein Versprechen ernst. Er widmet ihm sein Violinkonzert, sein letztes symphonisches Werk, und schreibt mit ihm einen komplizierten musikalischen Brief an den Freund, der ihn freilich, da er das Konzert nie öffentlich spielen wird, nur in Bruchstücken begreift: Joachim erkennt nicht die extreme

Konstellation von Instrument und Orchester, die Auseinandersetzung zwischen dem Einzelnen und der Gruppe, ihre Spannungen, Risse, Aufbrüche und Trennungen.

Intermezzo I

Die »Gesänge der Frühe« sind nicht seine letzte Komposition; aber sie sind sein Testament auf dem Klavier. Sie summieren ein Leben in scheinbar einfachen Sätzen, und trotzdem kommt es einem vor, als hätten sie die Sprache, aus der sie kommen und denken, schon wieder vergessen. Wer diese fünf Stücke hört, folgt einer Bewegung, die ständig beunruhigt, weil sie Gesetze ausschlägt.
Wie fing er an? Wo wollte er hin?
Seit ich die Gesänge höre, lese ich gleichzeitig Hölderlin: den »Hyperion«, die Gedichte an Diotima und die späten Turmgedichte.
Ich höre und lese sich wiederholende Motive und sich wiederholende Wörter.
Den »Hyperion« kannte schon der Schüler Schumann. Ich bin sicher, er hat ihn in sein Leben mitgenommen, auch wenn es später keine Spuren gibt, keine Hinweise und Zitate. Hölderlin hat sich als Stimme in seinem Gedächtnis eingenistet.
Hölderlins Gedichte erschienen 1826. Schumann ging noch zur Schule und half dem Vater in der Buchhandlung. Er wird den Band unter den Neuerscheinungen herausgesucht und gelesen haben.
Später memorierte er Hölderlin als den Dichter seiner Frühe. Und als den Dichter der Frühe.

Frühling oder Morgen – das sind Wörter, die durch viele Strophen Hölderlins wandern und Licht werfen.

»Und anders will es werden, wo ich nicht gedacht.«

Schumann kann, als er sich dem so angestrengt wie überlegen in den fünf Stücken der »Frühe« zu überlassen versucht, Hölderlins Turmgedichte nicht kennen. Doch die »Gesänge« sind den Gedichten tief verwandt. Auf einem anarchischen Grund wiederholen sich schön und nach eigenen, neuen Regeln die Signale des Aufbruchs, die zugleich die des Abschieds sind. Diotima, »die Herrliche«, Hüterin der Frühe, hält als einzige, in Musik und Poesie, zusammen, was auseinanderbricht:

> »Ein neues Leben will der Zukunft sich enthüllen,
> Mit Blüten scheint, dem Zeichen froher Tage,
> Das große Tal, die Erde sich zu füllen,
> Entfernt dagegen ist zur Frühlingszeit die Klage.«

Und:

> »Das Angenehme dieser Welt hab ich genossen,
> Die Jugendstunden sind, wie lang! wie lang! verflossen,
> April und Mai und Julius sind ferne,
> Ich bin nichts mehr, ich lebe nicht mehr gerne!«

Zehn Tage, nachdem er die »Gesänge« beendet hat, besucht ihn Bettina von Arnim. Sie unterhalten sich vorzüglich, und sie gibt ihm Gelegenheit zu »schwärmen«. Er streicht danach »An Diotima« und setzt eine neue Widmung ein: »der hohen Dichterin Bettina zugeeignet.« Er hat einer Stimmung nachgegeben.

Die wirkliche Widmung findet sich im eröffnenden Unisono des ersten Stücks: d-a-h-e. *Diotima* und *Hyperion*.

Im November 1854 melden sich die Herren Illing und Doktor Herz vom Vorstand des Musikvereins zu einem wichtigen Gespräch mit Clara. Schumann sparen sie vorerst aus. Die Boten möchten ihn schonen, und sie stürzen ihn. Die Verlegenheit krümmt ihre Sätze.

Es zeige sich, daß –

Das Orchester habe mit großer Geduld ... seine Schwächen –

Vielleicht könne man sich in dieser Weise einigen, daß –

Man habe Verständnis, wenn Herr Doktor Schumann darauf bestehe, seine eigenen Werke noch dirigieren zu wollen – Herr Tausch stehe bereits als ständiger Dirigent zur Verfügung.

Clara sitzt zwischen den beiden Männern und versucht, sie sich mit kurzen Antworten vom Leib zu halten.

Nein.

Das ist unmöglich.

Wie stellen Sie sich das vor.

Es gibt einen Vertrag.

Bedenken Sie den Rang meines Mannes.

Während sie redet und nicht wahr haben will, was sie schon längere Zeit weiß, ordnet Schumann, drei Zimmer entfernt, Papiere und Partituren.

Sie gehen, sich verbeugend, ihre Verehrung bekundend. Clara begleitet sie zum Ausgang und schlägt die Tür hinter ihnen zu.

Du mußt mir nichts sagen. Er empfängt sie, kniend auf dem Teppich, Noten um sich ausgebreitet, Briefe. Er müsse noch die Opuszahlen ergänzen, überhaupt Ordnung schaffen in dem Wust. Dieser Wust! klagt er.

Er kniet mit hängenden Armen, sieht zu, wie sie zum Fenster geht, hinunterschaut auf die Gasse, womöglich den Abgesandten des Orchestervereins nach.

Sie haben mir gekündigt. Er bringt den Satz ohne Stockung über die Lippen, spricht ihn so aus, als ob er sich selbst bestätige.

O nein. Clara schaut weiter hinaus. Es regnet, sagt sie. Nein, wenn es dir gefällt, kannst du deine eigenen Kompositionen weiter dirigieren. Falls sie auf dem Programm stehen.

Was hast du ihnen gesagt?

Nichts.

Ich werde ihnen meine Kündigung schreiben. Er hat sich nun erhoben, steht auf dem papierenen, von Noten und Schrift durchwirkten Teppich. Es sind alles Schweine. Und Tausch kann nur intrigieren.

Mit ausholenden Schritten stelzt er über die Papiere, stellt sich neben sie und blickt ebenfalls hinaus.

Wir sollten so schnell wie möglich von hier verschwinden. Nach Wien oder nach Berlin. Es finden sich Wege –

Ihre Hände liegen auf dem Fensterbrett wie auf einer Klaviatur. Er denkt: Was wird sie spielen? Sie sagt: Das geht mit den Kindern nicht so rasch.

Hast du Angst? fragt er und legt seine Hände neben die ihren.

Sie könnten vierhändig spielen.

Wovor?

Vor mir.

Sie legt ihre Hände auf die seinen und drückt sie fest auf das kühle Holz.

Was hast du spielen wollen?

Sie schaut ihn verdutzt an. Ja – du kannst meine Gedanken lesen. Wilder Reiter.

Das habe ich nicht gelesen.

Vielleicht schwindle ich auch.

Könnte es auch Fremder Mann sein?

Sie zieht die Hände fort; er fühlt es wie ein Streicheln.

Am 10. November schreibt Clara ins Tagebuch: »Konzertabend – wir zu Haus. Tausch dirigiert.«

Intermezzo II

Joachim hat ihn angekündigt, seinen Freund Brahms, er werde ihnen gefallen, seine Kompositionen seien außerordentlich – nur läßt der junge Mann auf sich warten. Es gehöre zu seinen Eigenheiten, zu verschwinden und plötzlich wieder aufzutauchen, staunend, wie viel Zeit inzwischen verflossen sei.

Er kommt ungelegen und ist doch willkommen. Vor dem Abendessen pflegen sich die Kinder noch einmal auszutoben, rennen über den Flur, die Stiege hinauf und hinunter. Schumann hat sich in den Musiksaal verzogen. Clara verhandelt mit der Kinderfrau, beide ein Hindernis für Elise, Julie und Ludwig, die Haschemann spielen.

Er tritt auf und möchte gleich wieder fort. Marie hat die Türklingel gehört und ihm geöffnet. Clara läuft ihr nach. Mariechen! Noch im Schwung hält sie an, faßt Marie an den Schultern, zieht sie an sich.

Sie stehen sich gegenüber.

Brahms, stellt er sich vor und läuft rot an. Er ist um einen halben Kopf größer als sie, so daß sie genau auf seinen Mund schaut, schön geschwungene Lippen, Mädchenlippen.

Brahms, wiederholt er.

Aber ich weiß es ja.

Er küßt ihre Hand. Marie hält ihm ebenfalls ihre Hand hin, was ihn sichtlich vergnügt.

Das ist unsere Älteste, Marie, erklärt Clara und tritt ein paar Schritte rückwärts, um ihn einzulassen.

Wir erwarten Sie schon seit ein paar Tagen, Herr Brahms.

Ja, ich habe mich verspätet. Weshalb, sagt er nicht.

Kommen Sie. Marie zeigt Ihnen nachher ihr Zimmer. Erst einmal aber muß ich Sie zu meinem Mann bringen. Er freut sich sehr auf Ihren Besuch.

Schumann sitzt an einem der Fenster des Musiksalons, liest. Als die Tür aufgeht, schreckt er auf.

Da ist nun Herr Brahms, ruft Clara.

Schumann erhebt sich, legt das Buch auf den Stuhl und kommt dem jungen Mann mit stockenden Schritten entgegen.

Er erlebt eine Wiederholung. Die vergangene Zeit hat die Personen nur auseinander gedrängt. Schumann ist dreiundvierzig, Brahms zwanzig. Damals, als er Schuncke traf, seinen Engel, waren sie gleich alt.

Er liebt diesen Jungen. Er weiß es. Er liebt ihn aus seiner Erinnerung heraus. Und er beschenkt ihn mit seiner Gegenwart.

Willkommen, Herr Brahms. Es verlangt ihn, den Gast zu umarmen, doch das ginge zu weit.

Brahms verbeugt sich. Ich freue mich, ich freue mich von Herzen, Herr Doktor Schumann.

Endlich stammelt mal ein anderer. Sie geben sich die Hand, und in einer Anwandlung von Überschwang, die Clara erstaunt, sagt Schumann: Wir müssen uns viel Zeit füreinander nehmen. Ich möchte Ihre Arbeiten kennenlernen. Und wir werden miteinander musizieren. Wissen Sie, ich hatte einen Freund –

Er bricht ab, denn Elise stürzt herein und ruft zum Abendbrot: Aber gleich! Sie pflanzt sich vor Brahms auf. Der Herr auch.

Brahms, dem noch gestattet wird, sich zu erfrischen, folgt mit einer kleinen Verspätung und wieder geleitet von Marie. Er betritt ein lebendes Bild, eine Idylle, die ihm, ohne daß er einen Grund wüßte, unheimlich vorkommt – eine Familie bei Tisch. An der Spitze der Vater, schwarz und in sich zusammengesunken. An den Wortwechseln zwischen den Kindern und der Mutter nimmt er nicht teil. Brahms sitzt zur Rechten Schumanns, neben ihm Clara. Er könnte Schumann fragen nach dem Freund, von dem er erzählen wollte. Aber der schimpft eben über die Canaillen des Düsseldorfer Musiklebens und daß ihm die ebenbürtigen Partner fehlten, seit Hiller kaum mehr zu Besuch komme. Wir haben soviel zu besprechen, soviel zu planen, lieber Brahms.

Sobald er sich Clara zuwendet, sich mit ihr unterhält, versinkt Schumann sofort ins Schweigen, scheint ganz und gar abwesend. Sie hat sich offenbar an seine Abwesenheiten gewöhnt.

Claras Helligkeit, ihre Souveränität im Umgang mit anderen, ziehen Brahms an, und er begleitet sie in den nächsten Wochen oft. Ein eifriger Unterhalter und hingebungsvoller Zuhörer. Falls ihn Schumann nicht beansprucht.

Sie ist es aber, der es gelingt, ihn, von Tag zu Tag neu, zu überreden, doch wenigstens noch eine Woche länger zu bleiben. Nicht nur die Kinder nähmen ihm eine verfrühte Abreise übel.

Was verstehen Sie unter verfrüht?

Das müssen Sie selber wissen, lieber Brahms.

Er wird bleiben, bis Joachim zum Konzert nach Düsseldorf und ihn holen kommt, einen ganzen Monat.

»Ein Genius«, schreibt Schumann zwischen Ausgaben und Einnahmen ins Haushaltsbuch. Der Begriff steht für alles, was er für Brahms empfindet, was er nicht aussprechen kann, was

Clara ahnt und auf andere Weise für sich beansprucht: Daß er diesen genialen Jungen liebt, nicht nur seiner Musik wegen, sondern als Person, mit Haut und Haar, und auch als einen, der wiederkehrte, als einen »Frühen«.

An dem Tag, an dem Brahms sich meldete, hat Schumann die letzte Note zu seinem Violinkonzert geschrieben.

Sein Gast inspiriert ihn immer von neuem. Er schreibt die vier »Märchenerzählungen«, die »Gesänge der Frühe«, die »Phantasie für Violine«, die »Romanze für Cello und Klavier«. Er erfindet Themen für Gespräche, die, hofft er, für lange Zeit kein Ende finden.

Brahms folgt ihm bis in die Träume. Dort wird er noch sanfter, noch liebevoller. Nie sprechen sie da über Musik, obwohl fast immer Musik zu hören ist. Jetzt, in diesem Traum, die f-Moll Sonate, die Brahms bei ihnen, in Düsseldorf, komponiert hat. Aus Liebe, sagt er im Traum. Darauf reißt er Brahms in seine Arme, tanzt mit ihm (wobei er sich etwas schämt), zieht ihn auf ein breites, schräg stehendes Bett, von dem sie langsam herunterrutschen.

An einem der ersten Abende spielen er und Clara, einander abwechselnd, Brahms seine f-Moll Sonate vor und rufen dazwischen, korrigierend, wiederholen fragend Takte.

Er wird zwiefach geliebt, und das ist ihm nicht geheuer.

Schumann nimmt ihn einmal sogar vertrauensvoll zu einer Séance mit. Was Brahms keineswegs befremdet. Es sei nicht die einzige metaphysische Erfahrung, die er in der letzten Zeit gemacht habe, und die sichtbar werdenden Unmöglichkeiten könnten ihn nicht erschrecken.

Allmählich erkennt Brahms, wie krank Schumann ist. Schumann verschweigt es ihm auch nicht. Auf Spaziergängen hält er sich manchmal krampfhaft an dem Jungen fest.

Verzeihen Sie. Es hat mit meinen Zuständen zu tun. Ich bin mir sicher. Selbst wenn mich Doktor Müller für einen hysterischen Esel hält. Nein, das ist kein Wahn. Ich bin krank, lieber Brahms. Mich plagen Rheumatismen. Und es hat sich ein Ton in meinem Ohr festgesetzt. Er läßt Brahms los, strafft sich. Im Augenblick geht es mir gut. Das verdanke ich Ihnen.

Sie schauen einer Rheinfähre nach. Schwarz liegt sie auf dem träge fließenden Wasser und müht sich, vom Strom mitgenommen, zum anderen Ufer.

Im Herbst wächst der Rhein. Ich spüre es, wie das Meer ihm entgegenströmt. Und, als gehöre dieser Gedanke ins Bild, setzt Schumann fort: Es ist ein Glück, daß Sie gekommen sind, Lieber. Er fängt an, von Schuncke zu erzählen, keinem übermäßig begabten Musiker, aber einem Boten, einem Strahlenden, der allzu früh gegangen sei. Wie viel habe ich von ihm gelernt, mit ihm. Keiner spielte Schubert so wie er. Ja, sagt er, ich habe ihn sehr geliebt. Und Sie sind ihm so ähnlich, Brahms.

Meistens läßt Schumann den jungen Freund allein oder mit Clara spazierengehen, schützt Arbeit vor oder Unpäßlichkeit oder schlicht und einfach seinen Haß auf jene Düsseldorfer, denen er auf keinen Fall über den Weg laufen möchte.

Clara sorgt für Abwechslung. Wir zwei müssen Sie allmählich langweilen. Sie lädt Schülerinnen ein, einige Bekannte, Wasielewski und Doktor Müller, und bittet Brahms, vorzuspielen. Dabei gerät er ins Erinnern, erzählt von seinen Reisen mit dem Geiger Reményi: Also, das waren manchmal Etablissements, in denen wir auftraten, wahre Räuberhöhlen. In Marie und Elise hat er ein besonders begeistertes und vergnügtes Publikum. Sie können sich an seinem Hamburgisch nicht satt hören. Marie imitiert ihn bald ohne Mühe. Wenn sie Brahms trompetet, bedeutet es eine Aufforderung zum Spiel. Der folgt er gern. Die Kinder dürfen alles, was ihnen einfällt. Sie klettern an ihm hoch, wie an einem Baum. Er liest ihnen Märchen vor, bringt ihnen Purzelbäume bei. Er rollt sich mit allen in eine Decke ein, bis Julie zu heulen anfängt, weil es ihr zu eng wird. Er rutscht das Geländer aus dem ersten Stock hinunter, verbietet aber, es ihm nachzutun. Er erzählt Geschichten vom kleinen Hans, der mit seiner Tute durch die Spelunken der riesengroßen Stadt zieht, schöne Liedchen bläst und für die arme kranke Mutter Pfennige einsammelt, bestimmt keine Taler. Die Abenteuer des kleinen Hans weiten sich aus. Er schließt sich einem Kapitän an, dem es gegeben ist, Bösewichtern einen Knoten in die Nase zu zaubern und bösen Bösewichtern sogar einen doppelten.

Kommen Sie, Johannes, die Kinder haben Sie genug strapaziert. Er begleitet Clara auf Gängen in die Stadt, hilft ihr beim Kopieren. Ein paar Mal bittet sie ihn, ihr beim Unterricht zuzuhören. Wenn sie ihn »liebster Brahms« ruft, überkommt ihn die Lust, sie in die Arme zu nehmen, mit ihr zu tanzen, Walzer zu tanzen. Aber alles, was er sich erlaubt, sind flüchtige Berührungen ihrer Hand, ihres Armes.

Kommen Sie, mein Brahms, ich brauche Sie: Sie treiben mir am ehesten die Grillen aus.

In der Gesellschaft von Brahms wird Schumann aktiv, überspringt seine Ängste, die ihn weiter verfolgen, vergißt mitunter die schmerzende Unrast, das Pfeifen im Ohr.

Er hat aufgehört, von Schuncke zu sprechen, um Brahms mit der alten Liebe nicht zu verärgern. Aber in Gedanken entläßt er ihn nicht.

An Joachim schreibt er: »Das ist der, der kommen mußte.«
Das will er auch der Welt sagen.

Ich habe einen Artikel über Sie vor, verrät er Brahms. Mehr sagt er nicht. Sie bekommen ihn erst zu lesen, wenn er erschienen ist.

Vor aller Welt will er diesem Jungen seine Liebe erklären und ihm die Zukunft versprechen. Nach einer Pause von zehn Jahren schreibt er zum ersten Mal wieder für die »Neue Zeitschrift«, ohne daß ihm Eusebius und Florestan dreinreden. Sie liegen, leblose Bälger, in irgendeinem Winkel seiner Erinnerung. Er weiß, daß er Brahms eine Last aufladen wird – seinen Schatten. Doch ihm traut er es zu, ihn auszuhalten und sich von ihm zu befreien. Und er wird noch einmal die alten Gegner aufbringen, Wagner und Liszt, die er nicht unter den »Auserwählten« der neuen Kunst nennt, die er wissentlich ausspart.

Liebend entwirft er auch ein Programm: »Neue Bahnen«.

»... Und er ist gekommen, ein junges Blut, an dessen Wiege Grazien und Helden Wache hielten. Er heißt Johannes Brahms. (...) Er trug, auch im Äußeren, alle Anzeichen an sich, die uns ankündigen: das ist ein Berufener. Am Klavier sitzend fing er an, wunderbare Regionen zu enthüllen. Wir wurden in immer zauberischere Kreise gezogen. Dazu kam ein ganz geniales Spiel, das aus dem Klavier ein Orchester von wehklagenden und lautjubelnden Stimmen machte. Es waren Sonaten, mehr verschleierte Symphonien, – Lieder, deren Poesie man ohne die Worte zu kennen, verstehen würde, obwohl eine tiefe Gesangsmelodie sich durch alle hindurch zieht, – einzelne Klavierstücke, teilweise dämonischer Natur von der anmutigsten Form, – dann Sonaten für Violine und Klavier, – Quartette für Saiteninstrumente, – und jedes so abweichend vom andern, daß sie jedes verschiedenen Quellen zu entströmen schienen. Und dann schien es, als vereinigte er, als Strom dahinbrausend, alle wie zu einem Wasserfall, über die hinunterstürzenden Wogen den friedlichen Regenbogen tragend und am Ufer von Schmetterlingen umspielt und von Nachtigallen begleitet. (…) Seine Mitgenossen grüßen ihn bei seinem ersten Gang durch die Welt. (…) Es waltet in jeder Zeit ein geheimes Bündnis verwandter Geister. Schließt, die ihr zusammengehört, den Kreis fester, daß die Wahrheit der Kunst immer klarer leuchte, überall Freude und Segen verbreitend.«

Bleiben Sie noch ein paar Tage, Brahms. Ich bitte Sie. Claras Einladung ist mittlerweile zum augenzwinkernden Ritual geworden. Er bleibt ja.

Bis mit dem November Joachim erscheint, ein wahrhaft wirbelnder Violinist, dem es gelingt, Schumann in ein Abonnements-Konzert mitzunehmen, ihm zu demonstrieren, wieviel Respekt er beim Publikum genießt – es wird Schumanns »Hamlet-Ouvertüre« aufgeführt, und dann spielt Joachim Mendelssohns Violinkonzert –, doch danach flieht er geradezu, beklagt sich zu Hause über spöttische Neugier und ekelhaftes Glotzen.

Joachim widerspricht ihm: Was sie Ihnen angetan haben, die Herren vom Vorstand, werden Ihnen andere nachtragen bis in alle Ewigkeit. Glauben Sie es mir, liebster Schumann. Diese Kreaturen sind es nicht wert, daß nur ein Augenblick Ihres kostbaren Lebens verdunkelt wird durch Gemeinheit.

Aber Schumann spielt den heiter Abwesenden, bittet, daß der junge Herr Brahms schleunigst Champagner einschenke, dieses Schlüsselchen zum Wohlbefinden, verbeugt sich mechanisch im Kreis, trinkt das Glas in einem Zug leer und befiehlt: An die Klaviere, meine Herren, meine Dame! Sie musizieren bis in den Morgen.

Beim Abschied umarmen sie sich heftig und unglücklich und gleichen flatternden Vögeln.

Auf bald.

Schreiben Sie.

Als sie danach über den Flur gehen, fragt er: Wie lange wohnen wir hier? Kannst du es mir sagen? Er bekommt von ihr keine Antwort.

Wie auf Verabredung trennen sie sich und gehen in ihre Zimmer. Um ohne Trost zu weinen.

Erneut hat er Partituren und Notenblätter um sich ausgebreitet, sucht mit großen Schritten den Weg von einem frei gebliebenen Fleck zum andern. Manchmal hockt er sich hin, blättert, liest.

Das graue Winterlicht bleibt gefroren im Fenster stehen. Das Haus lebt fern von ihm. Bisweilen hört er Claras Klavier oder die Kinder. Sich selber hört er noch entfernter. Es kommt ihm vor, als sei seine Stimme, mit allen Sätzen und Wörtern, an die sie sich erinnert, die sie noch konnte, tief in ihm versunken.

Die Kinder haben sich im Gegensatz zu Clara an seine stumme Gegenwart gewöhnt. Wortlos spielt er mit ihnen. Sein Lächeln, sein seltenes Lachen scheint ihnen zu genügen. Sie finden viele Entschuldigungen für sein Schweigen. Der Vater denkt nach. Der Vater hat viel Musik im Kopf. Der Vater ist traurig. Dem Vater ist es nicht wohl.

Einige Tage lang, das Licht vor den Fenstern nimmt rasch ab, stapelt er Partituren auf dem Tisch, geordnet nach Opuszahlen, und Erinnerungen überwältigen ihn. Er starrt, den Kopf voller vergessener und aufgerufener Bilder und Szenen, auf eine Notenlinie, bis es ihm schwindelt. Er hat auch begonnen, die Briefe zu ordnen. Ab und zu liest er Clara abends aus ihnen vor, wohl um sie anzuregen, über Mendelssohn zu sprechen, Henriette Voigt und sogar Wieck. Mit geschlossenen Augen hört er ihr zu.

Auf einen Zettel schreibt er: Ich habe aufgehört. Er legt ihn, wie ein Lesezeichen für später, zwischen die Blätter der »Gesänge der Frühe«.

Die Töne bohren sich tiefer in sein Ohr, seinen Schädel. Er kann nicht mehr sicher gehen.

»Brahms ist gestern nachts an mein Fenster gekommen wie eine Erscheinung, die Glück für den Winter prophezeit«, steht in einem Brief Joachims.

An mein Fenster kommt er nicht, sagt er zu Clara.

Weg, sagt er, nur fort.

Sie sind zu einer Konzertreise nach Holland eingeladen, nach Utrecht, Den Haag, Rotterdam und Amsterdam.

Es ist klirrend kalt. Schumann friert auch in den geheizten Zimmern. Verdrossen stellt er fest, daß die Holländer alle Eiszapfen seien.

In Utrecht wird von enthusiastischen Dilettanten seine dritte Symphonie aufgeführt, und Clara spielt eine Sonate von Beethoven. Der Applaus will nicht enden, es werden Zugaben verlangt. Danach tönen die Rufe weiter. Jetzt erst begreift er, daß sie ihm gelten. Er geht aufs Podium, bedankt sich.

Das ist ein Glück, sagt er zu Clara. Wir haben verreisen müssen, um zu diesem Glück zu gelangen.

Im Haag wird ihm angeboten, seine Zweite zu dirigieren. Er wiegelt ab, doch Clara gelingt es, ihn zu überreden. Die Musiker sind gut vorbereitet. Er weiß, daß er ihnen folgt, nicht sie ihm. Es ist seine Musik, darum ist es ihm gleich.

Ich bin Schumann, sagt er, verbeugt sich vor einem Spiegel im Rotterdamer Hotel, ein schwarz gekleideter, bleicher Mann.

Nachdem er seine Dritte dirigiert und Clara Mendelssohns »Variations sérieuses« gespielt hat, pflanzt sich der gewaltige Applaus in die nächtliche Stadt fort. Vor dem Hotel erwartet sie eine große Menschenmenge, Fackeln weisen ihnen den Weg, und ein Chor singt aus »Der Rose Pilgerfahrt«. Ihm laufen die Tränen über die Wangen.

Ich habe Respekt erfahren, teilt er dem Spiegel mit.

Daß er auf einem Empfang des Königshauses – er friert ärger denn je – von einem Prinzen gefragt wird, ob er denn musikalisch sei, verletzt ihn nicht mehr. Das Glück hält ihn aufrecht.

Er ist ausgewiesen.

Unterwegs, sie sind allein in der Kutsche, sagt Clara leise und beiläufig: Ich erwarte ein Kind, Robert.

Er lehnt sich gegen sie. Felix, sagt er.

Und wenn es ein Mädchen wird?

Felix, wiederholt er.

Zu Weihnachten schenkt Clara ihm ein Porträt, das Carl Sohn von ihr malte. Brüsk stellt er es, die Kinder und sie erschreckend, zur Seite. Das bist du doch nicht, und wohin soll ich es nehmen.

Weg, sagt er, nur fort.

Weint eines der Kinder, preßt er die Hände gegen die Ohren, läuft in sein Zimmer und schlägt die Tür hinter sich zu.

Seid still. Der Vater ist krank. Er hat Kopfweh.

Mitte Januar soll Clara in Hannover auftreten.

Er freut sich. Zu Brahms, zu Joachim.

Das holländische Glück reist mit. Wieder erfährt er Zuspruch, und am letzten Abend trinkt er mit den jungen Freunden Champagner, viel zuviel, und wandert in Gedanken Jahre zurück.

Wieder zu Hause, beginnt er lateinische und griechische Bücher zu lesen. Er schreit: Ich zerbreche mir den Kopf.

Einmal ist er drauf und dran, Clara, die ihn beruhigen will, zu schlagen. Entsetzt läuft sie von ihm fort.

Er spürt, wie die Stimme in ihm aufsteigt, eine gräßliche Stimme, die Wörter und Sätze vergessen hat, nur noch grölt, grunzt und heult.

Mit Gedichten kann er sich zeitweilig beruhigen. Er sammelt sie für seinen »Dichtergarten« nach einem strengen Prinzip: nur Poesie über Musik.

»Und geträumt habe ich von Ihnen«, schreibt er Joachim, »wir waren drei Tage zusammen – Sie hatten Reiherfedern in den Händen, aus denen Champagner floß, – wie prosaisch! aber wie wahr! –…

In der Zeit hab ich wieder an meinem Garten gearbeitet. Er wird immer stattlicher…

Die Musik schweigt jetzt – wenigstens äußerlich. Wie bei Ihnen?…

Die Zigarren munden mir sehr. Es scheint ein Brahmsscher Griff zu sein, und, wie er pflegt, ein sehr schwerer, aber wohlschmeckender! Jetzt seh ich ein Lächeln über ihn schweben.

Nun will ich schließen. Es dunkelt schon. Schreiben Sie mir bald – in Worten und auch in Tönen!«

Es ist sein letzter Brief an Joachim.

Wieder ändern sich die Töne in seinem Ohr. Er läuft zu Clara, die ein Mädchen unterrichtet, zerrt sie aus dem Zimmer. Ihr macht seine Erregung Angst. Er schüttelt den Kopf: Es ist nichts. Nichts mit meiner Musik. Doch. Ich höre Musik.

Am Abend, die Kinder haben sich zur Nacht mit einem Kuß von ihm verabschiedet, verrät er, daß Schubert ihm ein Thema eingegeben habe. Eingebung, sagt er, das ist ein erstaunliches Wort. Sein lieber Geist hat es mir eingegeben.

Hat es mir ins Ohr, in den Kopf gegeben. Und jetzt hab ich's.

Irgendwann, niemandem fällt es auf, schreibt er das Thema und drei Variationen dazu, »Clara gewidmet«.

Aber die himmlische Musik weicht erneut dem Höllengeräusch.

Doktor Müller erklärt er, daß er ein Verbrechen an seiner Frau begehen könne. Ich kann es! Er steht vor dem Arzt, der ihn abhorchen will, und reißt ihn wie toll an der Jacke. Ich bin ein Verbrecher. Sie wissen es.

Er freut sich an den roten Nasen der Kinder, die ihnen die Kälte aufsetzt.

Aber nein, Vater. Das ist Farbe und nicht der Frost. Weil Karneval ist.

Carnaval. Er legt den Kopf schief und lauscht angestrengt. Carnaval? Ich kann ihn nicht hören.

Seine Unruhe nimmt von nun an oft die ganze Wohnung in Anspruch. Die Kinder sind angehalten, den Vater auf keinen Fall zu stören.

Einmal bittet er Marie, daß sie ihm vorspiele.

Etwas von dir?

Er nickt ihr aufmunternd zu, nur hört er nicht, was sie spielt.

Er springt auf, läuft zum Fenster, beugt sich hinaus. Lauter Larven, lauter Larven. Clara schließt das Fenster. Du frierst. Ruh dich aus, leg dich hin.

Durch seinen Kopf schießt dröhnend ein Fluß.

Weg, sagt er, nur fort.

»Ich ließ landen – der Mond glänzte fort – aber ich schlummerte und mir träumte, ich wäre im Rhein ertrunken.«

Er steht auf, im Schlafrock und Filzschuhe an den Füßen,

schleicht aus seinem Zimmer. Niemand läuft ihm über den Weg, auch auf der Treppe nicht.

Ja, es ist Karneval.

Kaum tritt er aus dem Haus, beginnt die Luft zu dröhnen, als stünde er unter einer riesigen Glocke und sie drückte gegen die Schläfen auf den Schädel.

Er rennt, hält sich mit den Händen den Kopf.

Zum Rhein ist es nicht weit.

Nur Maskierte kommen ihm entgegen.

Vor der Brücke stellt sich ihm ein Zöllner in den Weg, mustert ihn mißtrauisch und verlangt den Zoll.

Zoll? fragt er, fragt er sich. Es ist eines von den Wörtern, die er nicht mehr kennt. Er drückt dem verdutzten Mann sein Halstuch in die Hand, rennt an ihm vorüber, rennt und wälzt sich über das Geländer.

»... mir träumte, ich wäre im Rhein ertrunken.«

Sie holen ihn heraus, schleifen, schleppen, tragen ihn, grölende und höhnende Narren im Geleit.

Der Schumann aus der Bilker Gass, pitschepatschepudelnaß!

Jemand reißt ihm den Kopf in den Nacken und er sieht hinter einem Fenster die Kinder, Marie und die andern, ihre roten Nasen springen wie Notenköpfe über unsichtbare Linien.

Weg, sagt er, nur fort.

Jetzt haben wir Sie erst einmal nach Hause gebracht, Herr Musikdirektor, hört er eine Stimme sehr ruhig an seinem Ohr.

Clara läßt sich nicht sehen.

Er hofft, sie kommt. Aber er traut sich nicht, nach ihr zu fragen.

Sie kann nicht hier sein, beruhigt er sich. Er lauscht in die Wohnung hinein und hört nur noch sich. Es pfeift und jault in seinem Kopf. Er hört sich schreien und fragt sich verzweifelt, wie er sich zum Schweigen bringen könne.

Danach schläft er erschöpft eine ganze Nacht und einen halben Tag.

Ich muß gehen. Er bittet Doktor Müller, der, wie gerufen, an seinem Bett steht, ihm zu helfen.

Ich schlage Endenich vor, hört er. Herrn Doktor Richarz können wir Sie ohne Bedenken anvertrauen.

Gut, sagt er. Nach Clara wagt er nicht zu fragen.

Am 4. März wird er nach Endenich gebracht. Ehe er die Kutsche besteigt, schaut er zu den Fenstern hoch. Sie sind alle geschlossen. An einem drängen sich sechs Kinderköpfe, wie zwischen zwei Scheiben gepreßt, mit offenen Mündern und Augen, die den seinen gleichen.

Er verbeugt sich und wendet sich ab.

23

Von Tag zu Tag wird er leichter.

Klingelfeld trägt ihn vom Sofa zum Bett, wie ein Kind.

Die Hitze setzt ihnen zu.

Manchmal liegt der Kranke nackt, und Klingelfeld bekommt Angst, wenn er den ausgemergelten Leib betrachtet.

Er bittet Doktor Richarz, keine Einläufe mehr vorzunehmen. Der Patient sei doch zu sehr geschwächt. Die Ärzte folgen seinem Rat.

Könnte ich nur mit ihm in den Garten gehen, sagt er. Seit Schumann nicht mehr redet, spricht Klingelfeld mit sich selber. Es würde ihm gut tun, sagt er.

Die Hitze steht im Zimmer, macht den Atem schwer. Es stinkt nach Schweiß und Urin.

Ich kann ihn nicht zum Essen zwingen, erklärt er Doktor Richarz. Ich kann ihn nicht zum Essen zwingen, sagt er sich selbst und schaut Schumann an, der offenbar kein Wort versteht, nichts hört.

Nachdem er Nächte lang liegengeblieben ist, tappt er neuerdings wieder im dunklen Zimmer herum, stöhnt und uriniert in eine Ecke.

Muß ich das alles ertragen? fragt sich Klingelfeld, laut und zornig, führt Schumann zu seinem Bett und putzt, angewidert, die Pfütze auf. Am andern Morgen entschuldigt er sich dann bei sich und Schumann: Reg dich nicht auf, Klingelfeld, du hast keinen Grund dazu. Du hast das Glück, Robert Schumann pflegen zu dürfen.

Nachdem der Kranke keine Regung zeigt, beschwichtigt sich

Klingelfeld: Wer weiß, ob er es nicht doch mitbekommt. Es könnte ja sein.

Die Sommerhitze geht Schumann durch die Haut, er bekommt Fieber.

Klingelfeld zieht nachts mit seiner Matratze neben das Bett seines Pfleglings und wickelt ihm jede Stunde ein feuchtes Tuch um die Waden.

Manchmal knirscht der Kranke furchtbar mit den Zähnen und schlägt unwillkürlich um sich. Einmal glaubt Klingelfeld, ihn sprechen zu hören. Er beugt sich über ihn. Es schneit, es schneit, glaubt er zu verstehen. Ja, Herr Schumann. Er streichelt ihm das Gesicht, Stirn und Backen. Das ist ein schöner Traum.

Das Fieber springt und läßt nicht nach.

Doktor Richarz beschließt, nun doch Frau Schumann über den ernsten Zustand zu unterrichten. Er könnte uns sterben.

Das Uns schreibt ihm Klingelfeld gut.

Zuerst, als Bote, erscheint Herr Brahms, den der Anblick seines Freundes entsetzt. Er bleibt nicht lang und versichert, in spätestens zwei Tagen mit Frau Schumann wiederzukommen.

Klingelfeld, der das Zimmer so gut wie nicht mehr verläßt, erinnert sich an ein Lied, das Schumann, es ist schon lange her, auf dem Klavier spielte, die Singstimme und die Begleitung hat er damals Klingelfeld erläutert und den Titel dazu gesagt, »Der arme Peter«, und es war der traurigste Tanz von der Welt.

Es war der traurigste Tanz, den ich kenne, aber ein Tanz, sagt er zu Fräulein von Reumont, die nicht begreift, worum es ihm geht, und die wirren Sätze seiner Erschöpfung zuschreibt.

Plötzlich sammeln sich noch einmal Kräfte in ihm, will er sich wehren. Er schreit stundenlang, zerreißt die Bettwäsche, rennt in der Stube auf und ab, droht zu stürzen, packt Klingelfeld, würgt ihn, und Klingelfeld muß grob werden, was ihm schwer fällt. Zum ersten Mal spricht er nach Tagen den Kranken wieder an: Sie tun mir weh, Herr Schumann. Beruhigen Sie sich. Und Schumann fällt in sich zusammen, ein Bündel Haut und Knochen, atmet stoßweis und läßt es zu, daß Klingelfeld ihn auf den Armen trägt, wiegt und schließlich behutsam auf dem Sofa bettet. Wir müssen, sagt er, Ihr Bett frisch machen.

Er weigert sich, Nahrung zu sich zu nehmen.

Klingelfeld gibt auf. Er sieht dem Kranken flehend in die Augen, die nur nach innen schauen, und weint. Das hab ich davon, ich Esel, sagt er.

Frau Schumann wird von den beiden Doktoren ins Zimmer geführt. Doktor Richarz deutet Klingelfeld mit einer Kopfbewegung an, er solle hinausgehen, aber er setzt sich, wie oft, auf den Stuhl neben der Tür und macht sich unsichtbar. Was er beobachtet – und sein Kopf ist ganz frei geräumt für diese wenigen Bilder –, hat er später Fräulein von Reumont erzählt:

Sie ist eine Frau, die viel Raum braucht, vielleicht, weil sie häufig auf der Bühne steht. Alle andern traten zur Seite. Schumann hat sie sofort erkannt. Und er ist doch wirklich schon aus der Welt gewesen. Er hat die Arme gehoben, wieder sinken lassen und wieder gehoben und sich im Bett aufgesetzt. Sie hat sich neben das Bett gekniet. Ihr Kleid raschelte. Wieder hat er die Arme gehoben, sehr langsam, gegen ein großes Gewicht, und sie umarmt. Lange haben sie sich in den Armen gelegen. Das ist wahr. Die anderen haben den Atem angehalten. Und ich habe nicht mehr hingesehen.

In der Nacht danach tobt Schumann derart heftig, daß Klingelfeld um Hilfe bitten muß und hinausgeht.

Der Wechsel von Erregung und erschöpfter Abwesenheit läßt nicht nach.

Am nächsten Tag flößt ihm Frau Schumann »ein paar Thee Löffel Fruchtgelée und etwas Wein ein«. Klingelfeld steht dabei neben ihr. Sie nimmt ihn nicht zur Kenntnis. Als sie sich von ihrem Mann mit einem Kuß auf die Stirn verabschiedet, wandert über sein unendlich müdes Gesicht ein Lächeln. Um dieses Lächeln beneidet Klingelfeld sie.

Noch immer ist es sehr heiß. Die Fenster stehen offen. Ein aufziehendes Gewitter schickt einen lindernden Wind voraus.

Schumann schläft.

Klingelfeld zählt sechzig Atmungen in der Minute.

Doktor Peters kommt und prüft den Puls. Er sei sehr schwach. Achten Sie genau auf ihn, Klingelfeld.

Das tut er sowieso. Er hört, wie der Atem leiser wird. Und dann atmet er nur noch einmal aus.

Klingelfeld legt das Ohr an den Mund, fühlt nach dem Puls.

Er ruft nicht gleich nach dem Doktor, bleibt bei dem Toten sitzen, sieht zu, wie sich die Züge in dem Gesicht ordnen und entfernen. Eine große Traurigkeit erfaßt ihn; er beginnt zu weinen.

Und ich? fragt er sich und den Toten.

Ich danke

allen, deren Arbeiten über und deren Editionen von Schumann mir geholfen haben;

Aribert Reimann, ohne dessen Vertrauen ich das Buch nicht hätte schreiben können: Er überließ mir das ärztliche Tagebuch von Doktor Richarz, das die Akademie der Künste von Berlin und Brandenburg hütet, zur Einsicht – die Endenich-Kapitel folgen seiner Chronologie;

Mitsuko Shirai, Hartmut Höll, Aila und Ralph Gothóni für ihre Gespräche, ihre musikalischen Anregungen in einem unvergessenen finnischen Sommer;

Elisabeth und Rolf Hackenbracht für ihre kundigen, nachfragenden Einwürfe und Ratschläge;

ungezählten Musikern, die mich, mit ihrer Kunst, Schumann verstehen lehrten; stellvertretend für sie alle nenne ich Clara Haskil: Sie spielte vor mehr als vierzig Jahren in Stuttgart Schumanns Klavierkonzert in a-Moll. Es klingt in meinem Gedächtnis weiter bis auf den Tag.

Inhalt

PETER HÄRTLING

SCHUBERT
Zwölf Moments musicaux und ein Roman
Gebunden

HÖLDERLIN
Ein Roman
Leinen

WAIBLINGERS AUGEN
Roman
Leinen

KIEPENHEUER & WITSCH

PETER HÄRTLING

BOŽENA
Eine Novelle
Leinen

FELIX GUTTMANN
Roman
Leinen

EINE FRAU
Roman
Leinen

KIEPENHEUER & WITSCH

PETER HÄRTLING

HERZWAND
Mein Roman
Gebunden

DER WANDERER
Roman
Gebunden

KIEPENHEUER & WITSCH

PETER HÄRTLING

ANREDEN
Gedichte
Broschur

DIE MÖRSINGER PAPPEL
Gedichte
Gebunden

»BEHALTEN SIE MICH IMMER
IN FREUNDLICHEM ANGEDENKEN ...«
Briefe von und an Friedrich Hölderlin
KiWi 363

Kiepenheuer & Witsch

PETER HÄRTLING

WERKE BAND 1
Im Schein des Kometen

WERKE BAND 2
Eine Frau
Hubert oder die Rückkehr nach Casablanca
Gebunden

WERKE BAND 3
Das Windrad
Felix Guttmann
Gebunden

WERKE BAND 4
Niembsch oder der Stillstand
Das Familienfest oder das Ende der Geschichte
Gebunden

WERKE BAND 5
Hölderlin
Gebunden

WERKE BAND 6
Die dreifache Maria
Waiblingers Augen
Schubert
Gebunden

KIEPENHEUER & WITSCH